보부아르, 멋지고 유쾌한 페미니스트의 초상

오! 시몬

보부아르, 멋지고 유쾌한 페미니스트의 초상

오! 시몬

율리아 코르비크 지음 ◆ 장혜경 옮김

위즈덤하우스

—

우리 엄마에게

—

"나는 삶을 너무나 사랑하기에 어느 날 죽어야 한다는 생각은 하기 싫다.

또 나는 무서울 정도로 욕심이 많다.

모든 것을 원해서 여자이고 싶다가도 남자이고 싶고

친구가 많기를 바라다가도 혼자이고 싶으며

일을 많이 하고 좋은 책도 쓰고 싶지만 여행하며 즐기고도 싶고

이기적이고 싶다가도 이기적이지 않기를 바라며…"[1]

– 시몬 드 보부아르

차례

시몬 드 보부아르의 파리 • 11

프롤로그 • 15

1부 ♦ 성장 ─────────────────────────

종교와 세속 사이에서 • 24 ┃ 좋은 신붓감이 아니다 • 31 ┃ 남자처럼 이성적인 아이 • 36 ┃ 주변과 성별을 배반하다 • 41 ┃ 혼돈의 시간 • 46 ┃ 혼자서도 할 수 있다 • 49

> 엘렌 보부아르 ┃ 딸은 엄마를 닮는다더니 ┃ 시몬에 관한 열네 가지 (놀라운) 사실 ┃ 시몬이 싫어했던 다섯 가지 ┃ 엘리자베트 라쿠앵

2부 ♦ 사랑 ─────────────────────────

미지의 존재 남자 • 61 ┃ 위대한 사명을 띤 작은 남자 • 65 ┃ 신분이 다른 결혼 • 71 ┃ 셋이서 사랑을 • 76 ┃ 드라마, 베이비! • 84 ┃ 미국에서 사랑에 빠지다 • 87 ┃ 새로운 시작과 작별 • 93 ┃ 신화의 끝 • 100

> 영화가 된 사랑 ┃ 사랑의 언어 ┃ 시몬과 사르트르가 자주 함께 했던 다섯 가지, 같이 하지 않은 것 ┃ 넬슨 올그런 ┃ 클로드 란즈만 ┃ 돈이 문제 ┃ 사르트르에게 건넨 열 가지 사랑 고백

3부 ✦ 사상

사고를 배워야 한다 • 108 │ 인식의 칵테일 • 116 │ 자유의 이름으로 • 122 │
타자와 마주하여 • 128 │ 뮤즈, 추종자, 사도 • 140

인생의 모델 레옹틴 잔타 │ 모리스 메를로퐁티 │ 대중문화에 등장한
실존주의 │ 프랑스 실존주의의 역사 │ 클로드 레비스트로스 │ 보부
아르의 실존 철학에 영향을 준 6인

4부 ✦ 글쓰기

페이지의 마법 • 146 │ 잃어버린 영감을 찾아서 • 151 │ 머물기 위해 도착하
다 • 159 │ 글쓰기의 규칙 • 162 │ 양대 진영 사이에서 • 165 │ 존재화의 역
사 • 173 │ 자유의 글쓰기 • 178

책의 낙원 라 메종 데자미 데리브르 │ 시몬이 사랑한 다섯 명의 작가 │
시몬의 일과 │ 미셸 레리스 │ 시몬이 넬슨 올그런에게 추천했던 책 │
비올레트 르딕 │ 시몬의 책에 대한 한 줄 평

5부 ✦ 행동

순진한 태평세월 • 185 │ 소위 혁명이라는 것 • 189 │ 무위에서 참여로 • 191
│ 정치? 노 땡큐! • 195 │ 눈에는 눈 • 200 │ 도덕 문제들 • 204 │ 미국에서
알제리로 • 206 │ 그해 5월 • 212 │ 공적 지식인 • 218

알베르 카뮈 │ 프랑스 지식인 │ 리처드 라이트 │ 시몬과 사르트르의
정치 여행 다섯 번

6부 ◆ 투쟁

여자라는 것의 의미 • 224 | 프랑스 남성의 수치 • 228 | 생물학적 조건은 운명이 아니다 • 233 | 터부를 깬 여자, 시몬 • 237 | 사회주의자에서 페미니스트로 • 241 | 신세대 • 244 | 낙태권 투쟁 • 247 | 평등의 페미니즘 대 차이의 페미니즘 • 251 | 해방을 삶으로 실천하다 • 254

콜레트 오드리 | 외워서 써먹기 좋은 《제2의 성》의 구절 여섯 가지 | 번역에서 길을 잃다 | 시몬에게 영감을 받은 페미니즘 사상 | 지젤 알리미 | 창의적 직업군의 여성들 | 시몬과 《제2의 성》을 둘러싼 가장 흔한 오해 세 가지

에필로그 • 260

감사의 글 • 263

시몬 드 보부아르의 작품 • 264

이 책에 나오는 사람들 • 266

주 • 274

시몬 드 보부아르의 파리

태어난 집 몽파르나스 거리 103번지

1908년 1월 9일 새벽 4시, 이곳에서 시몬 뤼시 에르네스틴 마리 베로트랑 드 보부아르가 태어났다. 건물 1층의 카페 라 로통드는 20세기 초 예술가들과 작가들이 많이 찾았던 곳으로 지금도 성업 중이다.

초등학교 쿠르 데지르 야코브 거리 41번지

시몬은 여섯 살이던 1913년에 가톨릭 계열의 사립학교 쿠르 데지르에 입학했고, 1925년 대학 입학 자격시험을 쳤다.

가족이 두 번째로 살았던 집 렌 거리 71번지

시몬이 열두 살 되던 1919년에 가족이 이 건물 5층에 있는 집으로 이사를 했다. 형편이 어려워져서 몽파르나스 거리의 저택을 유지할 수 없었다.

뤽상부르 공원 파리 6구

시몬이 사랑한 공원이다. 어릴 때는 여동생, 유모와 공원에 가서 놀았고 어른이 되어서는 공원에서 책을 읽기도 하고 남자친구들과 데이트도 했다.

처음 혼자 산 방 당페르로슈로 거리 91번지
부모님 집이 감옥처럼 갑갑했던 시몬은 스물두 살이던 1929년에 교사가 되면서 할머니 집에 방을 하나 얻어 독립했다.

국립 도서관 리슐리외 거리 58번지
아그레가시옹을 준비하는 동안 시몬은 도서관에서 많은 시간을 보냈다. 혼자 가기도 했고 학교 친구들과 함께 갈 때도 있었다. 훗날에도 집필에 필요한 자료를 조사하러 자주 도서관에 들렀다.

르 조케 몽파르나스 거리 146번지, 나중에는 127번지로 이사했다.
대학에 다닐 때 시몬은 이곳을 자주 찾았다. 이곳에서 거칠 것 없이 방탕하게 놀았다.

두 번째로 혼자 산 방 라 뷔슈리 거리 11번지
시몬은 몇 년 동안 호텔을 전전하며 살았다. 호텔 생활이 편하고 실용적이라고 생각했다. 하지만 그 생활에 물리자 1948년 센강변의 가구 딸린 방을 얻어 이사했다.

르 돔므 몽파르나스 거리 108번지
시몬과 사르트르의 단골 카페 중 한 곳이다. 시몬은 1936년부터

이곳을 찾아 글도 쓰고 일도 했다. 시몬은 카페 뒤쪽 자리를 좋아했다. 이 카페는 지금도 영업 중이다.

레 되 마고 생제르맹데프레 광장 6번지

시몬이 처음으로 레 되 마고에 발을 디딘 해는 1929년이지만 자주 들락거리며 작업도 하고 사르트르도 만났던 때는 1945년에서 1947년 사이다. 이 노천카페는 지금도 영업 중이다.

카페 드 플로르 생제르맹 거리 172번지

1938년 친구들과 함께 처음 이곳을 찾은 시몬은 그 후에도 작업하러 자주 이곳에 들렀다. 전쟁 중에는 추운 호텔에 있기가 힘들어 이 카페의 난로 옆 제일 좋은 자리를 차지하기 위해 애를 썼다.

셰익스피어 앤드 컴퍼니 지금은 라 뷔슈리 거리 37번지

젊은 시절 시몬은 실비아 비치가 차린 이 서점 겸 도서 대여점에 자주 들러 책 구경을 했다. 이곳이 파리 영미 문학의 중심이었기 때문이다. 이곳에선 정기적으로 제임스 조이스와 어니스트 헤밍웨이를 만날 수도 있었다. 제2차 대전이 끝나고 조지 휘트먼이 재개장한 후엔 1950~60년대에 걸쳐 비트 세대*가 모이는 만남의 장소로 성장했다.

---

* 1950년대 전후 미국의 풍요로운 물질 환경에서 보수화된 기성 질서에 반발해 저항적인 문화를 추구했던 젊은 세대를 일컫는다. 무정부주의, 개인주의 색채가 짙었고, 재즈, 마약, 술, 동양적인 선에 심취했다.

시몬이 처음으로 구입한 집 쉘세르 거리 11A 번지

1954년 시몬은 《레 망다랭》으로 공쿠르상을 탔다. 덕분에 책이 잘 팔렸고 덩달아 수입도 많아져서 1955년에는 스튜디오 아파트 한 채를 구입해 세상을 뜰 때까지 살았다.

몽파르나스 묘지 에드가 키네 거리 3번지

시몬의 마지막 안식처다. 1986년 사르트르 옆에 묻혔다.

프롤로그

나는 시몬 뤼시 에르네스틴 마리 베로트랑 드 보부아르를 김나지움에 다닐 때 처음 만났다. 정확히 말하면 9학년 종교 수업 시간이었다. 친구와 내가 유명 철학자 장 폴 사르트르 발표를 맡았던 것이다. 주제가 특이하다고는 생각하지 않았다. 지금까지도 종교 수업 시간에는 《로미오와 줄리엣》, 《향수》 같은 책을 읽으니 실존주의 철학자라고 해서 특별할 것은 없었다. 친구와 나는 발표 준비를 하느라 사르트르의 희곡 《파리떼》를 읽었고, 그것 말고도 이 책저 책을 들춰보았다. 9학년이면 몇 페이지 슬슬 넘겨보다가 인터넷에서 대충 내용 요약만 읽고 발표문을 만들어도 충분하다. 말 그대로 묵직한 책인 《존재와 무》는 무려 1,000페이지가 넘었기 때문에 쳐다보기만 해도 마음이 묵직해졌다. 발표문에 넣을 적당한 사진을 찾다가 인터넷에서 캐리커처 몇 개를 발견했다. 사실 사르트르는 캐리커처를 그리기에 더없이 좋은 얼굴이다. 입에 문 커다란 파이프, 큰 귀, 마구 굴러다니는 눈동자. 가끔 그의 옆에 어떤 여자가 있었다. 터번 같은 것을 머리에 두르고 심각한 표정으로 앞을 보고 있었다. 설명을 읽어보니 그녀는 시몬 드 보부아르라고 했다. 그때까지 나는 한 번도 그 이름을 들어본 적이 없었다. 구글에

검색해보니 사르트르의 동반자라고 했다. 작가에 철학자요, 페미니스트라고 했다. 흥미로운 여자라고 생각했지만 그뿐이었다. 발표는 무사히 끝났고 나는 이 "눈빛이 아름다운 여자", 터번을 두른 심각한 표정의 그녀를 이내 잊어버렸다.

그리고 세월이 조금 더 흘러 11학년이 되었다. 서점에서 시몬 드 보부아르의 소설 《레 망다랭》을 발견하고는 9학년 때의 발표가 떠올랐다. 갑자기 흥분으로 가슴이 뛰었다. 표지에는 "실존주의자들의 파리를 훔쳐보다"라는 글귀와 함께 카페에서 토론 중인 한 무리의 사람들을 찍은 사진이 있었다. 사르트르도 있었다. 당시 나는 열여덟 살이었다. 프랑스를 좋아했고 파리의 카페와 센 강과 지식인의 분위기를 동경했다. 이 책이 필요했다. 공복감이나 갈증처럼 거의 몸으로 느낀 욕망이었다. 그 후 몇 주 동안 입만 열면 《레 망다랭》 타령을 했고, 결국 한 친구가 열여덟 번째 생일 선물로 그 책을 사주었다. 나는 시몬 드 보부아르를 읽기 시작했다. 그리고 그날 이후 멈추지 못하고 있다.

시몬 드 보부아르는 10년 가까이 내 인생의 동반자였다. 그래서 이제 그녀를 떠올릴 때면 나도 모르게 친구처럼 "시몬" 하고 부르게 된다. 그녀의 책과 글은 내 인생에 방향을 제시했고 지금도 여전히 그렇다. 나는 오랜 시간을 두고 시몬을 체계적으로 읽었고 그녀의 회고록과 편지를 두루 섭렵한 후 그녀의 소설에 심취했다. 가끔 그녀에게 소홀할 때도 있었지만 책장에 꽂힌 그녀의 책들을 보기만 해도 마음이 평온해졌다. 내가 필요할 때 그녀는 언제나 여기에 있다! 그런 생각이 들었다. 프랑스에서 유학 생활을 할 때도, 다시 베를린으로 돌아왔을 때도 나는 그녀와 함께였다. 다른 책은 쉽게 버리면서도 유독 그녀의 책들은 버리지 못했다. 낡은 문고본《모든 인간은 죽는다》는 특히 소중하게 간직했다. 사실 나는 보부아르의 소설 중에서 이 작품이 제일 별로라고 생각한다. 하지만 그 책 앞장에 누군가 이런 글을 적어두었다. "그 비스트로와 코코아가 기억나니? 우리는 불멸에 대해 이야기했지. 이것도 불멸을 다룬 책이니까 재미있게 읽기를 바랄게." 나는 그 글귀를 읽으며 '시몬에게 감동한 사람이 또 있구나'라고 생각한다.

그 사람에게, 그리고 다른 사람들에게도 시몬은 정말로 많은 것을 선사했다. 하지만 그녀는 물론이고 그녀의 작품들까지도 점차 잊히고 있다는 생각이 든다. 겨우 몇 년에 한 번 정도 세상은 작가이자 철학자이자 페미니스트였던 시몬 드 보부아르가 이 세상에 존재했다는 사실을 기억해낸다. 2008년 1월 9일 탄생 100주년을 맞아 마지막으로 대규모 행사들이 열렸다. 기념판 저서들이 출간되었고, 그녀의 작품도 몇 종 재출간되었을 것이다. 하지만 관심은 썰물처럼 빠져나갔고 그녀는 다시 망각의 어둠 속으로 밀려났다. 적어도 내 느낌은 그랬다. 어쩌면 내가 시몬을, 그녀의 책과 이념과 삶을 너무 가깝게 느끼기 때문일지도 모르겠다. 그래서 늘 그녀가 합당한 관심을 받지 못한다고 생각하는지도 모른다. 어쨌든 시몬 드 보부아르는 더는 중요한 인물이 아니다. 그녀는 1940년대 파리를 찍은 흑백사진 속에 영원히 붙들려 있다. 사진 속 그녀는 카페 탁자에 앉아 뭔가에 집중하고 있거나 사르트르와 열심히 대화를 나누고 있다. 어찌 된 일인지 그녀는 21세기로 달려 나오지 못했다. 어쩌다 언급되더라도 대부분 《제2의 성》(페미니즘!)과 관련 있거나 장 폴 사르트르(자유연애!)와 관련된 내용뿐이다. 그러나 시몬은 페미니즘의 아이콘이나 유명한 남성 철학자의 동반자로 그치는 인물이 아니다.

내가 활동 중인 페미니즘권에서는 당연히 시몬 드 보부아르를 모르는 사람이 없다. 그녀는 명저 《제2의 성》을 쓴 작가이자 "여자로 태어나는 것이 아니라 여자가 되는 것이다"라는 유명한 말을 남긴 장본인이다. 그래서 다들 그녀의 이름은 당연히 들어봤고 간혹 그녀의 책을 읽었다는 사람도 더러 있다. 그러나 나는 젊은 페미니스트들에게 이런 말을 정말로 자주 듣는다. "읽어야 하는데…." 그 말의 끝은 안 읽어서 미안하다는 듯 으쓱 추켜올리는 어깻짓이다. 그렇게 시몬은 가장 많이 인용되지만 가장 적게 읽히는 작가가 되어버렸다. 현실보다 신화에 더 가까운 인물이기에 모두 감히 용기 내어 다가가지 못한다. 시몬 드 보부아르의 책을 읽고 싶은데 시작하기가 겁난다는 이야기를 지인이나 친구들에게 얼마나 많이 듣는지…. 그들이 생각하는 시몬은 연단 저 위에 서 있는 사람이다. 하지만 그녀는 그곳에 있는 사람이 아니다.

그렇지 않다. 시몬을 읽고 토론해야 한다. 사르트르의 추상적인 실존주의는 그녀를 통해 비로소 구체적인 철학이 된다. 그녀가 때로 감동적일 정도로 문학적이다가도 언제 그랬냐는 듯 냉정을 되찾아 일상의 장면들을 매우 객관적으로 설명하기 때문이며, 그녀가 냉철한 머리와 확고한 이성으로 도덕 문제를 분석하는 독자적인 사상가이기 때문이다. 한마디로 이 여성에겐 사상의 무게로 한 인간을 때려눕힐 힘이 있다. 그러자면 먼저 그녀를 실물보다 더 큰 동상으로 만들어 세운 그 연단에서 끌어내려야 한다. 이 책은 그렇게 하자는 초대장이다. 시몬 드 보부아르에 대해 지금껏 읽고 들었던 것들을 다 훌훌 털어버리고 직접 그녀를 만나러 가자는 초대장이다. 그녀를 사르트르의 근엄한 동반자로 가두지 말아야 한다. 그녀의 작품은 위대한 남성 철학자의 저서에 덧붙인 논평에 불과하며 오늘날의 독자에게는 하등 새로울 것도, 간절할 것도 없다는 생각을 바꾸어야 한다. 그녀를 페미니즘의 "귀부인"으로, 저 높은 연단에 서 있어서 근접할 수 없는 인물로 보아서는 안 된다. 시몬이라는 인물과 그녀의 작품을 멸시해서도 안 되지만 지금처럼 추켜세우거나 신비화해서도 안 될 일이다.

　시몬이 세상을 뜬 지 30년이 넘었다. 그러나 그녀의 사상은, 질문을 던지고 대답을 찾는 그녀의 방식은 아직 현실성을 잃지 않았다. 페미니즘 활동, 정치 활동, 철학, 문학 작품은 물론이고 그녀의 생활 방식마저 우리에게 많은 것을 가르친다. 이 여성은 모든 면에서 탐구할 만한 가치가 있다. 이 책이 바로 그 일을 하려 한다. 사상과 독서, 공부와 사랑, 그리고 웃음까지. 현대적 여성 시몬 드 보부아르를 전격 파헤쳐보자.

1부 ♦ 성장

"어릴 때부터 나는 남의 말을 안 들었다."[1]

연표

1908년 1월 9일	파리에서 시몬이 태어나다.
1910년 6월 6일	여동생 엘렌이 태어나다.
1913년	쿠르 데지르에 입학하다.
1914년	제1차 대전이 발발하다.
1917년	아버지 조르주가 재산의 대부분을 잃고 가족이 렌 거리로 이사하다.
	엘리자베트 라쿠앵, 일명 자자를 만나다.
1918년	제1차 대전이 끝나다.
1922년	열다섯 살 시몬이 신앙을 잃다.
1924년	프르미에 바칼로레아를 치고 합격하다.
1925년	바칼로레아 철학 시험을 통과하다.
	뇌이의 생마리 학교에서 공부를 계속하다.
1926년	소르본에서 철학 공부를 시작하다.
1927년	로베르 가릭이 설립한 에키프 소시알에 참여하다.
1928년	모리스 메를로퐁티와 만나다.
	학사 학위를 따다.
1928~29년	철학 아그레가시옹을 준비하다.
1929년	장송 드 사이 고등학교에서 수습 교사로 일하다.

—

1963년 프랑스에서 출간된 회고록 《사물의 힘》에서 그녀는 말했다. "이제 나도 쉰에 가까워졌다." 그리고 출간하지 못한 어떤 글을 떠올리며 이런 말을 덧붙인다.

"나의 과거였던 그 꼬마 숙녀는 더는 존재하지 않는다. 그래도 가끔은 그 꼬마가 아직 내 안에 있어서 그녀를 기억에서 떼어내 구겨진 눈썹을 펴주고 온전한 모습으로 내 옆에 앉힐 수 있을 것만 같다. 착각이다. 그녀는 사라졌다. 그녀의 발자취는 눈곱만큼도 떠오르지 않는다."[2]

그녀의 추억담은 살짝 멜로드라마 같은 느낌도 풍긴다. 유명인이 된 어른 시몬도 당연히 하늘에서 그냥 뚝 떨어진 존재는 아니니까 말이다. 그녀는 바로 그 눈썹이 구겨진 꼬마 숙녀였고, 그랬으니 그 꼬마는 당연히 그녀에게 자취를 남겼을 것이다.

종교와 세속 사이에서

시몬 뤼시 에르네스틴 마리 베로트랑 드 보부아르는 1908년 1월 9일 새벽 4시 파리에서 태어났다. 스물두 살의 프랑수아즈와 서른한 살의 조르주 드 보부아르가 낳은 첫 아이였다. 2년 6개월 후 여동생 엘렌이 태어났다. 동생은 여리여리한 외모 덕에 푸페트(작은 인형)라는 별명을 얻었다. 시몬은 동생을 싫어하지 않았지만 세상의 중심은 당연히 자신이어야 한다고 생각했다. "첫째"인 것이 좋았고 어른들의 관심이 싫지 않았다. 파란 눈동자에 부드러운 갈색 머리카락의 꼬마 숙녀는 보호받았고 응석 부렸으며 자신이 중요한 인물이라고 확신했다. 불만이 있으면 화를 참지 못하고 새파랗게 질렸고 바닥에 드러누워 떼를 썼다. 어머니는 그런 딸을 보면 겁에 질렸지만 아버지는 자랑스러워 했다. 저렇게 어린 것이 벌써부터 고집이 있다니! 그렇다고 해서 시몬이 어른들의 권위를 무시한 것은 아니었다.

엘렌은 운이 나빠서 둘째로 태어났고 게다가 바라던 아들도 아니었다. "부모님은 내게 관심을 보이지 않으셨다. 어차피 딸은 있고, 그 딸이 예쁘고 똑똑했다. 더는 내가 해줄 것이 없었다."³

그럼에도 자매는 사이가 좋았고 죽이 잘 맞았다. 놀이를 생각해내고 주인공을 차지하는 쪽은 항상 시몬이었다. 엘렌은 불평 없이 조연을 맡았다. 그리고 시몬 성자에게 모든 것을 고해하는 착한 신자였다. 시몬은 이렇게 말했다. "침묵으로 사라질 뻔한 내 일상이 구원받은 것도 엘렌 덕분이었다. 그녀가 곁에 있으면 나도 모르게 자꾸 속 이야기를 털어놓았다."⁴

엘렌 보부아르

화가이자 영원한 2인자

특별한 여성의 여동생, 또 한 명의 보부아르, 2인자로 사는 일은 녹록지 않았다. "언니를 미워해야 마땅했지만 그럴 수 없었다. …

언니는 나를 어린 동생으로 대했지 한 번도 아랫사람 취급한 적이 없었다."[5] 그래도 엘렌은 일찍부터 깨달았다. 자신만의 길을 개척하지 않으면 안 된다는 것을.

그래서 그녀는 그림을 택했다. 1927년 고등학교를 졸업한 엘렌은 파리의 여러 미술 대학에서 공부했다. 학업에 필요한 돈은 갤러리 아르바이트로 벌었다. 그럭저럭 먹고 살 만했고, 시몬도 교사 월급에서 조금 떼어 보태주었다. 대신 시몬은 엘렌에게 원고 타이핑을 맡겼다. 시몬의 글씨를 읽을 수 있는 사람이 몇 안 되었는데 엘렌이 그중 하나였기 때문이다. 1936년 엘렌은 파리 봉주앙 화랑에서 첫 개인 전시회를 열었다. 파블로 피카소가 베르니사주*에 와서 젊은 여성 화가의 재능(과 수려한 외모)에 감복해 그녀의 그림을 "독창적"[6]이라고 칭찬했다.

지금은 시몬이 더 유명하지만 세상에 먼저 이름을 알린 쪽은 엘렌이었다. 1942년 엘렌은 포르투갈에서 리오넬 드 룰레와 결혼했다. 한때 장 폴 사르트르의 제자였던 리오넬이 외교관이었기 때문에 두 사람은 여행을 많이 했다. 포르투갈, 모로코, 오스트리아, 유고슬라비아, 이탈리아, 프랑스 등 이곳저곳을 옮겨 다녔다. 어디에 있건 엘렌은 그곳에서 예술의 영감을 얻었다. 그녀의 그림은 유행을 따르지 않았다. 오히려 미술사의 대가들을 연구해 완전히 독자적인 그림풍을 만들어냈다. 제법 성공적이었다. 그녀의 그림들이 전 세계 화랑에서 전시되었다.

1960년대엔 작품에 정치색이 짙어졌다. 또한 스트라스부르에서

---

* 일반 공개에 앞선 초대전.

여성 인권 운동에 참여하기 시작했고 'SOS 성폭력 피해 여성들'의 회장직을 맡았다. 1968년 5월의 학생 운동도 엘렌의 분노를 자극했다. 그녀는 '5월'이라는 제목의 연작을 발표했다. 시몬은 과거에는 자신처럼 부르주아의 강제에서 벗어나고자 했던 푸페트가 "부르주아적" 삶을 산다며 비웃었다. 그럼에도 동생을 지지했고, 심지어 자매가 함께 일한 적도 있었다. 1967년에 출간된 시몬의 책《위기의 여자》에 엘렌이 일러스트를 그렸다. 하지만 시몬이 세상을 뜨고 몇 년 후인 1990년에 사르트르에게 보낸 시몬의 편지가 출간되었는데, 그 편지에 푸페트가 재능 없고 별 볼 일 없는 화가라는 시몬의 혹독한 평가가 담겨 있었다. 항상 언니 편이었고 언니를 높이 평가했던 엘렌은 큰 충격을 받았다.

2001년 엘렌은 알자스의 곡스빌러에서 세상을 떠났다. 남편 리오넬이 죽은 지 11년 후였다. 그녀가 남긴 작품은 3,000점이 넘었다. 유화, 수채화, 스케치, 동판화, 목판화 등 종류도 다양했다. 엘렌은 회고록에서 말했다. "나는 재미난 인생을 살고 싶었다."[7] 그녀는 60년의 생을 그림에 바쳤고 "어린 동생"으로 머물지 않고 자기만의 것, 특별한 것을 창작하기 위해 노력했다.

　

자매는 유복한 부르주아 집안에서 성장했다. 아이들을 보살피는 보모가 따로 있었고 계급의식도 투철한 집안이었다. 하지만 가족의 사회·문화적 야망은 현실의 경제 수준을 훨씬 웃돌았다. 귀족을 의미하는 이름 속 '드'는 장식품 이상이었다. 가족은 주로 유산으로 먹고살았다. 아버지 조르주는 놀기 좋아하는 한량이었다.

직장에서 열심히 일해 출세하고 싶은 마음이 전혀 없었다. 속 편하게 인생을 즐기는 봉비방Bonvivant이었다. 법을 공부했지만 유명 변호사 사무실에서 직원으로 일할 마음은 없었다. 그는 인생의 아름다움에 심취했다. 연극과 문학, 여자에. 시몬의 말을 들어보자.

"주변에서 아버지처럼 웃기고 재미있는 사람을 본 적이 없었다. 아버지처럼 빛나는 사람은 없었다. 아버지처럼 많은 책을 읽고 많은 시를 외우고 열정을 다해 토론하는 사람은 없었다. 아버지가 벽에 등을 기대고 온갖 제스처를 섞어가며 이야기를 늘어놓을 때면 모두가 푹 빠져 정신을 놓고 귀를 기울였다."[8]

조르주의 생활은 진보적이었지만 정치·도덕적 견해는 그렇지 않았다. 그는 보수적 민족주의자였고 애국심을 자주 들먹였다. "애국심은 나의 유일한 종교다"[9]라고 말했다. 여자들에게는 정조를 요구했다. 여자는 결혼할 때까지 처녀성을 지켜야 한다고 주장했다. 남자는 당연히 그럴 필요가 없으니 마음껏 자유를 누려도 된다고 생각했고 스스로도 그 자유를 마음껏 누렸다. "예의범절을 아는 숙녀라면 목이 깊게 파인 옷이나 지나치게 짧은 치마를 입어서는 안 됐다. 머리를 물들이거나 짧게 잘라서도 안 되고 화장을 하거나 소파에서 기지개를 켜거나 지하철에서 남편에게 키스해도 안 됐다. 이런 규칙을 어기는 여자는 '저속한' 인간이었다."[10]

어머니 프랑수아즈는 모범적인 가톨릭 아내가 되고자 최선을 다했다. 어린 시절 그녀는 부러울 것 없는 집안에서 자랐다. 아버지 귀스타브 브라쇠르가 뫼즈 은행을 운영했기 때문이었다. 하지만 은행은 1909년 파산했고 아버지는 프랑수아즈가 결혼할 때 지참금도 주지 못했다. 조르주는 속은 기분이었다. 솔직히 프랑수아즈와 결혼을 결심한 것이 예쁜 얼굴 때문만은 아니었다. 그녀와 결혼하면 일하지 않고 평생 편히 살 것 같았기 때문이었다. 프랑수아즈는 아버지의 파산이 부끄러웠다. 그 수치심을 남들보다 투철한 도덕심으로 갚기 위해 그녀는 세상이 요구하는 사회 규범을 완벽하게 수용했다. 하지만 그 노력이 성공을 거두지는 못했던 것 같다. 세련된 스타일을 자랑하는 조르주의 친구들은 뒤에서 그녀가 촌스럽고 고리타분하다고 험담했다. 조르주는 머릿속에 자기 생각밖에 없었으므로 아내 문제에는 별 관심을 보이지 않았다. 아내의 신앙심을 비웃었지만 나쁘지는 않다고 생각했다. 어차피 종교는 여자와 아이들의 것이라고 생각했으니까.

부부는 이데올로기와 지적 수준 차이가 심했다. 세련된 댄디 조르주는 종교를 경멸했고 신앙심이 깊었던 가정주부 프랑수아즈는 항상 남편에게 자신을 맞추며 살았다. "부러울 것 없었던 어린 시절, 가정주부의 경험 부족, 아버지를 향한 사랑이 어머니에게 상처를 주었다. 어머니는 비판적인 말을 겁냈고 그것을 피하기 위해 '온 세상을 따라하려고' 최선을 다했다."[11] 그럴싸한 겉모습을 유지하는 것이 중요했다. 아버지 보부아르는 더 나은 시대를 꿈꾸었고 어머니 보부아르는 기도로 그 시대를 불러오려 노력했다. 결혼 생활은 겉으로는 별 문제가 없었지만 그렇다고 화목하지도 않았다. 아니 대부분은 아주 나빴다. 그래도 처음에는 행복했고 (성적으로도) 충만했다. 프랑수아즈는 남편을 너무 사랑했고 남편 역시 아내에게 흠뻑 빠졌다. 하지만 오래가지 못했다. 조르주는 이내 아내에게 관심을 잃었다.

딸은 엄마를 닮는다더니

딸은 엄마를 닮는다. 그런 말이 있다. 하지만 시몬은 엄마처럼 살
지 않으려고 최선을 다했다. 두 사람의 관계는 처음부터 편치 않았
다. 그래도 시간이 가면서 어느 정도 서로를 배려할 방법을 찾아냈
다. 1941년 세상을 떠난 조르주는 아내에게 유산 한 푼 남기지 않
았다. 프랑수아즈는 쉰다섯 살이라는 적지 않은 나이에 갑자기 혼
자가 되었다. 늘 불평을 입에 달고 살던 불평꾼 아내는 완전히 새
로운 인간으로 탈바꿈했다. 다시 얻은 자유를 높이 살 줄 아는 멋
진 인간으로 말이다. "어머니는 다시 찾은 자유를 활용해 취향에
맞는 삶을 만들어나갔다. … 시험을 치고 실습을 하고 자격증을 따
서 적십자에서 사서 보조로 일했다."[12]
프랑수아즈는 자전거를 타고 출근했고, 봉사활동에 적극적으로
참여했으며, 영어 지식을 심화시키고 독일어와 이탈리아어 공부
를 시작했다. 이처럼 다시 태어난 어머니를, 명랑하고 만족하는 프
랑수아즈를 시몬은《아주 편안한 죽음》에서 다정한 시선으로 담
아냈다. 이 책은 1963년 암으로 세상을 떠난 어머니의 곁을 지키
며 어머니와의 지난날을 되돌아보는 내용이다. 프랑수아즈는 딸
의 삶과 일을 인정했고 딸을 자랑스러워했다. 시몬은 생각은 달라
도 어머니를 존경했다. 1958년《얌전한 처녀의 회상》이 출간되자
프랑수아즈는 시몬에게 말했다. "부모는 자식을 몰라. 하지만 자
식도 부모를 모르기는 마찬가지지."[13]

이데올로기는 달랐지만 딸들에게 가톨릭 교육을 하자는 데에는 이의가 없었다. 부부는 두 딸을 "예의 바른 인간"으로 키우고 싶었다. 당시 가족은 리브 고슈의 몽파르나스 거리에 있는 저택에서 살았다. 몽파르나스 구역은 창의력의 성지로, 밤 문화가 가히 전설적이었다. 예술가들과 지식인들이 쿠폴이나 라 클로즈리 데 릴라에 모여 이념 토론을 벌였다. 물론 엄격한 보호를 받았던 자매가 그런 자리에 낄 일은 없었다. 보모 루이즈가 자매를 보살피고 식사를 챙기고 산책도 따라갔다. 엄마는 우아한 안주인이었다. 시몬은 좋은 향기가 나는 매력적인 엄마를 좋아했다. 아버지는 대부분의 시간을 문화생활을 하거나 정부와 침대에서 뒹굴며 보냈다. 해마다 여름이면 온 가족이 두 달 보름간 시골에서 지냈다. 처음에는 오베르뉴 주의 라 그리에르 성에 사는 친척들과 함께 지냈지만 나중에는 코레즈 주 메리냑에 있는 아버지 가족의 별장에서 지냈다. 시몬은 시골을 좋아했다. 산책을 즐겼고 소박한 생활에 만족했으며 할아버지 에르네스 나르시스의 집에 찾아오는 손님들을 좋아했다. 메리냑의 여름은 평생 대도시의 소음과 일상을 떠날 수 있는 도피처였다. 그곳에서 그녀는 자연을 배웠고 자연의 냄새를 들이켰으며 자연의 색깔에 젖어들었다.

좋은 신붓감이 아니다

여섯 살이던 1913년 시몬은 가톨릭 계열의 사립 여자학교인 쿠르 데지르에 입학했다. 프랑수아즈는 당연히 수도원 학교에 보내고 싶었을 테지만 거기는 비용은 더 많이 들면서 교육 수준은 더 낮았다. 수도원 학교를 나온 탓에 지적 열등감이 심했던 프랑수아즈였다. 쿠르 데지르의 수업 수준과 내용은 보통이었다. 엄격한 가톨릭 교리에 따른 지식과 교양을 가르쳐 현모양처나 수녀를 키워내는 것이 학교의 목표였다. 당시 좋은 가문의 규수가 선택할 수 있는 길은 현모양처와 수녀, 두 가지밖에 없었다. 저학년 주임 선생님은 말했다. "우리는 선생님이 아니라 교육자야."[14] 그래서 '일반교양'이라는 이름의 과목이 있었다. 그 시간에 아이들은 절하는 법과 다과회 예절을 배웠다. 당시 여성의 삶에서 매우 중요한 것들이었다. 엄마들의 수업 참관은 다반사였고 권장 사항이었다. 엄마들이 교실 뒤에 앉아서 뜨개질을 했다. 그럼에도 시몬은 학교가 좋았고 자신을 기다리는 새 생활이 기대되었다. "이제부터 나만의 삶이 있다는 생각을 하면 기분이 좋았다. 그때까지는 늘 어른이 옆에 있었다. 하지만 이제부터는 내 가방, 내 책, 내 공책, 내 숙제를 갖게 될 것이다. 나만의 시간표에 따라 나의 하루와 한 주를 계획할 것이다."[15]

시몬은 똑똑하고 공부 욕심이 많았으며 부지런해서 대부분의 과목에서 1등이었다. 그녀는 진정한 노력파였다. 쿠르 데지르에서 나누어주는 온갖 상도 많이 받았다. 품행이 단정해서, 숙제를 잘 해서, 신앙심이 깊어서 상을 받았다. 하지만 교사들은 성적 같은 중요한 것에는 별 관심이 없었다. 학교는 높은 담을 쌓아 학생들을 외부의 나쁜 영향에서 막아주는 신성한 세계였다. 정교 분리주의 공화국과 싸우는 요새였다. 시몬은 매일 아침 등교하기 전에 엄마와 여동생과 함께 새벽 미사에 참석했고 학교를 마치고 돌아오면 밤에 또 한 번 기도 시간을 가졌다. 어머니는 큰딸의 교육에 큰 관심을 보였다. 수업에 참관하고 숙제를 검사하고 시몬을 가르치기 위해 직접 영어와 약간의 라틴어까지 배웠다.

1914년 제1차 대전이 터지자 쿠르 데지르는 야전병원으로 바뀌었다. 조르주 드 보부아르는 참전했지만 1915년 초 심장 문제로 귀가했다. 불행 중 다행이었다. 전쟁이 끝날 때까지 그는 파리 전쟁부 직원으로 일했다. 1917년 충격적인 사건이 터졌다. 러시아 주식에 투자했던 조르주가 러시아 10월 혁명의 여파로 재산의 대부분을 잃고 만 것이다. 이제 더는 어려운 가정 형편을 외면할 수 없게 되었다.

"신흥 빈곤층"이 된 가족은 몽파르나스 거리의 저택을 팔고 렌 거리의 싸구려 집으로 이사를 갈 수밖에 없었다. 새집은 옛집에서 불과 몇 블록 떨어진 곳이었지만 훨씬 작았고 5층이었다. 시몬은 그 집을 엄청 싫어했다. 욕실도 없었고 수돗물도 안 나왔으며 보모를 쓸 형편도 아니었다. 조르주는 시원찮은 돈이라도 벌어보려고 불규칙한 일자리를 찾아 헤매었다. 두 딸을 계속 비싼 사립학교에 보낼 처지가 아니었다. 조르주는 자기 두 딸은 공립학교에 보내도 잘 클 거라고 주장했다. 하지만 프랑수아즈는 절대 뜻을 꺾지 않았다. 별별 짓을 다 해서라도 돈을 긁어모아 끝까지 수업료를 냈다.

이제 자매는 옷이 나달나달해질 때까지 입었고 궁색한 티를 숨길 수 없었다. 프랑수아즈는 수입과 지출을 꼼꼼히 살펴 아낄 수 있는 건 무조건 아꼈다. 한 푼도 낭비할 수 없는 살림이었다. 시몬은 난생처음 동생과 한방을 썼다. 두 침대의 간격이 어찌나 좁았

던지 둘이 동시에 서 있을 수도 없을 정도였다. 집이 좁아서 답답했다. 혼자 있을 곳이 없었던 시몬은 책으로 도피했다. 프랑수아즈는 탐독하는 딸을 걱정했다. 책이 좋은 영향을 줄 리 없다고 생각했다. 그래서 딸에게 책을 건네주기 전에 혹시라도 비도덕적이고 불경한 내용이 없는지 일일이 살폈다. 혹시라도 걱정스러운 곳이 있으면 못 읽게 그 페이지를 붙여버렸다.

> "자신의 생각에 저항하자면 끔찍할 것 같다. 하지만 어머니는 달랐다. 어머니는 평생 자신에게 저항했다. 온 에너지를 넘치는 욕망을 억압하는 데 투자했고, 이런 자기부정을 분노로 버텨냈다."[16]

어쩔 수 없이 가족의 부양자가 된 조르주는 두 딸에게 적당한 지참금을 줄 수 없는 현실을 깨닫고 딸들에게 선언했다. "얘들아, 너희는 결혼을 못 할 거야. 지참금이 없어. 그러니까 일을 해야 할 거야."[17] 그런 말을 털어놓는 부모는 세상이 망한 기분일 것이다. 자신의 사회적 야망이 끝난 기분일 것이다. 회고록에서 보부아르는 자기는 그 말을 듣기 전부터 이미 결혼보다는 직업을 더 원했다고 적었다. 아무렇지 않은 척했다. 하지만 아버지의 말을 듣고 정말로 그렇게 아무렇지 않았을까? 아마 그렇지 않았을 것이다. 어린 시몬은 낭만을 동경했고 원칙적으로 결혼에 반대하지도 않았다. 일기장에는 이런 글이 있다.

"아마 언젠가는 결혼을 할 것이다. 확률이 매우 높지는 않지만 적어도 가능하기는 할 것이다. 어쨌든 그것은 내가 이 생에서 만날 수 있는 가장 큰 행운이다. 결혼은 모든 여성, 모든 남성이 삶에 기대할 수 있는 최고의 행운이라고 나는 생각하니까."[18]

사실 제1차 대전 직후에는 보부아르 자매의 상황이 특별할 것도 없었다. 수많은 사람들이 재산을 잃었고 수많은 여성들이 결혼 대신 직업을 선택했다. 비록 낭만적인 기질을 타고 났지만 직업을 택해야 할 미래가 결코 나쁘다고 생각하지 않았다. 오히려 십대 때 어머니를 도와 설거지를 하면서는 이런 깨달음을 얻기도 했다.

"매일 점심을 하고 저녁을 하고 더러운 식기를 닦는다! 끝없이 되풀이되는 시간들, 그러나 아무런 결실도 맺지 못하는 시간들. 내 인생도 이럴 것인가? … 싫어. 쌓은 접시를 벽장에 밀어 넣으며 나는 스스로에게 말했다. 나는 인생의 결실을 맺을 거야."[19]

시몬은 여전히 꼬마 부르주아였지만 오래전부터 몰래 탈출을 동경했다. 가족의 빈곤이 크게 일조했다. 시몬은 더 많은 것을 바랐고 어떤 일이 있어도 결실을 맺고자 했다. 학교에서도, 그리고 삶에서도.

학교에서 시몬은 엘리자베트 라쿠앵과 친했다. 시몬처럼 똑똑하고 총명했지만 명랑하고 대담한 여자아이였다. 둘은 학급 1등을 다투었고 이내 "떨어질 수 없는 사이"가 되었다. 시몬은 어두운 머리색을 지닌 엘리자베트를 "자자"라고 불렀다. 엘리자베트는 어른의 권위에 자주 도전했지만 시몬은 그러기에는 너무 얌전하고 예의 바른 아이였다. 진지한 시몬과 달리 자자는 천성적으로 활력이 넘쳤고 즉흥적이어서 시몬은 자자가 자기를 따분하다고 생각하지 않을까 전전긍긍했다. 시몬은 질투를 느끼며 자자가 자기와 달리 "인격"이라 부르는 것을 가졌다고 말했다. "내게서는 주관적 태도라고는 한 점도 발견하지 못했다."[20]

남자처럼 이성적인 아이

나이가 들수록 아버지는 시몬에게 관심을 보였다. 대화를 나눌 아들이 없었기 때문에 큰딸 시몬이 아버지의 말 상대가 되었다. 아버지는 딸을 아들처럼 대했고 문화와 문학에 대해 딸과 진지한 대화를 나누었다. "시몬은 남자처럼 생각해."[21] 조르주는 자랑스럽게 말하곤 했다. 시몬에게 아버지는 정신적, 남성적 영역의 대변인이었다. 좁아터진 집 바깥의 자유였다.

하지만 어머니와 시몬의 관계는 날로 악화되기만 했다. 프랑수아즈는 큰딸이 못마땅해서 사사건건 간섭했고 과도한 종교적 열정으로 딸을 괴롭혔다. 특히 집안이 가난해지자 그녀는 가족을 위해서라면 희생도 마다하지 않는 순교자가 되었다. 돈은 없지만 적어도 사회적 기준은 지킬 수 있다고 믿었다. 그러나 그 희생으로 마음의 평안을 찾지는 못했기에 자주 변덕을 부렸고 짜증을 피웠다.

시몬은 부모의 지적 간극을 확실히 깨달았다. 아버지는 정신의 삶이었고 어머니는 영혼의 현존이었다. "교류의 가능성이라고는 없는" 두 개의[22] 전혀 다른 영역이었다. 조르주의 세속적 개인주의는 프랑수아즈의 엄격한 가톨릭 도덕과 극명하게 대립했다. 시몬은 훗날 이렇게 말했다. "내가 지식인이 된 것은 상당 부분 내가 반발할 수밖에 없었던 그 불균형 때문이었다."[23]

시몬에 관한 열네 가지 (놀라운) 사실

1. 시몬은 뻐끔담배를 피웠다.
2. 《초대받은 여자》의 여주인공 이름 프랑수아즈는 엄마의 이름을 따서 지은 것이다.
3. 1941년 시몬은 장 폴 사르트르와 함께 자전거 투어를 하다가 알프스에서 사고를 당했다. 마주 오던 두 대의 자전거를 피하려다가 브레이크를 제때 밟지 못해서 땅에 떨어졌고 그 바람에 이빨 하나가 빠졌다.
4. 시몬은 말을 잘 놓지 못했다. 사르트르와도 평생 존댓말을 썼다.
5. 시몬은 밥을 안 했다. 끼니는 카페나 식당에서 해결했다. 제2차 대전 중 식량이 귀해서 집에서 해 먹는 게 나았을 때만 집에서 해먹었다.
6. 유명한 그녀의 터번은 궁여지책이었다. 전쟁 중에 머리를 자주 감지 못해서 두르기 시작한 것이다.
7. 시몬은 투우를 정말 좋아했다. 정치적 올바름은 따지지 않았다.
8. 시몬은 운전을 좋아했지만 실력은 정말 형편없었다.
9. 수영 실력 역시 별로였다. 제대로 배운 적이 없어서 물에서 그냥저냥 떠 있는 수준이었다. 그래서 1950년에 애인 넬슨 올그런과 휴가를 즐기다가 미시간호에서 하마터면 익사할 뻔했다.
10. 시몬은 두 가지 "악덕"을 즐겼다. 레코드판과 여행이었다.
11. 시몬은 유명인을 많이 알았고 편지와 회고록에서도 그들에 대해 많이 언급했다. 작가 트루먼 커포티를 보고 "품이 큰 흰 스웨터에 파란 벨벳 바지를 입은 모습이 … 하얀 송이버섯 같다"[24]

고 표현했고 여성 작가 콜레트의 "위풍당당한 눈빛"[25]에 깊은
인상을 받았다고 했다.

12. 2008년 1월 9일, 시몬의 탄생 100주년을 맞이해《르 누벨 옵세
르바퇴르 *le nouvel observateur*》는 그동안 알려지지 않았던 시몬의
누드사진을 표지에 실었다. 사진의 배경은 넬슨 올그런의 시카
고 저택이다.

13. 파리 센강의 다리 중 하나는 이름이 시몬이다. 시몬 드 보부아
르 인도교는 파리 12구와 13구를 연결하며 2006년에 완공되
었다.

14. 2014년 1월 9일, 시몬의 탄생 106주년을 맞이해 구글은 보부아
르 두들을 선보였다.

하지만 아직은 반항의 흔적을 찾을 수 없었다. 그저 열심히 공
부해서 좋은 성적을 거두어 아버지에게 칭찬을 듣고 싶었다. 바라
던 대로 좋은 성적을 올렸지만 조르주의 관심은 딴 곳에 있었다.
열세 살 되던 해 그가 시몬에게 못생겼다고 말한 것이다. 농담이었
을 수도 있지만 진담이었을지도 모른다. 어쨌든 시몬은 큰 상처를
받았고 평생 그 사건을 잊지 못했다.[26] 시몬에게도 사춘기는 쉬운
시기가 아니었다. 피부가 나빴고 머리카락은 기름으로 떡이 졌고
자신이 못마땅했으며 기분이 울적했다. 거의 모든 십대가 겪는 운
명이었다. 그러니까 조르주의 말은 아킬레스건을 건드렸고 그 역
시 그 사실을 잘 알았을 것이다. 조르주는 말했다. "아, 시몬이 엘

렌처럼 금발이고 예쁘면 좋을 텐데." 조르주 드 보부아르의 세상에선 미모가 지성을 무찔렀다. 언제나. 시몬은 묵묵히 아버지의 말을 들었고 아버지를 향한 존경심을 잃지 않았다. 여전히 아버지를 우러러보았고 아버지의 의견을 받아들였다. 특히 종교 문제에선 날이 갈수록 아버지를 닮아갔다. 아직 시몬은 종교에 열심이었지만 조르주는 일체의 종교를 시니컬하게 바라보며 거리를 두었다.

"해마다 나는 피정을 갔다. 종일 사제의 설교를 들었고 미사는 빠지지 않고 참석했으며 묵주기도를 했고 묵상을 했다. … 나는 내 영혼의 비상과 신성을 향한 결의를 작은 노트에 기록했다."**27**

독실하고 또 독실한 시몬. 그러나 시몬은 서서히 믿음에 의심을 품기 시작했다. 쿠르 데지르를 휘감은 신앙을 진심으로 받아들이기가 날로 힘들어졌다. 교사들이 더는 "지식의 사제"가 아니라 "극성스럽고 한심한 여신도들"**28** 같았다. 언제라도 말썽을 부릴 준비가 되어 있던 자자와 함께 시몬은 반항을 일삼았고, 그 대가로 훈계와 미움을 받았다. 쿠르 데지르에서도 집에서도 항상 "걔 말고 다른" 보부아르에 불과했던 엘렌은 언니보다 더 용감무쌍했다. 엘렌은 한 친구와 신문 《에코 뒤 쿠르 데지르_Écho du Cours Desir_》를 만들었다. 자자와 시몬도 합류해 학교의 문제를 고발하는 팸플릿을 작성했다. 역시 제일 괴로운 문제는 교사들이었다.

"잘난 척 떠들어대는 연설, 엄숙한 척 똑같은 말만 무한 반복하는 잔소리, … 별것도 아닌 일을 가지고 엄청 중요한 것처럼 호들갑을 떨고 막무가내로 인습만 고집하는 꼴이 한심했다. 똑같은 말, 하나 마나 한 소리, 편견을 입에 올리는 꼴이 한심했다."**29**

시몬은 스스로 생각하기 시작했다. 위대한 작가와 사상가 중에는 아버지처럼 종교가 없는 사람이 많았다. 선생님들 말대로라면 교회는 주로 여자들이 나가니까 그 신앙심 덕분에 여자들이 지상에서 특권을 누려야 마땅한데, 정작 세상을 지배하는 것은 남자들이었다.[30] 뭔가 아귀가 맞지 않았고 의문이 솟구쳤다. 자신이 못마땅했고 신앙에 불만이 쌓였고 그러다가 결국 신앙을 잃었다. 메리냑에서 지내던 여름방학 때였다.

"더는 나 자신을 기만할 수 없었다. 체계적이고 끈기 있는 불복종, 거짓과 불손한 꿈들은 별일 아니라고 넘어갈 수 있는 행동이 아니었다. 나는 서늘한 월계수귀롱 덤불에 손을 집어넣고 졸졸 흐르는 물소리에 귀를 기울였다. 문득 어떤 일이 있어도 지상의 행복을 포기할 수는 없다는 생각이 들었다. '난 이제 신을 믿지 않아.' 나는 혼자 중얼거렸고 별로 놀라지 않았다."[31]

이 말이 소녀의 입에서 나왔다는 사실에 유념해야 한다. 수녀가 될까 심각하게 고민했고 수많은 종교적 놀이와 훈육 의식을 고안했던 소녀였다. 깊은 신앙심을 잃어버린 그해, 시몬의 나이는 겨우 열다섯 살이었다. 주변에선 아무도 눈치 채지 못했다. 친구 자자조차 몰랐다. 어머니는 말할 것도 없다. 어머니가 어떤 반응을 보일지 시몬은 정말로 겁이 났다. 시몬은 하던 대로 얌전하게 미사와 성찬식에 나갔고 아무 일도 없었던 것처럼 행동했다. 속은 들끓었지만 겉으로는 말을 잘 들었다. 시몬은 엄청난 비밀을 간직한 것 같았다. 마침내 신앙을 잃었다고 고백했을 때 어머니의 반응은 예상했던 대로였다. 어머니는 눈물을 흘렸고 절망에 빠졌다.

"그 아이가 타락했다."[32] 어머니와 딸의 불화는 날로 심해졌다.

보부아르는 더욱더 책에 빠져들었고 미친 사람처럼 학교 공부를 했다. 또 남몰래 친척 자크 샹피뇔을 사랑해서 그와의 결혼을 꿈꾸었다. 시몬보다 몇 개월 먼저 태어난 자크는 잘생긴 데다 스마트했다. 독립적이고 자신감이 넘쳐서 일찍부터 보헤미안의 삶을 실천에 옮겼다. 당연히 자크는 조르주와 잘 통해서 보부아르네를 자기 집처럼 들락거렸다. 하지만 워낙 자유분방했기에 점차 조르주의 보수적인 견해를 가만히 듣고 있기가 괴로웠다. 그는 초현실주의와 시에 열광했고 전위적이고 현대적인 모든 것에 심취했다. 시몬은 자크의 잦은 방문이 좋았다. 아버지 조르주는 더는 딸과 의견을 나누지 않았다. 친척들 사이엔 교류가 없었지만 시몬은 많은 시간 자크를 생각하고 흠모하며 함께할 미래를 그려보았다. 그렇게 몇 년 동안 마음은 롤러코스터를 탔다. 오, 사랑이여!

주변과 성별을 배반하다

1924년 7월, 열여섯 살이던 시몬은 프르미에 바칼로레아를 쳤고 당연히 우수한 성적으로 합격했다. 우연히도 1924년은 프랑스 교육 체계가 대대적으로 개혁된 해였다. 여성도 남성과 동등하게 바칼로레아를 칠 수 있게 된 것이다. 바칼로레아를 거쳐야만 대학에서 공부를 할 수 있었기에 쿠르 데지르에서는 합격에 필요한 교육 과정을 가르치는 보충 수업을 실시했다. 시몬과 자자는 둘 다 바칼로레아를 쳐도 좋다는 허락을 받아냈다. 시몬은 행복했다. 어머니는 심지어 뤽상부르 공원에서 공부해도 좋다고 허락했다. 사촌 언니에게 물려받은 흰 주름치마에 파란 블라우스를 입고 머리에 마도로스 모자를 쓰면 어른이 된 것 같은 기분이 들었다. 시몬과 자자는 수학 과외를 받았고 쿠르 데지르의 늙은 사제와 함께 철학 시험 준비를 했다. 수업 수준은 형편없었고, 시몬은 1925년 바칼로레아 철학 시험을 겨우 통과했다. 그래도 합격은 합격이었다. 자자도 합격했다.

조르주와 프랑수아즈는 딸이 자랑스러웠지만 딸의 미래가 걱정스럽기도 했다. 시몬이 철학을 공부하겠다고 주장했기 때문이었다. 조르주는 철학을 "다 쓸데없는 헛소리"[33]라고 생각했고 프랑수아즈는 비도덕적이라고 생각했다. 또 설사 그렇지 않더라고 대체 그것을 배워 어쩌자는 것인가? 시몬은 철학 교사가 되겠다고 했고 자신의 선택에 확신이 있었다.

"철학에 끌린 이유는 무엇보다 철학이 곧장 본질로 들어가기 때문이었다. … 내가 보기에 철학은 사물의 가장 깊은 내면으로 곧바로 들어가서 거짓이 판을 치는 사실이나 경험적 법칙 대신 질서를 이성을 필연을 발견했다."[34]

부모는 결사반대 했지만 시몬은 고집을 꺾지 않았다. 결국 부모가 손을 들었다. 어차피 딸이 직업을 선택한 것 자체가 모욕이었다. 딸의 직업은 곧 부모의 사회적 실패를 입증하는 증거였으니까 말이다. 몇 년간 비싼 돈을 들여 가톨릭 사립학교에 보냈는데 이제 와서 누가 봐도 타락한 공립학교에서 일을 하겠다니.

학과 선택에선 양보했지만 할 수 있는 한 딸을 타락한 대학의 영향에서 보호하고 싶었다. 어머니는 올바른 교육시설을 찾는데 열을 올렸다. 결국 그녀가 결정한 곳은 파리 근교 뇌이에 있는 사립 가톨릭 학교 생마리였다. 한때 수도원 부속학교였고 지금은 소르본 시험을 준비하는 여성들이 공부하는 종교적 성향의 교육기관이었다. 시몬은 엄마의 결정을 따랐다. 학과 문제도 어느 정도 양보해서 철학 대신 문헌학을 전공하기로 결정했다. 파리 가톨릭 대학에선 수학을 공부하고 소르본에서는 철학 강의를 들을 생각이었다. 최선의 타협안이었고 시몬은 행복했다.

"미래는 오직 희망이었고 나는 이미 그 희망에 손을 갖다 댔다. 4~5년의 대학 생활을 마치고 나면 스스로 생계를 꾸려갈 것이다. 내 삶은 아름다운 이야기가 될 것이었다. 그 이야기는 내가 나 자신에게 들려준 만큼 진실이 되었다."[35]

부모님은 딸의 직업 선택을 마지못해 받아들였다. "시몬이 아들이었다면 얼마나 좋았을까? 에콜 폴리테크니크에 갈 수 있었을 텐데."[36] 조르주는 애석해 하며 한숨을 쉬었다. 시몬은 어떻게 해도 부모를 만족시킬 수 없었다. 지참금이 없으니 신분에 맞는 신붓감이 아니었다. 그건 부모도 잘 알았다. 그럼에도 직장을 잡을 수밖에 없고 직장을 잡으려는 딸이 부모는 못마땅했다. 경제적 어려움에 고개를 숙이는 것은 곧 주변 환경과 성별에 대한 배반이라고 생각했기 때문이다. 프로 한량이었던 조르주가 말이다.

"아버지의 소극적 태도가 놀라웠고 상처가 되었다. … 아버지는 나의 노력, 나의 발전에 관심을 갖고 다정하게 내가 공부하는 저자에 대해 이야기할 줄 알았다. 그러나 아버지는 무관심으로 일관했고 심지어 정체를 알 수 없는 적의를 내비치기도 했다."[37]

1925년 인생의 새 단락이 시작되었다. 새내기 대학생은 한껏 기대로 부풀었지만 여전히 부모님 집에서 살았고, 부모님은 전과 다름없이 딸들에게 관대했다. 시몬은 열심히 공부할 수밖에 없었다. 생마리 학교의 커리큘럼은 수준이 높고 고됐다. 쿠르 데지르에서 배운 지식은 별 도움이 안 됐지만 시몬은 최선을 다했고 곧 우등생이 되었다. 어머니는 자기가 나서서 결정한 학교가 어떤 학교인지 몰랐다. 생마리 학교의 교장 마담 다니엘루는 교육이 여성 해방에 기여할 것이라 믿는 진보적이고 현대적인 여성이었다. 일단 발동이 걸린 시몬은 멈출 수 없었다. 차곡차곡 필수 수강 과목을 듣고 학점을 땄다.

공부에는 문제가 없었지만 친구들과의 관계는 쉽지 않았다. 시몬은 낯을 많이 가렸지만 가끔 친구들의 대화에 무작정 큰 목소리로 끼어들었다. 친구를 어떻게 사귀는 건지 감이 없기도 했지만 그런 방법으로 우정이 맺어질 수도 있으리라는 기대가 컸기 때문이었다. 친구들과 있으면 재미가 없고 실망스러웠기에 외로웠고 불만스러웠다. 자신만 외톨이인 것 같았다. 새 세상을 열어주리라 믿었던 대학도 별다를 것이 없었다.

"그때까지 나는 새장에 갇힌 삶에 순응하며 살았다. 하루하루 다가오는 어느 날 새장의 문이 활짝 열릴 것이라는 사실을 알았기 때문이다. 하지만 그 문을 걸어 나온 나는 여전히 갇힌 기분이다.

너무 실망스럽다."**38**

끔찍한 쿠르 데지르만 졸업하면 만사형통일 것이라 믿었다. 하지만 기대했던 행복은 찾아오지 않았다. 1926년에 생마리의 여성 강사 한 사람이 그녀에게 철학 공부를 권했다. 시몬은 그렇게 하기로 마음먹었고 기적처럼 부모는 순순히 승낙했다. 아마 딸을 완전히 포기해버렸기 때문에, 딸의 영혼은 구원받을 수 없다고 생각했기 때문이었을 것이다. 그래도 외로운 것은 마찬가지였다. 자신의 마음을 알기 위해 시몬은 일기를 쓰기 시작했다. 좋은 집안의 딸은 불안했다. "예전의 내 계급에서 떨어져 나왔다. 어디로 가야 할까?"**39** 확신이 있어서라기보다는 어려운 형편 때문에 저항했고 계급을 배반했던 열아홉 살 처녀에게는 아직 대답하기 힘든 질문이었다.

친구가 없었기 때문에 다시 여동생 엘렌에게 마음을 주었다. 시몬과 달리 인간관계에 어려움이 없었고 친구들이 많았지만 엘렌은 언니의 관심을 마다하지 않았다. 자매는 다시 어린 시절처럼 똘똘 뭉쳐 어머니에게 맞섰다. 쿠르 데지르의 졸업을 앞둔 엘렌은 사사건건 감시하는 어머니가 못마땅해 시몬에게 이참에 아예 담판을 짓자고 권했다. 이제부터는 어머니가 딸들에게 온 편지를 함부로 열어보지 못하게 만들자는 것이었다. "엄마에게 가서 앞으로 내 편지는 절대 열어보지 말라고 할 거니까 언니도 와서 거들어."**40** 엘렌은 어머니에게 따졌고 어머니는 딸들에게 항복했다. 그 일로 자매 사이는 더 끈끈해졌다.

혼돈의 시간

엘렌과 같이 있지 않을 때는 자크와 많은 시간을 보냈다. 시몬은 자크에게 마음을 빼앗겼고 어머니 역시 은근히 둘의 결혼을 기대했다. 아마 기시감이 들었을 것이다. 프랑수아즈 역시 젊은 시절 친척에게 마음을 빼앗겼다. 자크의 아버지 샤를이었다. 자신은 결국 샤를과 결혼하지 못했지만 딸이라도 매력적인 자크 샹피널과 잘되었으면 하는 마음이었다.

시몬과 자크는 자크의 소형 스포츠카를 타고 파리 근교를 돌아다녔고 산책하며 대화를 나누었다. 자크는 시몬에게 독서를 권하고 시집을 선물하며 관심을 표했다. 그런데 자크와 어울리면서 얌전하던 시몬이 갑자기 어머니 말을 듣지 않았다. 담배를 피우고 술을 마셨고 새벽이 돼서야 귀가했다. 어머니는 불신의 눈으로 딸을 지켜보았다. 자크는 무엇보다 지성의 스승이었다. 독서와 관련해 많은 충고를 해주었고 시몬과 열띤 토론을 벌였으며 똑똑하고 유머러스했다. 하지만 감정의 기복이 심했고 통 종잡을 수가 없었다. 말 한마디 없이 사라져서는 며칠 동안 소식 하나 없다가 마음 내킬 때 불쑥 찾아왔다. 시몬은 돌아버릴 지경이었고 일기장엔 그리움을 담은 글들이 넘쳐났다. 자크가 무슨 뜻으로 그런 말을 했을까? 그는 나를 좋아할까? 언제 다시 만날까? 시몬은 일기에 절망의 심정을 토로했다.

"괴롭다. 화요일 그의 집에서 저녁을 먹을 때 그가 내게 심한 말을 했다. … 나는 그가 무섭다. 내가 무섭다. 나는 너무 약하고 구제 불능으로 어리석어서 농담 한마디에 드라마를 쓰고 의미 없이 내뱉은 몇 마디 말로 나를 괴롭힌다. … 나는 그에게 어떤 존재일까? 그에게 내가 얼마나 필요할까?"[41]

그나마 1927년에는 휴대전화도 소셜 미디어도 없었기에 망정이다. 분석쟁이 시몬도 편지와 말에 기댈 수밖에 없었으니까. 자크가 즐거우면 시몬도 따라 즐거웠다. 그가 연락하지 않으면 곧바로 애정이 식었다고 해석했다. 감정이 들끓었다. 가족들은 시몬과 자크를 약혼자 취급했다. 하지만 실제 둘 사이엔 아무 일도 없었다. 두 사람은 손도 잡은 적이 없었다.

시몬은 자크에게 잘 보이려고 무진하게 노력했고, 1927년 봄부터는 가톨릭 교육 및 자선 단체인 에키프 소시알에서 활동하기 시작했다. 젊은 철학 교수이자 뜨거운 가톨릭 신자인 로베르 가릭이 파리 북부의 노동자 가족들을 돕기 위해 설립한 단체였다. 그는 자신이 가르치는 학생들을 데려다가 노동자들을 가르치게 했다. 시몬은 가릭을 숭배했다.

시몬이 싫어했던 다섯 가지

1. 치즈
2. 그녀의 빠른 생각 속도를 따라오지 못하는 사람들
3. 그녀의 빠른 말 속도를 따라오지 못하는 사람들
4. 부르주아
5. 늙어가는 것

"마침내 주어진 운명에 순응하지 않고 스스로 삶을 선택한 남성을 만났다. 목적을, 의미를 갖춘 그의 현존은 이념을 구현했으며, 그를 통해 자기 현존의 필연성을 의기양양 확신했다."[42]

문득 인생을 낭비하고 있다는 기분이 들었다. 시몬은 일분일초를 아껴 책을 읽고 공부했다. "깊이 없는 독서와 쓸데없는 수다, 모든 유흥을 금했다. … 밥을 먹으면서도 책을 읽었다."[43] 시몬은 공허한 마음을 메우기 위해 공부에 빠졌다. 가릭의 에키프에 가서 그곳의 젊은 여성들에게 문학과 철학의 기본 지식을 열심히 가르쳤다. 별 소득은 없지만 상관없었다. 적어도 일주일에 하루 저녁은 감시의 눈초리를 번뜩이는 어머니에게서 벗어날 수 있었으니까. 시몬은 또 생마리 학교에서 보조 교사로 일하며 논리학과 철학 강의를 들었고 1926년 겨울 학기부터는 소르본 대학교의 철학과에 등록했다. 머릿속에선 자꾸 자신을 피하는 자크가 맴돌았다. 그는 편지를 보내도 무시했고 확답을 피했다. 시몬도 그렇지만 특히 프랑수아즈는 결혼을 할지 말지 어서 결판을 짓고 싶어 했다.

골치 아픈 사랑 문제를 생각하지 않으려고 시몬은 더 자주 자자를 만났다. 자자도 생마리 학교를 다니고 있었고 사사건건 간섭하고 딸의 인생을 쥐락펴락하려는 어머니와 싸우고 있었다. 두 사람은 은밀한 감정과 남자들 이야기도 숨김없이 나누었다. 시몬은 자자가 자신과 무척 닮은 사람이라고 생각했다.

시몬의 어머니는 둘의 우정을 좋게 보았지만 자자의 어머니는 시몬을 못마땅하게 여겼다. 보부아르 가문과 달리 라쿠앵 가문은 돈이 많았고 자자는 신분에 맞는 결혼을 해야 한다고 생각했기 때문이다. 더구나 자자는 한창 남편감을 찾는 데 주력해야 할 때이므로 득 될 것이 없는 우정에 낭비할 시간이 없었다. 혹시라도 자자가 시몬처럼 직업을 갖겠다고 할까봐 걱정이었다. 시몬은 딸에게 나쁜 영향을 미칠 것이다. 그래서 시몬과 자자는 둘의 만남을 자자의 어머니에게 숨겼다.

마음이 롤러코스터를 탔고 자유와 독립을 선사할 대학 졸업은 아직 요원했다. 스무 살이라는 어린 나이에 시몬은 실존의 위기(요샛말로 청년 위기)를 겪었고, 이게 다 무슨 소용일까 자문했다. "훗날 직업을 갖기 위해 공부했다. 하지만 직업은 수단이었다. 목적이 무엇일까? 결혼? 무엇을 위해서? 아이를 기르고 숙제를 봐주려고? 만사가 다 똑같았고 의미라고는 없었다."[44] 무엇보다 세상이 다 자기를 미워하는 것 같았다. 자크와의 관계가 불안해서 겁이 났고 우울한 일들이 자꾸만 터졌다. 현재는 암담했고 "제대로 된" 인생이 시작될 것이라는 기대도 별로 없었다. 언제, 어떻게 시작된단 말인가?

혼자서도 할 수 있다

시몬은 이 상황에서 벗어날 수 있는 유일한 해법은 자신이라는 사실을 깨달았다. 어떤 사건이 터져 그녀를 구원해주리라 기대해봤자 소용없었다. 혼자서도 할 수 있다!

1928년 봄, 시몬은 결단을 내렸다. 졸업을 1년 앞당기자고 마음먹었다. 그 말은 무지막지하게 공부해야 한다는 뜻이었다. 하지만 공부라면 자신 있었다. 동시에 철학 아그레가시옹을 준비하기 시작했다. 아그레가시옹은 고등학교 교사 자격시험으로 권위 있고 경쟁이 치열했다. 그 시험에 합격하면 공화국 최고의 고등학교에 채용되어 평생 수업은 적당히 하고 급료는 넉넉히 받으며 편히 살 수 있었다. "아그레가시옹 준비를 하겠다고 결정을 내리자 마침내 3년 동안 뱅뱅 맴만 돌던 미로에서 빠져나왔다. 미래로 나아갈 길에 발을 내디뎠다."[45]

1928년 여름, 시몬은 철학교사 자격시험에 필요한 학점을 모두 땄다. 걸림돌이 사라졌으니 자격시험에 합격하면 되었다. 그녀의 일상은 공부, 공부, 또 공부였다. 그러나 서서히 공부가 전부는 아니라는 생각이 밀려들었다. "하마터면 나에게 진실을 털어놓을 뻔했다. 순수 지성 노릇은 이제 신물이 난다고 말이다."[46] 공부만 하고 싶지는 않았다. 인생을 살고 싶었다! 그래도 공부를 하다가 에콜 노르말 쉬페리외르(파리 고등사범학교)에 다니는 모리스 메를로퐁티를 알았다. 두 사람은 첫눈에 서로의 공통점을 알아보았고 친한 친구가 되었다. 두 사람은 똑같이 가톨릭 교육을 받았지만 기독교 신앙과 도덕을 버리고 도망쳤으며 그럼에도 여전히 그 그늘을 벗어나지 못했다. 두 사람은 좋아하는 책도 비슷했고 철학을 향한 열정도 같았다.

하지만 알고 보니 모리스는 자기 주장보다 훨씬 종교적인 사람이었고 시몬의 기대보다 훨씬 순종적인 사람이었다. 우정은 여전했지만 시몬이 원했던 동지의 우정은 아니었다. 대신 자자가 모리스와 사랑에 빠졌고 결혼 이야기가 오갔다. 그러나 두고 볼 자자의 어머니가 아니었다. 그녀는 자기 딸에게 어울리는 남자가 아니라며 모리스를 외면해버렸다.

엘리자베트 라쿠앵
최고의 친구이자 뮤즈

1958년 회고록《얌전한 처녀의 회상》이 출간되면서 수백만 독자들이 시몬의 베스트프렌드 "자자" 라쿠앵을 알게 되었다. 그러나 그녀는 이미 30년 전에 숨을 거둔 저세상 사람이었다.

자자의 본명은 엘리자베트 라쿠앵이다. 시몬처럼 자자도 유복한 가정의 딸이었다. 아버지는 고위직 철도 기술자였고 어머니는 사회적 의무와 자녀 교육에 온 정성을 바친 가정주부였다. 자자는 8남매 중 둘째였다. 자자와 시몬은 1917년 쿠르 데지르에서 처음 알았고 만나자마자 친구가 되었다. 진중하고 수줍음이 많은 시몬과 달리 자자는 활기차고 대담하고 즉흥적이며 열성적이어서 어디를 가나 관심을 모았다.

하지만 시간이 갈수록 울적한 모습이 잦아졌다. 언니가 결혼 준비 중이었으니 다음은 자기 차례일 것이다. 존경하는 어머니의 뜻에 복종하고 싶었지만 자신의 바람은 어머니와 달랐다. 자자는 결국 가족과 보수적이고 기독교적인 환경의 기대를 저버리지 못했다. 부모는 자자에게 대학 공부를 허락했지만 그것은 유예에 불과했다. 자자의 미래는 이미 정해져 있었다. 현모양처가 되어야 했다. 자자는 슬픈 마음으로 스위스 작가 샤를 페르디낭 라뮈의 글을 인용했다. "내가 사랑하는 것들은 서로 좋아하지 않아."[47]

그러던 중 시몬이 모리스 메를로퐁티를 소개했고 두 사람은 사랑에 빠졌다. 사실 퐁티는 꽤 괜찮은 남편감이었다. 좋은 집안 자식이고 가톨릭 신자였으며 곧 고등학교 교사라는 전도유망한 직업을 가질 예정이었다. 그런데도 자자의 어머니는 퇴짜를 놓았다. 라쿠앵 가문에서는 이런 식의 결혼이 있을 수 없었다. 게다가 모리스는 그녀가 싫어하는 시몬의 친구였다. 하지만 진짜 이유는 따로 있었다. 자자의 아버지가 사람을 붙여 모리스의 어머니가 저명한 교수와 바람을 피웠다는 사실을 알게 된 것이다. 그러니까 모리스는 혼외자였다. 결국 아무것도 모르는 모리스를 신랑감 후보에서 제외한 것은 어머니의 스캔들이었다. 자자의 부모는 딸에게 대학을 졸업하고 베를린에 1년간 있으면서 얼른 적당한 남편감을 찾으라고 지시했다.

하지만 자자는 베를린으로 떠나기도 전에 병이 들었다. 그리고 1929년 파리 근교 생클루의 한 병원에서 숨을 거두었다. 의사는 뇌막염과 뇌염이라고 말했지만 시몬은 상심이 너무 큰 탓이었다고 생각했다. 좋은 집안의 두 딸 중 시몬만이 관습과 가문의 기대에 끝까지 저항했다. 시몬은 죄책감을 느꼈다. "우리는 끈질기게 달라붙는 운명에 함께 맞서 싸웠다. 결국 그녀의 죽음으로 내 자유의 값을 치렀다고 나는 오랫동안 생각했다."[48]

그해 여름 시몬은 또 한 가지 결심을 했다. 문헌학 공부를 그만두기로 한 것이다. 재미가 없기도 했거니와 아그레가시옹을 철학한 과목만 볼 경우, 시간을 6개월은 앞당길 수 있었다. 부모는 반대했다. 아버지는 전공을 두 개는 해야 위신이 선다고 생각했다.

시몬은 아랑곳하지 않았다.

졸업을 하자면 졸업논문을 제출해야 해서 시몬은 고트프리트 빌헬름 라이프니츠의 개념론을 주제로 택했다. 그사이 어머니는 마지못해 딸에게 어느 정도의 자유를 허락했다. 하지만 딸이 나가려고 할 때마다 꼬투리를 잡았고, 된다고 했다가 갑자기 마음을 바꾸어 반대하기도 했다. 어떨 때는 자크를 만나도 된다고 했다가 어떨 때는 못 가게 막았다. 모녀 관계는 여전히 복잡 미묘했다. 프랑수아즈는 딸에게 진심으로 다가가지 못했고 열등감을 느꼈다. "어머니는 나의 지성을 너무 과대평가했기 때문에 늘 나 때문에 주눅이 들었다."[49]

학업은 무난했다. 우정에도 진전이 있었다. 1928년 여름방학 때 자자를 통해 스테파를 알게 되었다. 라쿠앵 집안에서 보모로 일한 적 있는 명랑한 우크라이나 여성이었다. 가을에 엘렌이 미술학교에서 친해진 제랄딘 파르도(제제)를 언니에게 소개해주었다. 명랑한 제제는 시몬의 친구가 되었다. 시몬은 스테파와 함께 파리의 밤거리를 쏘다녔고 남자들과 시시덕거렸으며 대담하게 행동했다. 스테파는 아무렇게나 입고 다니는 시몬을 예쁘게 꾸며주었고 몇 가지 기본적인 화장법도 가르쳐주었다. 스테파는 시몬이나 자자와는 전혀 다른 유형이었다. 그녀는 시몬을 자주 꼭 안아주었고, 섹스 문제에선 거침이 없고 관능적이었으며 자의식이 강했다.

스무 살의 시몬은 아직 성 경험이 없어 순진했다. 정숙한 척했다는 편이 더 맞겠다. 어머니의 교육 탓이 컸다. 프랑수아즈는 성을 죄와 동일시했다. 보부아르 집안에선 아무도 육체적인 것들을 입에 올리지 않았다. 어머니가 시몬에게 성교육을 시켜야겠다는 생각을 했을 무렵엔 이미 양쪽 모두 그런 이야기가 난감했다. "'네가 알아야 할 것이 있단다.' 어머니가 말했다. 나도 따라 얼굴이 붉어졌다. 그래서 얼른 '알아요'라며 얼버무렸다."[50]

  그것으로 끝이었다. 남들 앞에서는 괜히 센 척, 뻔뻔한 척 객기를 부렸지만 사실 섹스나 남자에 대해선 아무것도 몰랐다. 친구 스테파가 훗날 남편이 된 화가 페르난도 제라시의 누드모델을 했다는 사실을 알고서 시몬은 추잡하다고 생각했다. 반대로 스테파는 시몬이 파리 술집들에서 너무 경박하게 굴어서 당황했다. 시몬은 낯선 남자들에게 술을 얻어먹었고 엘렌과 짜고서 가짜로 큰 소리로 싸웠고 지하철에서 토하기까지 했다. 술 취한 남자들과 어울렸어도 다행히 별 탈은 없었다. 삶에 약간 활력을 주고 증오하는 가족에게 반항하려던 것이 과했다. 아마 신체적 욕망으로 인한 혼란도 한몫했을 것이다. 진지한 지성인이고 싶었는데 자기 안에서 성적 욕망이, 신체적 접촉의 욕망이 들끓었다. 그 충동이 부끄러웠고 또 어떻게 해야 할지도 몰랐다.

  "춤을 추었다. 팔들이 나를 휘감았고 나의 육체는 도주의 형태들을, 자유의 형태들을 예감했다. 그것들이 나의 황홀보다 더 찾기도, 달래기도 쉬웠다."[51]

  1928년과 1929년은 대학 졸업이 코앞으로 다가온 해였다. 시몬은 철학 아그레가시옹을 집중적으로 준비했고 소르본 대학교와 에콜 노르말 쉬페리외르에서 강의와 세미나를 들었다. 1929년 1월 시몬은 장송 드 사이 고등학교에서 교생실습을 마쳤다. 학교 친구 모리스 메를로퐁티와 훗날 유명한 인류학자가 된 클로드 레비스트로스와 함께였다. 스퍼트를 올릴 시간이었다. 바라던 자유가 코앞이었다.

시몬이 사랑한 친척 자크는 그사이 두 번이나 변호사 시험에 낙방해서 미래가 암담했다. 아마 그도 지참금이 많은 아내를 택할 수밖에 없는 현실을 깨달았을 것이다. 그러니까 시몬은 (자크가 진지하게 고민했다면) 그의 결혼 상대가 아니었다. 지금껏 자크는 사랑과 결혼 이야기만 나오면 교묘하게 요리조리 피했다. 현실만 생각하면 아그레가시옹에 집중해야 할 때였지만 시몬은 자크를 향한 그리움으로 일기장을 꽉 채웠다. 자크, 돌아와. 자크, 연락 좀 해. 아직도 어느 쪽이 더 중요한지 확실치 않았다. 학문의 성공? 아니면 자크와의 결혼? 하지만 어차피 자크는 그녀의 행동반경으로 돌아올 수 없었다. 1928년 봄 18개월의 군복무를 위해 알제리로 떠났기 때문이다.

몇 번의 시험만 끝나면 바라던 삶을 살 수 있다. 아그레가시옹에 합격하자 마침내 생활비를 벌 수 있었고 독립할 수 있었다. 무의미한 규칙과 감시를 받지 않고 자기 뜻대로 살 수 있었다. 시몬은 스물두 살이었고 롤 모델이 필요했다. 주변에는 롤 모델로 삼을 만한 사람이 별로 없었다. 아직 좋은 집안의 딸들이 자신의 길을 걷는 경우가 흔치 않았다. 가족의 기대는 저버렸지만 아직 어떤 기초 위에 인생의 집을 지어야 할지 알지 못했다. 자유를 얻기 위한 쉼 없는 투쟁은 시시하고 틀렸다. 남들은 이십대 중반 이후에 겪을 인생의 위기가 시몬에게는 이십대 초반에 벌써 찾아왔다. 그녀는 냉철하고 이성적인 사람이었지만 주변에서 일어나는 모든 일을 강렬한 흡인력으로 빨아들였다. 일기에는 열정이 넘쳐났고 걱정스러울 정도로 삶의 의지가 들끓었다. 부르주아의 오만한 신분 의식에서 벗어나 자신의 규칙대로 살고 싶었다.

시몬은 일찍부터 혼자 힘으로 살아야 한다는 사실을 깨달았다. 교육은 가난에서 벗어날 길을 열어줄 것이고 굳건한 결의는 성공의 관문이 되어줄 것이다. 원치 않았지만 어쩌다 보니 시몬은 반항아가 되어 있었다. 집안 형편이 나빠지지 않아서 지참금을 많이 들고 갈 수 있었다면 달랐을까? 어쩌면 그랬을지도 모른다. 하지만 지금의 그녀는 자신의 인생길을 걸어가는 수밖에 달리 도리가 없었다. 생각과 행동으로 스스로 개척해나가야 할 길이었다. 스물두 살의 여느 아가씨였다면 이런 도전 앞에서 뒷걸음질 쳤을 것이다. 하지만 시몬은 그냥 달려들었다. 지금 시몬에게 부족한 것이 있다면 단 하나, 공범이었다.

2부 ♦ 사랑

"나는 사르트르의 속마음을
내 마음처럼 들여다볼 수 있다.
얼마나 안심이 되는지 모른다."[1]

연표

1929년	르네 마외, 장 폴 사르트르, 폴 니장을 만나 함께 시험 준비를 하다.
	아그레가시옹에 합격하다.
	자자가 세상을 뜨다.
	사르트르와 계약을 맺다.
	사르트르가 18개월의 군복무를 시작하다.
1931년	마르세유에서 철학 교사로 일하다.
	사르트르가 르아브르에서 철학 교사로 일하다.
1932년	루앙에서 철학 교사로 일하다.
	올가 코사키에비치와 만나다.
1935년	"트리오"가 시작되다.
1936년	파리에서 철학 교사로 일하다.
1937년	완다 코사키에비치가 파리로 오다.
1938년	비앙카 비넨펠트를 만나다.
	두 번째 "트리오"가 시작되다.
	자크로랑 보스트와 연인 사이가 되다.
1939년	나탈리 소로킨과 연인 사이가 되다.
1947년	넬슨 올그런과 만나 연인 사이가 되다.
1951년	올그런과 헤어지다.
1952년	클로드 란즈만과 연인 사이가 되다.
	란즈만이 시몬의 집으로 들어오다.
1958년	란즈만과 헤어지다.
1960년	실비 르 봉과 만나다.

1963년	올그런과 완전히 연을 끊다.
1965년	사르트르가 아를레트 엘카임을 양녀로 입양하다.
1980년	4월 15일, 사르트르가 세상을 뜨다.
	실비 르 봉을 입양하다.
1981년	《작별의 의식》이 출간되다.

—

1929년 7월의 어느 날 밤, 파리 뤽상부르 공원 메디치 분수 근처에서 한 젊은 남자와 여자가 토론을 벌였다. 주제는 철학적 도덕의 문제였다. 젊은 여자는 자신이 생각해낸 "다원론적 도덕"을 끈질기게 물고 늘어졌지만 젊은 남자는 여지를 주지 않았다. 그가 그녀의 논리를 하나씩 무너뜨렸다. 세 시간의 격론 끝에 젊은 여자는 손을 들었다.

집으로 돌아온 그 여자 시몬은 흥분을 가라앉히지 못하고 일기에 이렇게 적었다. "내가 갇혀 있던 문 닫힌 공원의 삶과는 비교할 수 없을 만큼 풍성한 삶이 등장했다. … 마음이 불안해 겁이 나고 감정이 격해 진이 빠진다."² 스물다섯 살의 대학생 장 폴 사르트르는 사상의 힘으로 시몬을 간단하게 해치웠다. 그래도 시몬은 움츠러들거나 물러서지 않고 그의 지적 도전을 받아들였다. 겸손을 가장하지 않고 그녀와 겨루는 남자, 그녀처럼 날카로운 지성을 겸비한 남자, 마침내 그런 남자를 찾은 것이다. 정말로 완벽한 공생이 아닌가?

미지의 존재 남자

소르본에서 공부하는 학생들은 대부분 서로의 얼굴을 알았다. 하지만 유독 가까이 갈 수 없는 소그룹이 있었다. 장 폴 사르트르와 폴 니장, 르네 마외였다. 훗날 시몬은 당시를 이렇게 회상했다. "그들은 아무하고도 말을 섞지 않았고 몇 개의 강의만 골라 들었으며 강의실에서도 다른 아이들과 뚝 떨어져 앉았다. 평판이 좋지 않았다. '사물에 대한 공감'이 없는 놈들이라고 수군거렸다."³ 그 트리오는 3인 학우회를 구성해 자기들끼리만 장난을 쳤고 엘리트를 경멸했다. 하지만 그들 모두가 에콜 노르말 쉬페리외르를 다니는 학생이었으니 엘리트가 아니던가? 그래도 상관없었다. 엘리트란 행동으로, 됨됨이로 판단하는 것이다.

키가 작고 특별한 매력이 없는 사르트르는 셋 중 최악이었다. 머리는 좋았지만 매사에 시니컬했고 술고래라는 소문이 돌았다. 1928년 그가 아그레가시옹에 불합격하자 모두가 입을 다물지 못했다. 사르트르 자신도 놀랐다. 1929년 그는 다시 한번 시험에 도전했고 덕분에 1년을 월반한 모범생 시몬과 같은 시기에 시험 준비를 하게 되었다. 시몬은 이 "악동 삼인방"을 멀찍이서 지켜보며 매력과 혐오를 동시에 느꼈다.

1929년 봄부터 시몬의 일기장에는 르네 마외라는 이름이 점점 자주 등장한다. "마외를 국립 도서관에서 보았다. 정말 호감이 간다. 의외로!"⁴ 마외는 사르트르, 니장과 같이 있을 때에는 시몬을 무시했고 둘이 만났을 때는 대화를 나누었다. 얼마 안 가 두 사람은 정기적으로 도서관에서 만나 공부도 하고 점심도 먹고 철학적 견해도 주고받았다. 시몬은 잘생긴 마외에게 홀딱 빠졌다. 하지만 안타깝게도 그는 유부남이었다. 마외는 남자는 결혼을 했어도 자유로워야 한다고 생각했다. 시몬도 동감했다. 마외를 통해 그녀는 처음으로 자신에게 남들과 다른 특이한 방식이 있다는 사실을 알게 되었다. 마외는 시몬에게 그녀만의 걷고 말하고 존재하는 방식이 있다고 말했다. 그녀를, 그녀만을 이루는 것들이! 흥미로운 발견이었다. 시몬은 외모에 더 신경 쓰기 시작했고, 그런 그녀의 변화를 마외도 좋아했다.

시몬에게 관심을 보인 남자는 마외만이 아니었다. 같은 학교에 다니던 모리스 드 강디악도 그녀에게 반해서 결혼까지 생각했다. 시몬은 갑자기 남자들이 관심을 보이자 어쩔 줄 몰랐다. 자자, 엘렌, 제제, 스테파와 함께 다닐 때면 늘 자신이 미운 오리 새끼인 것 같았기 때문이다. 그러나 부드러운 갈색 머리, 파란 눈동자, 날씬한 몸매, 누가 봐도 뛰어난 지성을 겸비한 시몬에게 뭇 남성들이 매력을 느끼는 것은 당연했다.

장 폴 사르트르 역시 친구가 시몬을 소개해줄 날을 초조한 마음으로 기다렸다. 당시엔 그것이 예의였다. 시몬이 사르트르보다 마외를 먼저 알았기 때문에 사르트르는 시몬에게 가서 말을 걸 수 없었다. 그런데 마외는 도통 시몬을 다른 친구들에게 소개할 생각이 없었다. 더구나 그 상대가 카사노바가 되고 싶으나 그럴 능력이 없는 사르트르였으니 더욱 그랬다. 그래도 사르트르는 포기하지 않았다. 어느 날 마외가 시몬에게 풍자 스케치를 건넸다. 사르트르가 전해달라고 부탁한 그림이었다. 제목이 '단자와 목욕하는 라이프니츠'였다. 철학에서 말하는 단자는 자연에 있는 자발적 작용의 원천이다. 라이프니츠 전문가인 시몬이 그것을 모를 리 없었다.

하지만 처음에는 사르트르의 매력을 전혀 알아차리지 못했다. 시몬의 일기장에는 마외에 대한 열정적 기록들만 넘쳐났다. 알제리에서 군복무 중이던 자크 역시 아직 잊지 못했다. 사랑이 이루어질 가망은 없어 보였지만 시몬은 아직 자크를 놓지 못했다. 그러다가 우연히 자크가 신분이 낮은 한 여인과 사랑을 나누었고 이제는 그 여인을 버리기 위해 온갖 수단을 동원한다는 소문을 전해 들었다. 세상에, 어떻게 그런 일이! 시몬은 밤새 엉엉 울었다. 어떻게 자크가 그럴 수 있을까? 그래도 마외가 있으니 얼마나 다행인가!

시몬은 마외와 더 가까워졌다. 시몬에게 카스토르(비버)라는 별명을 붙여준 이도 마외였다. "처음에 그는 일부러 강조해 '마드무아젤'이라고 불렀다. 어느 날 나의 노트에 그가 대문자로 이렇게 적었다. BEAUVOIR = BEAVER. 그리고 말했다. '당신은 비버예요.'"[5] 시몬은 마외가 지어준 별명이 좋았다. 처음에는 두 사람끼리만 썼지만 나중에는 친한 친구들도 모두 시몬을 그 별명으로 불렀다.

하지만 완벽한 마외에게도 어두운 면은 있었다. 남자들에게는 온갖 자유를 인정하면서도 여자들에게는 책잡히지 않을 훌륭한 모습만 기대했다. 당연히 여자는 결혼할 때까지 순결을 지켜야 한다고 생각했다. 마외가 아버지와 다르지 않아 시몬은 깜짝 놀랐다. 그래도 그를 향한 사랑은 변함없었다. 그녀는 마외를 원했다. 육체적 욕망이 일었지만 같이 잤다가 마외의 존경심을 잃을 것 같아 겁이 났다. 시몬의 회고록, 인터뷰는 물론이고 전기 작가에게 들려준 이야기를 들어봐도 시몬은 늘 자신과 마외는 친한 친구 이상이 아니었다고 강조했다. 거짓말이었다. 많은 것이 두 사람의 동침을 암시한다. 때는 아마 1929년 여름이었을 것이다. 사르트르도 1971년 한 인터뷰에서 자신이 시몬의 첫 연인이 아니었다고 인정했다.[6]

둘의 만남은 행복했어도 그는 결혼을 했고 닿을 수 없는 사람이었다. 그런데 저기 아직도 기회를 노리는 사르트르가 있었다. 그 기회는 마외가 며칠 여행을 떠나면서 찾아왔다. 떠나기 전 마외는 돌아오면 사르트르, 니장과 함께 구술시험 준비를 하자고 시몬에게 제안했다. 그리고 그 전에 사르트르가 시몬을 한번 만나고 싶어 한다면서 내일 밤이 어떠냐고 물었다고 전했다. 질투에 불탄 마외는 시몬에게 사르트르의 청을 거절하라고 부탁했고 당연히 시몬은 사랑하는 "라마(마외의 별명이다)"의 청을 들어주겠다고 했다.

하지만 너무나도 의지가 강했던 사르트르가 직접 시몬에게 말을 걸어 청했고 시몬은 얼떨결에 승낙하고 말았다. 물론 승낙을 하면서도 머릿속으로는 어떻게 하면 이 작자에게서 도망칠 수 있을까 그 궁리뿐이었다. 그래서 동생 엘렌을 대신 내보내기로 마음먹었다. "어떻게 생겼어?" 동생이 물었다. 시몬은 안경 낀 볼품없는 남자라고 대답했다. "하지만 실망하지는 않을 거야. 유머가 풍부하거든." 언니를 대신해 나갔던 엘렌은 돌아와 말했다. "정말 못생겼더라. 언니 말대로 유머가 있는 것도 아니야."[7]

위대한 사명을 띤 작은 남자

이 못생기고 유머도 없는 장 폴 사르트르는 대체 어떤 인물이었을까? 친구들은 그를 '작은 남자(프티 옴므)'라고 불렀다. 지성이 넘치는 사르트르의 키가 1미터 56센티미터가 채 되지 않았기 때문이다.

아버지는 해군 장교였지만 아들이 태어난 지 불과 15개월 후에 황열병으로 사망했다. 엄마 안느 마리는 아들을 데리고 파리의 친정으로 돌아갔다. 아이의 교육은 주로 외할아버지 샤를 슈바이처가 맡았다. 할아버지는 알베르트 슈바이처의 친척 아저씨로 알자스 지방에서 태어난 독일어 교수였다. 근면과 교양은 부르주아 슈바이처 집안에서 반드시 지켜야 하는 윤리였다. 장 폴은 몸이 약했고 사시였기 때문에 열한 살이 될 때까지 가정교사와 할아버지에게서 공부를 배웠다. 가족은 아이를 "애 늙은이" 취급하면서 모든 어리광을 받아주며 떠받들었다. 특히 엄마 안느 마리는 아이를 금발 곱슬머리 천사라고 부르며 응석받이로 키웠다.

그런데 그 천사 노릇이 하루아침에 끝나고 말았다. 손자를 여자아이처럼 키우는 것이 못마땅했던 할아버지 샤를이 당시 여덟 살이던 사르트르를 이발소에 데리고 가서 머리카락을 싹둑 잘라버린 것이다. 머리카락이 사라지자 온 가족은 큰 충격을 받았다. 너무 못생겼던 것이다. 사르트르는 당시를 이렇게 기억했다. "비명이 들렸다. 하지만 키스는 없었다. 어머니는 울면서 방으로 들어가셨다."[8]

못생긴 얼굴은 평생 짊어져야 할 숙제였다. 다른 아이들이 그를 피했고 사르트르는 외로웠다. 그래서 말로 상대를 설득하고 상대의 마음을 빼앗는 법을 배웠고 일찍부터 작가를 꿈꾸었다. 1917년

안느 마리는 재혼을 해 아들을 데리고 남편을 따라 프랑스 서부의 항구도시 라로셸로 이사를 갔다. 엄마의 관심을 나누기 싫었던 열세 살 아들은 계부를 미워했다.

사르트르는 열여섯 살 되던 해 집에서 탈출했다. 1920년 파리의 기숙학교에 들어가게 된 것이다. 그곳 앙리 4세 고등학교에서 그는 처음으로 자신처럼 문학에 미친 '진짜 친구' 폴 니장을 만났다. 두 사람은 함께 에콜 노르말 쉬페리외르 입학시험을 준비했다. 니장은 사르트르에게 진지하게 글을 써보라고, 자신만의 문체를 찾아보라고 용기를 주었다. 장 폴은 단편 몇 편과 소설 몇 장을 작은 잡지사에 기고했고, 곧 채택되었다. 그리고 철학에 관심을 가지기 시작했다.

외롭던 외동아들은 건강하고 쾌활해졌으며 느리지만 확실하게, 1929년 시몬이 만나게 될 그 사르트르로 변해갔다. 재미있고 독창적이며 엉뚱한 짓을 잘 하는 그 사르트르로 말이다. 어디를 가나 주인공이 되어 인성과 지성으로 좌중을 휘어잡고자 하는 욕망은 여전했다. 금발 곱슬머리의 어린 자아를 그는 평생 버리지 못했다. "나는 누구의 아들도 아니었기에 나 자신의 원인이 되었다."[9]

볼품없던 사르트르는 인성으로 유혹했다. 시몬을 만날 당시 그는 이미 한 번 약혼했다 파혼했고 여배우 시몬 졸리베와 사귀다 헤어진 상태였다. 시몬과는 더 잘 되기를 바랐으므로 사르트르는 열심히 노력했다.

사르트르와의 첫 데이트는 미루었지만 세 남자와 함께 구술시험 준비를 하자는 마외의 권유는 흔쾌히 받아들였다. 물론 일기장엔 여전히 "사르트르는 비호감이다"[10]라는 글귀가 적혀 있었지만 말이다. 네 사람은 사르트르의 방에서 만났다. 사방에 종이와 책, 담배꽁초가 널려 있었다. 처음엔 세 남자의 거친 유머에 주눅도 들고 충격도 받았지만 금방 적응했다.

네 사람은 많은 시간을 함께 보냈다. 함께 산책도 하고 소풍도 갔다. 가끔은 니장의 아내 앙리에트도 동행했다. 시몬은 행복했다. "그녀의 노래가 좋다. 그들과 함께해서, 그들이 창조한 이 놀라운 실존을 나눌 수 있어 얼마나 좋은지 모르겠다."[11]

마외는 이를 갈면서 사르트르와 시몬의 우정을 "허락"했다. 시몬은 사르트르의 매력과 지성, 자신을 향한 노골적인 관심이 싫지 않았다. 시몬이 자석처럼 남자들을 끌어당기는 것 같았다. 마외는 소유관계를 분명히 하려고 했다. 그녀가 또래 남자들과 잘 지내는 것은 좋지만 그래도…. 시몬은 그를 달랬다. "당연히 난 당신의 비버예요."[12] 마외와 비버는 짝이었다. 그렇지 않은가?

그러나 사르트르의 매력을 거역하기가 날로 힘겨워졌다. "놀라운 지성의 트레이너"라고 시몬은 적었다. "그의 사상이 비범할 정도로 강하다는 생각이 점점 더해간다."[13] 사르트르는 생각을 멈추지 않았다. 그의 정신은 한시도 가만히 있지 않았다.

"그렇다고 해서 그가 기회만 있으면 공식과 이론을 떠들어댔다는 말은 아니다. 그는 일체의 선생질을 경멸했다. … 그는 늘어지는 법이 없었다. 나태한 적도, 딴 생각을 하거나 딴짓을 한 적도, 피로한 적도 없었다. 그렇지만 조심하거나 존중하지도 않았다. 그는 모든 것에 관심을 가졌고 어떤 것도 당연하게 받아들이지 않았다."[14]

사르트르 역시 시몬에게 깊은 인상을 받았다. 마외는 토라졌다. "사르트르는 당신에게 매혹되었습니다. … 하긴 누군들 안 그러겠습니까?"[15]

학업 스트레스는 심했지만 또래 남자들과 시몬은 즐거운 나날을 보냈다. 그리고 마침내 필기시험 결과 발표날이 돌아왔다. 다들 합격을 했는데 마외만 탈락해서 구술시험 자격을 얻지 못했다. 마외는 충격에 빠져 파리를 떠났고 사르트르는 잽싸게 기회를 잡았다. 시몬의 회고록과 추억담을 보면 사르트르는 이제부터 자신이 그녀를 돌봐줄 것이라며 흥분한 시몬을 달랬다. 자크도 없고 마외도 없고 둘뿐이었다.

하지만 사르트르의 생각과 달리 사정은 여의치 않았다. 구술시험을 준비한 14일 동안 시몬과 작은 남자 사르트르는 계속 붙어다녔지만 시몬은 "그녀의" 라마를 그리워했다. 앞으로 이 두 사람과 어떻게 지내야 할까? 마외는 결혼을 했고 사르트르는 혼자다. 사르트르는 많은 것을 줄 수 있다. 뤽상부르 공원에서 나눈 토론은 사르트르와 사귀어도 괜찮다는 마지막 증명과도 같았다. 저 지적 파워를 어떻게 거부할 수 있단 말인가? 사르트르는 도발이었고 날카로운 지성이었다. 그와 함께라면 부르주아의 전통적 삶을 살아야 할 위험도 없다. 원칙으로 따지자면 사르트르는 그녀가 어릴 때부터 이상적 파트너로 생각했던 모든 것을 갖춘 남자였다.

"타고 나기를 특권층이었고 애당초 나를 한참 앞서간 남자가 나보다 잘나지 않았다면 그는 나보다 별 볼 일 없는 사람일 것이다. 그를 나와 같은 수준으로 인정하려면 그는 나보다 훨씬 뛰어나야 할 것이다. … 함께하는 삶이 세상을 내 것으로 만들겠다는 나의 기본 계획에 도움이 되어야지 방해가 되어서는 안 될 일이다."[16]

일흔여섯 명이 필기시험에 응시해서 스물입곱 명만 구술시험 자격을 획득했고 그중 열세 명만 최종 합격했다. 사르트르가 수석, 시몬이 차석이었다. 니장과 메를로퐁티도 우수한 성적을 거두었다. 시몬의 합격은 값진 승리였다. 여자학교의 교육 수준이 워낙 낮기 때문에 여성들은 보통 여러 번의 시도 끝에 겨우 합격했다. 시몬은 시험도 단번에 붙었지만 무엇보다 기록적으로 짧은 시간 안에 대학을 졸업했다.

시험 스트레스에서 해방되자 시몬은 가족과 함께 시골로 휴가를 떠났다. 그곳 샤또 데 라 그리에르에서 시몬은 그동안 하고 싶었지만 못 했던 독서와 산책과 몽상에 푹 빠졌다. 시몬이 돌아올 때까지 기다릴 수 없었던 사르트르가 그녀를 쫓아 시골로 왔다.

1929년 8월 21일, 그곳에 도착한 사르트르는 방을 하나 빌렸다. 시몬은 아침을 먹다가, 흥분한 사촌 마들렌에게서 어떤 남자가 그녀를 기다리고 있다는 말을 전해 들었다. 그날 이후 시몬은 아침만 먹으면 집을 나가 사르트르에게 달려갔고 근처의 숲과 들에서 그와 함께 시간을 보냈다. 아마 거기서 처음으로 그와 동침했을 것이다. 보부아르의 부모가 딸의 행실을 모를 리 없었다.

사르트르가 도착하고 나흘 후 조르주와 프랑수아즈가 풀밭에 앉아 있는 두 남녀에게 다가갔다. 사르트르는 투지에 불타서 벌떡 일어났고 시몬은 자신들은 지금 마르크스의 저서를 공부하는 중이라고 둘러댔다. 조르주는 상황을 간파하고 사르트르에게 떠날 것을 요구했다. 이미 소문이 돌고 있다고, 자신의 누이, 그러니까 시몬의 고모가 마들렌의 남편감을 찾는 중인데 시몬의 행실 탓에 계획이 수포로 돌아가게 생겼노라고 야단을 쳤다. 그러나 사르트르는 싫다고 대답했고 시몬의 부모는 하는 수 없어 포기하고 돌아갔다. 이제는 딸도 무엇이든 자기 뜻대로 할 것이며 자기 마음대로 결정할 것이다. 그걸 받아들이지 않을 수 없었다.

사르트르는 9월 1일까지 그곳에 머물렀고 승리에 취한 두 사람은 무서울 것이 없었다. 사르트르는 그 기회를 놓치지 않고 시몬에게 청혼했다. 그가 결혼 이야기를 꺼낸 것이 처음은 아니었다. 시몬은 그런 말을 들을 때마다 농담 취급을 했다. "나는 말도 안 되는 소리라고 하면서 그의 제안을 거절했다."[17]

사르트르는 시몬의 거절을 쿨하게 받아들이지 못했다. 그는 일기에 이렇게 적었다. "이 게임에서 딱 한 번 실망했다. 비버는 이 자유를 받아들였고 간직했다. 1929년이었다. 나는 너무 어리석어서 괴로워했다. 멋진 기회를 잡지 못하고 우수에 젖었다."[18]

시몬은 깜짝 놀랐다. 사르트르는 내내 자유 이야기만 했다. 그가 결혼이라는 제도를 어떻게 자유와 조화시키려는 건지 이해할수 없었다. 하지만 사르트르의 청혼은 여러 가지 이유가 있었다. 첫째는 시몬의 명예를 지켜주기 위해서였다. 그와의 정사가 소문 나면 그녀의 명예가 더럽혀질 것이다. 둘째는 사랑에 빠진 사르트르가 시몬을 자기 사람으로 만들고 싶어 했기 때문이다. 그녀가 단번에 "고맙지만 됐어요"라고 대답할 줄은 진짜 몰랐다.

그러나 좋은 집안의 규수는 자의식으로 똘똘 뭉쳐서 (유산을 받

아) 돈이 많은 전도유망한 젊은 남자의 청혼을 단칼에 거절했다. 시몬의 거절은 과격 행위였고 평범한 전통적 삶에 대한 거부였다. 사르트르는 시몬이 혹시라도 생각을 바꿀지도 모른다고 기대했지만 시몬은 오히려 그에게 떠나달라고 부탁했다. 시몬의 마음에 소용돌이가 휘몰아쳤다.

그 소용돌이가 얼마나 강렬했는지는 사르트르가 떠나고 며칠 후에 드러났다. 시몬은 인근의 위제르슈에서 마외를 몰래 만났다. 유부남 마외와는 미래를 꿈꿀 수 없다는 사실을 너무나 잘 알았지만 그녀는 여전히 두 남자 사이에서 방황했다. 어떻게 해야 할까? 머리는 사르트르라고 말하지만 가슴은 마외를 부른다. 시몬은 사르트르와의 관계를 마외에게 숨겼다. 자신이 사르트르와 얼마나 가까워졌는지 그가 알아서는 안 된다. 그녀는 일기장에 사르트르와 마외를 비교했다. 자크 역시 여전히 일기에 자주 등장했다. 시몬은 여름휴가를 마치고 혼란스러운 상태로 파리로 돌아왔다.

신분이 다른 결혼

어쨌든 파리에선 인생의 하이라이트가 그녀를 기다리고 있었다. 마침내 독립이었다. 시몬은 할머니 집에 방을 하나 얻어 들어갔다. 어머니는 할머니가 시몬을 감시할 것이라 믿고 마음을 놓았지만 할머니는 손녀의 사생활을 인정해서 손녀를 다른 세입자들과 똑같이 대했다. 난생처음으로 어머니의 감시가 없는 자신만의 왕국을 갖게 된 것이다.

스물두 살의 시몬은 자유를 만끽하기 위해 취직을 잠시 미루자고 결심했다. 신참 교사는 대부분 지방으로 발령이 났다. 시몬은 파리에 조금 더 있고 싶었다. 그래서 과외를 했고 파트타임으로 고등학교에서 라틴어를 가르쳤다. 난생처음 직접 번 돈으로 시몬은 립스틱과 파우더를 샀다. 결국 그녀도 여자였고 여자라고 느꼈다.

"그런 안정, 그런 행복은 처음이었다. 난생처음 나는 내가, 내 삶이 만족스러웠다."[19]

사르트르는 마음이 편치 못했다. 시몬은 오랜 기다림 끝에 얻은 독립을 한껏 즐겼지만 사르트르는 성인이 짊어져야 하는 의무가 겁났다. 몸만 자랐지 마음은 여전히 어린 아이였다. 이제 곧 18개월의 군복무가 시작될 것이다. 예쁘고 인기 많고 별로 바쁘지도 않은 여자친구를 홀로 파리에 두고 가자니 마음이 놓이지 않았다. 게다가 여자친구는 결혼을 원치 않았고 사르트르 자신도 입만 열면 자유의 중요성을 강조하지 않았던가. 딜레마였다. 자유를 사랑하는 시몬을 어떻게 곁에 묶어둔단 말인가?

사르트르는 시몬에게 계약을 제안했다. 1929년 10월의 어느 날 밤, 두 사람은 루브르 근처의 벤치에 앉아 있었다. 두 사람의 관계에서 중요한 사건은 늘 야외에서 일어났다. 사르트르는 그날 2년 약정 계약을 제안했다. 시몬은 가능하다면 그 2년 동안 파리에 있고 그동안 파리 바깥에 배치될 사르트르가 자주 그녀를 보러 올 것이다. 그 후에는 각기 다른 나라로 해외 근무를 요청해 얼마 동안 떨어져 지내다가 어딘가에서 다시 만나자. 가까웠다 멀어졌다, 공들여 균형을 맞춘 자유가 될 것이다. 그들의 사랑은 필연의 사랑, 아무르 네세세르amour nécessaire다. 세상에는 우연의 사랑, 아무르 콩탱장amour contingent도 존재한다. 그러나 2년의 계약 기간 동안에는 후자는 잠시 보류하자. 그 기간에는 시몬과 사르트르만 존재하기로 한다.

한 가지 계약 조건이 더 있었다. 서로에게 항상 모든 것을 다 털어놓기, 절대로 거짓말하지 않기. 너무 야심만만한 조건이었다. 두 사람은 자신들의 관계를 "신분이 다른 결혼"이라고 불렀다. 이상한 호칭이었다. 한쪽이 귀족인데 다른 쪽이 평민일 경우에나 쓰는 이름이었다. 자식에 관해서는 금방 결론이 났다. 두 사람 다 자식을 낳을 마음이 없었다. 1929년 10월 14일 이 특이한 부부는 계약을 맺었고, 11월 3일 사르트르는 생시르 육군사관학교로 가는 기차에 몸을 실었다.

"솔직히 사르트르가 약속한 이별은 충격이었다. 하지만 그건 아직 희미한 먼 미래의 일이었다. 나는 오지 않은 일을 걱정해 마음을 어지럽히지 않겠다는 규칙을 세웠다. 그래도 마음이 불안할 때는 약한 마음 탓을 하며 불안을 누르려고 노력했다. 사르트르의 말은 믿어도 된다. 이미 시험해봤기에 확신이 있었다. 내 경우 계획은 막무가내 수다가 아니라 현실의 요인이었다."[20]

결국 중요한 것은 신뢰였다. 시몬은 사르트르를 믿고 미지의 세계로 뛰어들 각오가 되어 있었다. 한동안은 사르트르가 일인 다역을 맡아줄 것이다. 애인에 스승에 비평가에 치어리더까지 다양한 역할을 해줄 것이다. 사르트르는 계약으로 모든 문제가 정리되었다고 믿었지만 시몬은 여전히 마외를 그리워했다.

두 사람은 파리에서 자주 만났다. 시몬은 계약에 충실해 그 사실을 사르트르에게 다 털어놓았지만 마외는 사르트르와의 계약 결혼에 대해 아무것도 몰랐다. 마외는 당시 지방에서 교사로 일하고 있었다. 하지만 마외도 멍청이는 아니었으니 결국 자신의 비버가 자신을 저버렸다는 사실을 알게 되었다. 1930년 1월, 그는 시몬에게 자신이 "빵 부스러기"[21]나 먹고 떨어질 사람은 아니라며 뼈 있는 편지를 보냈다. 시몬은 황당했고 화가 났다. 자기도 유부남인 주제에 누가 누구에게 화를 낸단 말인가. 그래도 시몬은 마외를 버리지 못하고 내내 두 남자 사이에서 방황했다. 하지만 자크는 마음에서 완전히 지웠다. 자크가 파리로 돌아온 후 지참금을 많이 갖고 올 형제의 여자 친구와 약혼을 했기 때문이다. 자크가 다른 여자를 선택한 것도 사르트르의 제안을 받아들이는 데 큰 역할을 했을 것이다.

영화가 된 사랑

이론적으로 보면 사르트르와 보부아르의 관계는 기막힌 드라마 소재지만 현실은 2006년에 방영된 텔레비전 영화 한 편이 고작이다. 일랑 뒤랑 코엔 감독의 〈플로르의 연인들Les amants du Flore〉은 두 사람의 계약이 실제로 어떠했는지를 보여주고자 했지만 안타깝게도 수박 겉핥기 수준을 넘지 못했다.

시몬(안나 무글라리스)과 사르트르(로랑 도이치)는 1929년 소르본에서 만났다. 시몬은 도서관에서 조용히 공부를 하는데, 옆 책상에 앉은 사르트르는 친구들에게 이 매력적인 여성을 정복하겠다고 선언한다. 이 장면으로 이미 역할은 정해졌다. 그녀는 노력파 스핑크스, 그는 인생을 즐기는 카사노바다.

처음 25분 동안 영화는 이제 막 시작한 연인 관계의 첫 관문에 열중한다. 들판에서 키스를 나누고 부모와 싸우고 첫 관계를 가진다. 그러더니 곧장 가장 중요한 (중요하다고들 하는) 부분으로 넘어간다. 바로 계약이다. 시몬은 사르트르의 제안에 시큰둥하지만 사르트르가 열심히 설득한다. 영화는 끝까지 이 패턴을 유지한다. 사르트르가 조르면 보부아르는 망설이다가 결국 그의 말을 따른다. 그는 점점 더 나아가려 하고 그녀는 현실에 만족한다. 그러나 매번 사르트르의 뜻대로 된다.

영화는 1950년대 초반에서 끝이 난다. 시몬은 이제 막《제2의 성》을 출간했고 유명인이 되었다. 두 사람은 단순한 정사 이상의 강렬한 관계를 경험했다. 영화 속 사르트르가 한숨 쉬며 말한다. "우리 계약은 중요한 부분을 놓치고 있어. 다른 사람들에겐 감정이 있어. 우리는 그 대가를 치를 거야." 하지만 영화에서 대가를 치르는 쪽은 주로 시몬이다. 영화는 그녀를 조건 없이 사르트르 편을 들었다가 번번이 그에게 실망하는 질투의 화신으로 그린다. 그녀는 울고 무너지지만 사르트르는 냉담해 보인다.

그 영화가 사실이라면 시몬이 "여성 차별" 문제에 주목한 이유는 결국 사르트르와의 힘겨운 관계 때문일 것이다. 그녀처럼 세계 곳곳의 여성들이 남자들에게 억압받고 있을 테니 말이다. 그러나 사실 시몬에게 그 문제를 제안한 사람은 사르트르였다. 영화는 둘의 계약을 정확히 담아내지 못 했을뿐 아니라 스토리와 캐릭터에 새로운 뉘앙스와 해석을 가하려는 노력도 하지 않았다. 안나 무글라리스와 로랑 도이치는 자신들이 맡은 인물에 생명을 불어넣기 위해 최선을 다했지만 시나리오가 받쳐주지 못했다. 〈플로르의 연인들〉은 이렇듯 깊이는 없지만 그래도 지루한 영화는 아니다. 사건의 진전이 빨라 계속해서 일이 터지고 극적인 사건이 연이어 펼쳐진다. 어찌 되었건 그 부분은 현실과 닮았다.

〈플로르의 연인들〉, 2006년작, 프랑스, 연출: 일랑 뒤랑 코엔

셋이서 사랑을

계약의 첫 단계는 계획대로 되지 않았다. 사르트르는 일본에서 수업하는 강사 자리에 도전했지만 탈락했고, 1931년 노르망디의 르아브르로 발령이 났다. 시몬이 프랑스 남부 마르세유에서 자리를 구하는 바람에 두 사람은 졸지에 멀리 떨어지게 되었다. 작별하기 전 스물네 살의 시몬과 스물여덟 살의 사르트르는 계약을 갱신해 계약 기간을 30년대까지 연장했다. 사르트르가 마지막으로 또 한 번 청혼했지만(결혼을 하면 부부는 같은 도시에서 근무할 수 있었다) 시몬은 그 역시 거절했다. 그녀의 선택은 자유였다. 온전한 자유였다. 다른 사람이 자신의 생활방식을 어떻게 생각하건 아랑곳하지 않았고 부모의 기대와 규칙을 완전히 던져버렸다.

그 즈음 일어난 충격적인 사건도 이런 과격한 결심을 부추겼을 가능성이 매우 크다. 1929년 11월 11일, 제일 친한 친구 자자가 세상을 뜨고 만 것이다. 자자는 어느 날 갑자기 병이 들어 순식간

에 숨을 거두고 말았다. 아마 뇌막염이나 뇌염이었을 것이다. 시몬은 놀라고 분노했다. 이렇게 가혹한 상처는 처음이었다. 시몬은 친구의 죽음을 신호로 받아들였다. 두 사람은 함께 세상에 반기를 들었다. 그런데 이제 한쪽이 죽었으니 남은 한쪽이 이 반역을 마무리 지어야만 한다. 돌아갈 길은 없었다. 시몬은 삶을 향해 돌진했고 사르트르 앞에서도 계약의 (물론 처음 2년간은 이론에 불과했지만) 자유를 누렸다. 1931년 2월, 시몬은 사르트르의 친구 피에르 기유와 투르 드 프랑스에 나섰고, 그 휴가 동안 그와 동침했다. 우연의 사랑, 아무르 콩탱장이 선사한 기쁨이었다.

프랑스 남부 마르세유에 도착해서 느꼈던 해방감은 얼마 가지 못했다. 시몬은 외롭고 쓸쓸했다. 사르트르와 사랑에 빠져 황홀한 몇 달을 보내다가 갑자기 혼자가 되었다. 혼자 사는 법을 다시 배워야 할 테지만 독립의 갈망과 사르트르에게 의지하고픈 마음이 갈등했다. 넘치던 기운이 몸 밖으로 다 빠져나간 것만 같았다. "사르트르를 알고부터는 내 삶의 이유를 그에게 다 맡겨버렸다."[22] 그럼에도 그녀는 주로 마르세유 인근을 오래오래 걸으며 서서히 예전의 자신을 되찾았다. 걷기는 취미를 넘어 일종의 집착으로 발전했다. 걸으면 자신을 알 수 있고 자신을 느낄 수 있으며 체력의 한계를 시험해볼 수 있었다. 시몬은 다시 해방감을 느꼈고 마음이 편안해졌다.

그래도 1932년 루앙으로 발령이 나서 마르세유를 떠나게 되자 무척 좋아했다. 루앙은 르아브르와 멀지 않았다. 사르트르는 1933년 공부를 하려고 잠시 베를린에 체류했을 때를 제외하면 르아브르에서 1936년까지 일했다. 베를린에서도 그는 한 프랑스 여성과 사귀었는데, 아마 독일어 실력이 너무 나빠서 독일 여성은 말발로 유혹할 수 없었기 때문일 것이다.

1936년 시몬은 마침내 사랑하는 파리로 돌아왔다. 5년 동안의 "지방" 유배가 드디어 막을 내린 것이다. 시몬은 루앙에서 가르쳤던 제자 올가 코사키에비치를 파리로 데려왔다. 훗날 회고록에서 시몬은 그녀를 좋은 친구라고, 자신과 사르트르가 뒤를 봐주었던 불행한 젊은 여성이라고 소개했다. 하지만 시몬이 숨긴 사실이 있다. 올가는 시몬의 친구이자 연인이었다.

시몬은 1932년 루앙에서 상급 학년을 가르칠 때 올가를 처음 만났다. 스물여섯 살의 시몬은 매력적이었다. 화장을 하고 장신구를 달고 멋진 옷을 차려입은 그녀는 아름답고 우아했다. 게다가 결혼도 하지 않고서 혼자 호텔에서 살았고 몇 시간씩 혼자 카페에 앉아 있었으며 수업 시간에는 학생(좋은 가문의 소녀들)들과 앙드레 지드나 마르셀 프루스트 같은 스캔들 작가의 책을 읽었다. 시몬은 말이 빠르고 유창했다. 많은 여학생이 시몬을 흠모했고 학교 바깥에서도 그녀를 만나고 싶어 했다.

시몬은 학생들에게 그다지 흥미를 느끼지 못했는데 유독 열여덟 살의 올가가 눈길을 끌었다. "빽빽한 금발에 에워싸인 그녀의 창백한 얼굴은 거의 무심해보였다. 숙제를 대충 끼적여 제출했기 때문에 평가를 내리기 힘들었다."[23] 친구들은 올가를 "러시아 꼬마"라고 불렀다. 아버지가 백러시아(벨라루스) 출신이었기 때문이다. 그런데 성적이 형편없던 올가가 놀랍게도 졸업하던 해에 1등을 차지했다. 알고 보니 그녀는 총명한 학생이었던 것이다. 시몬은 이 고집 세고 매사 시큰둥하고 귀찮아 하는 소녀에게 매력을 느껴 카페에서 주기적으로 만나기 시작했다.

올가는 몽상적이었고 불행했으며 뭘 해야 할지 몰랐다. 시몬은 올가를 적극 지원했고 덕분에 그녀는 우수한 성적으로 대학 입학 자격시험을 통과했다. 1934년 가을 올가는 (자신은 별 흥미를 못 느꼈지만) 부모님의 뜻에 따라 루앙 의과대학에 입학했다. 당연히 대학 생활은 재미가 없었고 그 사실을 눈치 챈 시몬은 1935년, 그녀에게 제안했다. 자신과 사르트르가 생활비를 대주고 공부도 시켜주고 보살펴도 주겠다고 말이다. 올가는 그 제안에 응해 얼마 후 시몬이 사는 호텔로 짐을 옮겼고, 그렇게 두 사람은 정사를 시작했다. 그 후 사르트르까지 시몬이 데려온 이 작은 러시아 여성에게 매료되자 그들의 관계는 시몬과 사르트르가 "트리오"라고 부른 관계로 발전했다. 첫 번째 "트리오"였다.

1936년 올가는 시몬을 따라 파리로 왔고 사르트르는 여전히 북프랑스의 라옹에서 근무했지만 기회가 있을 때마다 파리로 와서 두 여성을 만났다. 1937년 사르트르가 마침내 파리 근교의 뇌이로 전근을 왔다. 시몬과 사르트르는 함께 있으면 천하무적이었다. 뜨거운 그들 곁에 있으면 누구나 그들의 열정에 전염되고 말았다. 한 사람이 말을 시작하면 다른 사람이 그 문장을 끝맺었다. "질문을 받으면 둘의 입에서 같은 대답이 튀어나왔다."[24]

트리오의 관계는 불평등했다. 사르트르와 시몬은 "자식"을 위해서라면 최선을 다하는 "부모"이자 권위자였다. 올가는 "자식"이었고 경제적으로 두 사람에게 완전히 의지했다. 당연히 "부모"를 대하는 올가의 감정은 복잡했다. 감사한 마음도 있었지만 또 한편 감시당하는 기분 때문에 반항하기도 했다. 시몬은 두 사람을 따로 만나고 싶었지만 사르트르가 자기도 올가와 친하게 지내고 싶다고 고집을 부렸다. 그런 관계가 순탄할 리 없었다. 올가는 젊고 순진했지만 미친 사람처럼 자신을 쫓아다니는 사르트르가 부담스럽고 힘들었다. 그래서 가까운 사이를 허락했다가도 또 갑자기 그를 피해 다녔다.

그런 그녀의 태도가 사르트르를 미치게 만들었다. 점점 더 욕심이 났다. 오랜 시간 집필한 사르트르의 책 원고가 거절당한 것도, 1935년 2월에 실험 삼아 복용해본 마약 메스칼린도 사르트르의 광기에 일조했다. 사르트르는 환각 상태에서 온갖 종류의 갑각류에 쫓겼고 우울증에 시달렸으며 성공을 갈구했다. 하지만 올가는 그 성공의 대상이 되고 싶은 마음이 없었다. 사르트르와 시몬의 예상과 달리 올가는 그들의 뜻대로 되지 않았다.

처음엔 그래도 웬만큼 화목했지만 시간이 흐르면서 트리오는 재앙으로 발전했다. 사르트르는 올가를 침대로 끌어들이지 못했고 두 여성의 관계를 질투했다. 안 그래도 심리적으로 불안한 올가는 두 남녀의 장난감이 된 것 같은 기분에 괴로웠다. 시몬 역시 올가에게 미친 듯 집착하는 사르트르 때문에 마음이 불안했다. 모두가 괴로웠지만 그들이 자처한 사랑의 혼돈에서 빠져나올 탈출구를 누구도 알지 못했다.

"두 개체의 조화는 결코 주어지는 것이 아니라 쉬지 않고 되찾아야 하는 것이다."[25]

결국 모두가 각자의 방식으로 트리오를 탈퇴했다. 시몬은 1937년 2월, 심한 폐렴으로 몇 주 동안 꼼짝도 하지 못했다. 올가는 사르트르의 예전 제자였던 젊은 미남 자크로랑 보스트를 만났다. 두 사람은 사랑에 빠졌고 나중에 결혼까지 했다. 1937년 부활절 올가의 여동생 완다가 파리에 놀러 왔다. 사르트르는 예전 루앙에서 완다를 처음 만났지만 이때부터 갑자기 그녀에게 구애하기 시작했다. 트리오는 공식적으로 해체되었고 시몬은 안도했다.

하지만 그녀와 사르트르는 두 번째 실험을 시작했다. 실험 규칙은 동일했고 변수만 달라졌다. 세 번째 변수가 올가 코사키에비치에서 비앙카 비넨펠트로 바뀐 것이다. 시몬은 1938년 당시 열여덟 살이던 비앙카를 파리의 몰리에르 고등학교에서 가르쳤다. 비앙카는 유대인 부모의 딸로 폴란드에서 태어났지만 성장한 곳은 파리였다. 우수에 젖은 올가와는 달리 그녀는 명랑하고 다방면에 관심이 많았다. 그리고 다른 여제자들이 그랬듯 비앙카 역시 시몬에게 거부할 수 없는 매력을 느꼈다. 비앙카의 추억담을 들어보자.

"그녀는 작고 여렸으며 약간 뻣뻣했고 몸매가 아주 좋지는 않았다. 걸음이 빨랐고 때로 제스처가 거칠었다. 그녀의 모든 것이 에너지를 뿜어냈다. … 가장 인상 깊었던 것은 균형이 완벽하고 윤곽이 뚜렷한 예쁜 얼굴과 광대뼈가 두드러진 깨끗한 옆모습이었다. 반짝이는 파란 눈동자에 깃든 지성을 우리는 금방 알아보았다. 유일한 결점은 목소리였다. 목소리가 갈라지고 거칠어서 좀 듣기가 괴로웠다. 또 말이 너무 빨라서 받아 적기가 무척 힘이 들었다."[26]

1938년 여름, 함께 하이킹하는 동안 비앙카와 시몬의 우정은 육체적 관계로 발전했다. 곧장 사르트르도 동일한 관계를 요구했고, 올가와 달리 열여덟 살의 비앙카는 서른네 살의 남자를 받아들일 준비가 되어 있었다.

그 직후 히틀러가 폴란드를 침공했고 프랑스는 독일에 선전포고를 했다. 사르트르는 기상청에서 군복무를 했다. 그와 시몬은 1939년 9월에서 1941년 3월까지 단 세 번, 며칠씩만 얼굴을 볼 수 있었다. 떨어져 있는 시간을 보상하기에는 일어나는 모든 일을 미주알고주알 적은 편지보다 더 좋은 것이 없을 것이다. 시몬은 사르트르에게 긴 편지를 적어 파리의 모든 것을 알렸다. 카페에서 일했고 올가를 만났고 비앙카와 포옹했다고 말이다. 시몬은 이 편지에서도 존댓말을 썼다. 워낙 반말을 힘들어 했다. 사르트르는 시몬의 이런 습관을 재미있어 했다. 그는 관계를 가진 모든 여성에게 말을 놓았지만 비버에게만은 그러지 않았다. 그러니까 그들의 존대는 사랑의 증거였다.

사랑의 언어

시몬과 사르트르는 평범한 커플이라고 보기에는 특이한 점이 많았다. 하지만 그들도 다른 커플처럼 자기들만의 언어를 썼고 자기들에게만 특별한 의미를 띠는 개념을 사용했다. 시몬은 사르트르에게 보낸 편지에서 케렌시아querencia라는 말을 잘 썼다. 원래 투우 용어로 헤밍웨이도 잘 썼다는 이 말은 마지막 일전을 앞둔 투우소가 잠시 쉴 수 있게 마련한 장소, 즉 피난처, 안식처라는 뜻이다. 사르트르에게 알려주고 싶은 일이 일어나면 시몬은 "체험Erlebnis"의 형식으로 보고했다. 이 독일어 개념(두 사람도 독일어 개념을 사용했다)은 현상학에서 나왔고 "겪어 깨우친 경험"이라는 의미다. 시몬과 사르트르는 그 말을 "정서" 혹은 "마음의 동요"를 대신해 사용했다. 하지만 두 사람에게 일어나는 모든 사건이 "작은 체험"인 것은 아니었다. 많은 것은 그저 우연적kontingent이었다. 실존주의에서 Kontingenz는 우연한 것, 인간 현실의 임의성을 말한다.

사랑의 관계를 이야기할 때 두 사람은 "괄호 안에 넣기"라는 말을 자주 사용했다. 관계를 괄호 안에 넣는다는 말은 자신의 특권적 지위에 의문을 제기하고 그것을 포기하며 사랑하는 사람과 하나가 되고 싶다는 의미다. 시몬은 사르트르와의 관계만은 괄호 안에 넣지 않으려고 했지만 마음처럼 실천이 쉽지 않다는 것을 인정할 수밖에 없었다.

그럼에도 두 사람은 편지에서 항상 그들 관계의 특별함을 강조했다. 그 사실은 특히 "다져진 길"이라는 표현에서 잘 드러난다. 그 말로 그들은 관계의 지속성을 암시하는 한편 루틴의 위험성 역시 은근슬쩍 지적했다. 시몬이 말했다. "당신이 다져진 옛길의 내 늙은 뺨에 입을 맞추고 내가 당신을 힘껏 껴안았던 그제 밤처럼 나는 아직도 당신과 함께 있답니다."[27] 사르트르가 대답했다. "세상 그 무엇보다 좋은 당신의 다져진 길의 늙은 뺨에 키스하고 싶어요."[28]

드라마, 베이비!

시몬과 사르트르는 친한 친구들을 '작은 가족'이라고 불렀다. 그리고 이 가족은 시간이 가면서 복잡한 관계의 그물망으로 발전했다. 그 그물망에서 부모 역할을 맡은 시몬과 사르트르만 뭐가 어떻게 돌아가는지 알고서 관계를 이리저리 조절했을 뿐 나머지는 그 수많은 연애 사건에 대해 아무것도 몰랐다. 시몬은 1938년에 사르트르와 마찬가지로 군인 신분이던 "꼬마 보스트"(자크로랑 보스트)와 비밀연애를 시작했고 올가와도 관계를 맺었다. 사르트르와 비앙카의 동침 사실은 올가의 여동생 완다에게는 비밀이었다. 그런 식이었다. 이 수많은 관계를 정리하는 일이 쉽지는 않았다. 시몬의 하루는 철저한 계획에 따라 정확하게 분할되었다. 사랑이 깊은 사람일수록 더 많은 시간을 할애했다. 각자 다른 요구 사항을 들어주고 계속해서 비밀에 붙이는 일이 스트레스였지만 두 사람에게는 그 모든 것이 즐거운 것 같았다. 그들은 편지로 누가 언제 누구와 만났으며, 비앙카가 이번에도 질투를 했다거나 올가와 보스트가 싸웠다는 등의 사건을 상세하게 보고했다.

두 사람에게는 이런 교류가 섹스의 대용물이었다. 위대한 사르트르도 침대에서만큼은 실력이 그리 대단하지 않았다. 여자들을 쫓아다니고 여자들을 유혹하는 것은 무척 즐겼지만 정작 성행위 자체에는 별 관심이 없었다. 반대로 시몬은 육감적인 여성이었기 때문에 사르트르와의 관계로는 성욕을 만족시킬 수 없었다. 이제 두 사람은 동침하지 않았지만(아마 10년 정도 지난 후부터 그랬던 것 같다) 크고 작은 드라마가 벌어지는 '작은 가족'은 그들에게 성적 교류를 허락했다.

아마 시몬과 사르트르의 편지를 요즘 독자들이 본다면 티엠아이TMI, Too Much Information라고 생각할 것이다. 인터넷을 통한 개인사의 '오버셰어링'이 지극히 정상이 된 지금 시대의 우리가 보아도 과할 정도이니 말이다. 하지만 두 사람은 모든 것을 다 털어놓기로 맹세했다. 물론 시몬은 시간이 갈수록 그 맹세를 지키기가 힘들어졌다. 보스트를 향한 감정이 너무 깊어 스스로도 깜짝깜짝 놀랐고 여성들과의 성관계가 사르트르와의 관계보다 훨씬 큰 만족을 주었으니까 말이다. 시몬은 "동성애" "이성애" "양성애"를 자유롭게 오갔고 끌리는 사람과는 누구와도 섹스를 했다. 상대의 성별은 상관하지 않았다.

시몬과 사르트르가 자주 함께 했던 다섯 가지

1. 여행은 출장이건 개인적인 여행이건 상관없이 무조건 좋아했다.
2. 위스키 마시기(특히 스카치를 좋아했다).
3. 철학, 문학, 정치, 자신들을 주제로 토론하기.
4. 저녁에 턴테이블로 엘피판 듣기.
5. 카페나 집에서 따로 앉아 일하기.

같이 하지 않은 것

걷기. 사르트르는 신선한 공기에 알레르기라도 있는 것처럼 밖으로 나가기를 싫어했다.

비앙카에 대한 시몬의 관심이 시들해졌다. 예전 제자였던 러시아 출신의 나탈리 소로킨과 관계를 시작했기 때문이다. 소로킨은 충동적이고 열정적이어서 시몬도 그녀의 정열에 물들었다. 1940년 2월 (여전히 기상청에서 군복무를 하던) 사르트르는 편지로 비앙카에게 결별을 선언했다. 예상대로 비앙카는 충격을 받았고 시몬이 나서서 위로해주었다. 이럴 때 보면 사르트르와 시몬은 정말 매몰찼다. 어떤 사람에게 관심이 있을 때는 우아하고 사랑스러웠지만 충분히 즐기고 신물이 나면 오래 끌지 않고 바로 이별을 고했다. 나쁜 소식을 전달하는 역할은 시몬이 맡았다. 사르트르가 갈등을 극도로 두려워했기 때문이다.

결혼 후 람블린으로 성이 바뀐 비앙카 비넨펠트는 훗날 (시몬 드 보부아르의 회고록 《얌전한 처녀의 회상》의 제목을 빗대어) 《미친 처녀의 회상 *Memoires d'une jeune fille dérangée*》을 출간해 당시의 일을 세상에 알렸다. 올가 코사키에비치는 시몬, 사르트르와의 관계를 이렇게 털어놓았다. "우리 모두는 뱀처럼 최면에 걸려 있었다. … 우리는 하고 싶은 대로 했다. 무엇을 하건 그들의 관심에 너무 감격했고, 그들을 가졌다는 특권 의식에 젖어 있었기 때문이다."[29] 그래도 시몬만은 훗날 자신의 행동을 매우 비판적으로 바라보았다.

"… 사르트르의 인생에서도, 내 인생에서도 제3의 인물들은 처음부터 알았다. 그들과의 관계를 옥죌 또 하나의 관계가 존재한다는 사실을. 그래서 적잖이 불쾌해 했다. 우리의 관계는 실제로 이 제3의 인물들을 희생시켜서 유지되었다. 따라서 이 관계는 철저히 비판받아야 한다. 우리가 그 사람들에게 공정하게 행동하지 않았다는 사실도 관계의 일부이기 때문이다."**30**

미국에서 사랑에 빠지다

사르트르가 잠깐 완다와 결혼할까 고민한 적은 있었지만, 진짜로 두 사람의 계약을 위태롭게 만든 주인공은 '작은 가족'의 구성원이 아니라 미국에 사는 프랑스 여성 돌로레스 바네티와 순수 미국 남자 넬슨 올그런이었다.

사르트르는 1945년 프랑스 기자단에 끼어 미국에 체류하던 중 뉴욕에서 돌로레스를 만났다. 그녀는 돈 많은 미국 의사와 결혼했고 라디오 방송 일을 하고 있었다. 그녀와의 연애는 사르트르의 다른 연애 사건들과 달랐다. 사르트르가 사랑에 빠져서 고향에 있는 시몬에게 그녀 이야기를 하지 않은 것이다. 하지만 당연히 시몬은 무슨 일이 벌어졌는지 훤히 알았다. 돌로레스는 파리 여성들과 달리 시몬의 우월한 지위를 인정하지 않았다. 신성한 계약의 규칙을 용납하지 않았고 사르트르를 독점하고자 했다. 사르트르와 그녀는 몇 년 동안 가까워졌다 멀어졌다 하며 관계를 이어갔고 그녀는 결혼을 원했지만 사르트르는 싫은 척했다. 심지어 시몬은 돌로레스를 직접 만나기도 했지만 두 여성은 서로를 싫어했다. 돌로레스는 질투에 불탔고 시몬은 자신과 사르트르의 미래가 걱정되어 병들었다. 그녀와 사르트르는 더는 당연한 "하나"가 아니었다.

"나는 강인한 낙관주의를 잃어버렸다. 무슨 일이든 일어날 수 있었다. 15년 넘게 유지된 관계다. 이미 습관이 되지 않았을까? 어떤 특권이 있는가? 내 대답은 알지만 사르트르의 대답은 모르겠다."**31**

게다가 그사이 사르트르는 프랑스는 물론이고 외국에서도 유명세를 얻었다. 흥미로운 실존주의 철학의 대표인 이 젊은 남자를 사방에서 찾아댔다. 시몬도 철학 에세이와 세 권의 소설을 포함해 여러 권의 저서를 출간했지만 많은 이들이 그녀를 그저 사르트르의 동반자이자 제자, 뮤즈로만 알았다. 위대한 사르트르의 여인, 라 그랑드 사르트뢰즈. 겉으로는 아무렇지 않은 척했지만 사실 그녀는 그런 현실이 무척 괴로웠다.

1947년 초, 마침내 시몬이 난생처음 미국으로 건너갔다. 실존주의와 관련해 몇 차례 강연할 예정이었다. 시카고에서 그녀는 미국 작가 넬슨 올그런을 만났다. 그의 전화번호는 뉴욕의 친구들에게서 받았다. 까다롭고 변덕스럽기는 하지만 시카고에서 가이드가 필요하거든 그에게 연락하라고 친구들이 권했던 것이다. 두 사람의 첫 만남은 별 특이점이 없었다. 시몬이 호텔로 전화를 걸었지만 올그런은 시몬의 심한 프랑스 억양 탓에 말을 잘못 알아듣고 전화를 끊어버렸다. 그렇게 몇 차례 전화를 걸고 끊기를 반복하다가 시몬이 호텔의 누군가에게 대신 전화해달라고 부탁했다. 이번에는 통했다. 프랑스 여자와 미국 남자는 그날 저녁에 만나기로 약속을 잡았다. 인식표는 시몬이 신경질적으로 꽉 쥐고 있던 한 권의 책이었다. 올그런의 탐색이 채 끝나기도 전에 시몬은 그에게 "진짜" 시카고를 보고 싶다고 말했다. 올그런은 그녀를 스트립 클럽, 흑인 바, 수상쩍은 술집에 데려갔다. 시몬은 감동했고 올그런은 시몬에게 감격했다. 말이 빠른 프랑스 여자는 셔츠 단추를 끝까지 채운 거만하고 따분한 여자일 거라는 예상이 완전히 뒤집어졌다. 훗날 올그런은 이렇게 회상했다.

"그녀는 폭포수처럼 말을 쏟아냈다. 강렬했고 정열적이었으며 힘이 넘쳤다. 나는 한마디도 못 알아들었다. 나중에 그녀는 사실 자기도 내 말을 하나도 못 알아들었다고 고백했다. 나는 그녀가 프랑스인 교사라고 생각했다. 그녀의 이름을 한 번도 들어본 적 없었고 이름을 제대로 알아들었는지조차 확신하지 못했다."[32]

시몬은 시카고에서 서른여섯 시간 머물렀고 그 시간의 대부분을 올그런과 보냈다. 두 사람은 전혀 달랐고 서로의 말도 잘 알아듣지 못했지만 서로에게 매력을 느꼈다. 《슈피겔》의 한 기사는 올그런을 "전형적인, 스스로 전형이 되기 위해 씨름한 마초"라고 소개하며 이런 글을 보탰다. "헤밍웨이는 '그가 두 주먹도 잘 휘두르지만 다리도 잘 쓰기' 때문에 그의 책을 읽고 싶은 독자는 맷집이 좀 있어야 한다고 경고했다."[33] 시몬을 만나던 해 올그런은 서른아홉 살이었다. 시몬보다 한 살 연하였다. 그는 이미 두 권의 소설을 출간했고 훗날 대표작으로 꼽힐 소설 《황금 팔을 가진 사나이 *The Man with the Golden Arm*》를 거의 탈고한 상태였다.

넬슨 올그런
작가 & 사랑하는 악어

성공한다고 다 행복한 것은 아니다. 넬슨 올그런이 바로 그런 사람이다. 그의 소설은 비평가들의 찬사를 받았고 할리우드 영화로도 제작되었지만 1981년 눈 감을 당시 그는 가난하고 외로운 남자였다. 그에겐 행복의 재능이 없었다.

작가 넬슨 올그런은 디트로이트에서 태어났다. 그의 유대 가문의 뿌리는 독일과 스웨덴이었다. 칼리지 저널리즘 학과를 졸업한 그는 미국 곳곳을 전전했고 닥치는 대로 일해서 입에 풀칠하며 성공을 꿈꾸었다. 그러나 좀처럼 성공은 찾아오지 않았다. 아메리칸 드림은 실패였다. 실망한 넬슨은 시카고로 향했다. 그는 시카고의 슬럼 주민, 창녀, 노숙자 같은 사회 약자들에게 호감을 느꼈고, 그들에게서 자신을 보는 듯 매력을 느꼈다.

1935년 넬슨의 처녀작 《부랑자 *Somebody in Boots*》는 성공하지 못했다. 일자리도 없고 절망도 깊었고 마음도 울적해 자살을 시도한 적도 있었다. 아내 어맨다와 함께 가난하게 살던 그는 1939년 글쓰기에 집중하기 위해 아내를 떠났다. 글을 쓰지 않을 때에는 어두운 뒷방에서 노름을 했고 아웃사이더들과 이야기를 나누거나 지역 정신병원을 찾았다.

1947년 시몬과 만날 당시 그는 이제 막 유명해지기 시작한 작가였다. 《뉴욕 타임스》가 1942년에 나온 《돌아오지 않는 아침 *Never Come Morning*》을 극찬했고 소설집 《네온의 황야 *The Neon Wilderness*》(1947)도 호평을 받았다. 그의 소설은 권위에 도전했고 인간의 사회적 가치가 재산과는 무관하다는 사실을 보여주려 했다. 1950년, 그는 난생처음 연미복을 차려 입고 전 영부인 엘리너 루스벨트가 수여하는 전미도서상을 받았다. 그것이 커리어의 최고봉이었다. 그 후로도 계속해서 글을 쓰고 책을 출간했지만 큰 성공은 없었다.

넬슨이 인간관계에 서툰 것도 원인이었다. 그는 피플 플레저*가 아니라 (불편한) 자기 확신을 고집하는 사람이었다. 1949년에 나온 《황금 팔을 가진 사나이》가 프랭크 시나트라 주연의 영화로 제작되었지만 넬슨은 할리우드 작가의 길을 걷지 못했다. 그는 확신에 찬 공산주의자였고 매카시즘 시대에도 자신의 정치적 신념을 버릴 마음이 없었다.

그는 평생 외톨이였고 감정 기복과 우울증에 시달렸다. 하지만 전혀 다른 모습일 때도 있었다. 시몬이 만난 그는 재미있고 사랑스러우며 아이디어가 샘솟는 남자였고 마음이 약해 상처를 잘 받았다. 그는 그녀의 "사랑스러운 악어"였다. 껍질도 딱딱하고 속도 거친.

---

* 남을 기쁘게 해주기 위해 무리하여 노력하는 사람.

차가운 시카고의 2월, 지적인 프랑스 여자와 미국 노동자는 3년 넘게 이어질 러브스토리를 시작했다. 그 후로도 두 사람은 20년 가까이 관계를 유지했다. 시몬이 여러 차례 미국을 찾았고 두 사람은 함께 남미를 여행했다. 올그런이 파리까지 달려오기도 했다. 1949년, 그는 막 출간된 《제2의 성》을 시몬과 함께 받아보았고 여자친구가 하루아침에 유명인사가 되는 (또 욕을 얻어먹는) 과정을 곁에서 지켜보았다. '작은 가족'과도 만났다. 사람들은 시몬의 터프한 시카고 보이에게 홀딱 반했다. 떨어져 있을 때는 수백 통의 편지를 주고받았다. 그는 시몬을 "개구리"라고 불렀고 시몬은 그를 "악어"라고 불렀다. 그가 그녀에게 멕시코 은반지를 선물했는데 시몬은 평생 그

반지를 빼지 않았다.

두 사람의 관계에선 사르트르와의 관계에서보다 역할 분담이 전통적이었다. 시몬은 지적인 파트너가 아니라 그냥 관능적인 여자였다. 올그런은 시몬에게 성적 만족감도 함께 선사한 첫 남자였다. 사랑과 행복에 취해 첫 미국 여행에서 돌아온 그녀를 보며 사르트르는 마음이 흔들렸다. 불현듯 그의 비버가 자신에게 어떤 존재인지 깨닫게 된 것이다. 돌로레스? 돌로레스가 누구냐?

> "내가 당신을 얼마나 사랑하는지 알고 싶다면 내가 써준 알파벳 숫자를 세면 될 겁니다. a가 몇 개 인지, b가 몇 개인지 세어보세요. 그 숫자에 10,345를 곱하면 내가 평생 당신에게 해주고 싶은 키스의 숫자가 나올 겁니다."[34]

돌로레스 바네티가 그랬듯 올그런 역시 두 번째 남자가 되고 싶지 않았다. 그는 "개구리" 시몬과 결혼을 원했다. 그러나 시몬은 그럴 생각이 전혀 없었다. 시몬에겐 사르트르와의 관계가 먼저였으니까. 시몬은 자책하며 올그런에게 이런 편지를 썼다. "전부를 줄 마음이 없어 조금 내어주는 것이 옳은 짓일까요? 그가 청해도 그에게 삶의 전부를 바칠 뜻이 없는데 그를 사랑하고 그에게 사랑한다고 말해도 괜찮은 걸까요?"[35] 시몬은 심지어 올그런에게 사르트르와 자신처럼 "우연의 사랑"을 즐기라고 권하기도 했다. 하지만 그는 왜 시몬이 사르트르와 파리에 그렇게 집착하는지 이해하지 못했다. 늘 사르트르는 좋은 친구이자 동료일 뿐이라고 하면서도 말이다.

올그런은 오랫동안 "계약"은 물론이고 돌로레스 때문에 걱정하는 시몬의 마음도 전혀 몰랐다. 마침내 시몬의 "의무"를 모두 알게 된 그는 깊은 상처를 받았다. 1950년 여름, 미시간호에서 마지막으로 함께 휴가를 보내는 동안 그는 시몬에게 헤어지자고 말했고 전 부인과 다시 합칠까 고민했다. 시몬은 절망했다. "지금 내 눈은 훈제 개구리처럼 말라 있습니다. 하지만 내 마음은 흐느적거리는 맛없는 푸딩 같습니다."**36**

"개구리"와 "악어"의 관계는 1951년 막을 내렸다. 시몬이 정직하지 못했고 관계에 거는 기대가 서로 달랐기 때문이다. 올그런의 개인적인 문제도 컸다. 슬럼프에 빠져 글을 쓸 수 없었고 열등감도 심했다. 그는 술을 너무 많이 마셨고 점점 더 우울한 인간으로 변해갔다.

새로운 시작과 작별

이제 사랑은 끝이라고 생각했다. 사십대 중반의 그녀는 할머니가 된 기분이었다. 객관적으로 보면 말이 안 되는 생각이었다. 일단 마흔다섯은 그럴 나이가 아니고, 특히 시몬은 아직 수려한 외모를 자랑했다. 그러니 젊은 기자 클로드 란즈만이 새 애인이 된 것도 놀랄 일은 아니었다. 두 사람은 1952년 사르트르가 창간한 잡지 《레 탕 모데른*Les Temps Modernes*》의 편집 회의에서 만났다. 검은 머리에 키 크고 잘생기고 자의식이 강하며 열정적인 기자였던 스물일곱 살의 란즈만은 시몬에게 홀딱 빠지고 말았다. 그는 당시를 이렇게 기억했다.

"라 뷔슈리 거리(시몬의 집)에서 브라질로 떠나는 카우(사르트르의 비서)와 자크로랑 보스트의 송별회를 열고 난 다음 날 아침 나는 배짱이 좋았던 것인지 무례했던 것인지 그녀에게 전화를 걸어 오늘 밤 같이 영화를 보자고 말했다. … 시몬은 시간을 낭비하고 싶지 않은 듯 진지하게 어떤 영화를 볼 거냐고 물었다. 나는 영화가 목적이 아니라는 것을 그녀가 알아차렸으면 하는 마음으로 아무 영화나 좋다고 대답했다. 그녀는 내 말 뜻을 알아차렸다."[37]

시몬은 전화를 끊고 행복에 겨워 환호성을 질렀다. 아직 자신은 늙어빠진 여자가 아니었다. 얼마 후 란즈만이 시몬의 집으로 들어왔다. 그는 시몬과 함께 산 첫 남자였고 유일한 남자였다. 그것 역시 암묵적인 계약 조항이었다. 사르트르와 시몬은 한 번도 동거하지 않았다. 시몬은 자기 손으로 밥을 짓겠다는 생각을 해본 적이 없었다. 카페랑 식당은 어디다 쓰게?

클로드 란즈만
젊음을 돌려준 작가, 영화 제작자

클로드 란즈만은 심지가 곧은 사람이다. 열아홉 살에 이미 확신에 찬 공산주의자였던 그는 제2차 대전 중 클레르몽페랑의 레지스탕스에 합류했다. 전쟁이 끝나자 가족은 (부모는 그 사이 이혼했다) 파리로 이사했다. 클로드는 소르본에서 철학을 공부했고, 시몬처럼 라이프니츠를 주제로 졸업논문을 썼다. 졸업 후에는 튀빙겐과 베를린에서 공부도 하고 일도 했고, 프랑스로 돌아와서는 프리랜서 기자로《프랑스 디망슈France Dimanche》,《프랑스 스와르France soir》,《르 몽드Le Monde》에 글을 기고했다. 사르트르는 전후 동독을 주제로 삼은 클로드의 르포르타주를 읽고 깊은 인상을 받아서 그를《레 탕 모데른》의 편집회의에 초대했다. 그 후의 일은 우리가 아는 그대로다. 클로드는 시몬을 만났고 둘은 1952년 7월에 첫 데이트를 했다. 원래는 극장에 갈 계획이었지만 둘은 그날 저녁 내내 시몬의 방 창문으로 노트르담 성당을 바라보았다. 클로드는 시몬에게 매료되었다. "나는 분명하지 않은 그녀의 목소리와 파란 눈동자, 또렷한 얼굴선, 특히 콧방울의 선을 순식간에 사랑하게 되었다."**38** 시몬은 이렇게 젊은 남자가 자신에게 관심을 보이고 심지어 자신과 같이 살고 싶어 한다는 것이 믿기지 않았다.

두 사람은 1952년부터 1958년까지 커플로 지내며 함께 살고 함께 여행을 다녔다. 사르트르 역시 그와 잘 통했다. 그 후 클로드의 마음이 다른 여성에게로 옮겨갔지만 사랑은 우정으로 변해 두 사람은 1986년 시몬이 눈을 감는 그 순간까지 가깝게 지냈다.

클로드는《레 탕 모데른》의 발행도 도맡았다. 그는 이스라엘과 팔레스타인 분쟁, 유대 정체성 문제에 관심이 많았다. 여러 번 이스라엘을 찾기도 했다. 1977년 그는 대형 영화 프로젝트〈쇼아Shoah〉를 시작했다. 12년 넘게 자료를 찾고 피해자와 가해자 들을 인터뷰했다. 1985년 완성된 작품은 무려 아홉 시간 동안이나 홀로코스트 이야기를 했지만 전부가 다 발로 뛰며 구한 자료였다. 클로드는 감독이자 인터뷰 파트너였고 배우로도 출연했다. "나는 감정을 듣고자 한 것이 아니다. 그 모든 일이 어떻게 일어났는지 최대한 정확하게 알고 싶었다. 묘사를, 정확하고 잔혹하며 가치가 배제된 묘사를 원했다. 시공간적 정확성을 원했다."[39]

1966년 배우이자 사르트르의 애인이었던 여동생 에블린이 자살하자 클로드는 그것을 막지 못했다는 죄책감에 시달렸다. 현재 아흔을 넘긴 클로드는 여전히 가장 전투적이고 가장 열정적인 프랑스 지성인으로 손꼽힌다. 그는 시몬을 이렇게 기억한다. "그녀는 내게 여행을 가르쳤다. 관찰을 가르쳤고 생각을 가르쳤다."[40]

1953년 올그런은 전부인과 재결합했다(하지만 2년 후 다시 이혼한다). 그래도 그는 시몬과 친구로 지냈고 계속 편지를 주고받았다. 두 사람 사이가 처음으로 틀어지게 된 것은 1956년에 영어로 번역 출간된 시몬의 소설 《레 망다랭》 때문이었다. 그녀는 그 책에서 한 미국 남자와의 관계를 문학적으로 가공했다. 올그런은 분노했고 상처받아 사람들 앞에서도 거침없이 예전 애인을 헐뜯었다. 1956년 7월, 시몬은 그에게 이런 편지를 보냈다.

"《레 망다랭》에 나오는 사랑 이야기는 실제 사실과 아주 많이 다릅니다. 나는 그저 작은 메아리를 기록하려 했을 뿐이에요. 아무도 몰랐습니다. 그 남자와 여자가 영원히 헤어지고도 여전히 서로 사랑하고 그 사랑이 결코 죽지 않으리라는 것을. 그저 그대로 계속 이어갈 수가 없었던 겁니다. 맑은 정신으로 과거를 생각하면 늘 깨닫게 됩니다. 나는 절대 미국에서 살 수 없었을 것이고 당신도 파리에서 오래 살 수 없었을 겁니다. 그렇다고 이렇게 오가는 생활이 행복하지도 않았을 것이고요. 그래요. 진심으로 장담할 수 있어요. 나도 고통스러웠노라고."[41]

1960년 올그런은 다시 한번 파리를 찾아왔고 두 사람은 몇 달 동안 함께 여행했다. 침대에서도 다시 일이 벌어졌다.[42] 두 사람이 완전히 갈라선 것은 1963년 시몬의 세 번째 회고록《사물의 힘》의 영어판이 출간되면서였다. 그녀는 또 올그런과의 관계를 주제로 삼았고 이번에는 그가 도저히 그녀를 용서할 수 없었다. 대서양을 오갔던 위대한 사랑은 분노와 원망으로 막을 내렸다. 그럼에도 시몬은 말했다. "그 사랑의 존재를 후회하지 않는다. 우리 둘 다 실보다는 득이 많았다."[43]

시몬과 란즈만의 관계도 끝이 났다. 란즈만은 다른 여자에게 마음을 빼앗겨 1958년 시몬을 떠났다. 시몬은 침착하게 받아들였고 전 애인과 친구로 남았다. 사르트르는 (평소처럼 완다를 포함해) 여러 여성들에게 경제적 지원을 해주며 사랑을 나누는 중이었다. 그런데 이들의 왕국에 갑자기 아를레트 엘카임이 등장했다. 1956년 사르트르가 당시 스무 살이던 알제리 출신의 여대생 엘카임을 만나 자신의 왕국으로 데려온 것이다. 그녀 역시 사르트르의 다른 여자들처럼 도움이 필요한 처지였고 영악스럽지 못했다. 그래서 그녀와의 관계도 지금까지의 '우연한 사랑'과 별 다를 것이 없어 보였다.

그런데 1965년, 문득 사르트르가 그사이 스물아홉 살이 된 아를레트를 양녀로 입양했다. 사르트르의 나머지 여자들은 분노했고 사르트르가 아낌없이 퍼주던 경제적 지원이 끊길까봐 걱정했다.

시몬의 충격은 훨씬 더 컸다. 이 모든 것이 다 사기 행각인 것만 같았다. 사르트르가 아를레트를 입양해 딸로 삼은 데 그치지 않고 사실상 유산 관리인으로 삼았기 때문이다. 시몬은 지금껏 사르트르의 유산은 당연히 자신이 물려받을 것이라고 생각했다. 지난 36년을 그와 함께 보냈고 수많은 다른 관계에도 항상 "계약"이 우선이라고 생각했으며 평생 사르트르의 글을 비평하고 수정했고 정치적 모험에도 동행했다. 그런데 그 대가가 고작 이것이란 말인가?

시몬은 제일 친한 친구 실비 르 봉에게서 위안을 찾았다. 두 여성은 1960년에 처음 만났다. 당시 스무 살이던 실비가 존경하는 시몬 드 보부아르에게 팬레터를 썼다. 위대한 롤 모델을 따라 철학을 공부하고 아그레가시옹을 칠 생각이라고 말이다. 시몬은 렌 거리에 살던 그녀를 한 카페로 초대했다. 대화를 나누어보니 마음이 정말 잘 통했고 1963년부터 두 사람은 떨어질 수 없는 사이가 되었다. 시몬이 어머니를 잃고 우울증을 앓았을 때도 그녀 옆에서 도와준 사람은 실비였다. 실비는 한때 시몬이 재직했던 루앙의 고등학교에서 학생들을 가르쳤고 나중에 파리의 한 고등학교로 자리를 옮겼다.

란즈만과 헤어지고 이제는 정말 늙었고 두 번 다시 의미 있는 일이 일어나지 않을 것이라는 생각이 들자 시몬은 행복했다. 더구나 지금껏 여자들과의 우정은 늘 서툴렀지만 마침내 자자처럼, 사르트르처럼 관심이 같고 한결같이 마음을 나눌 수 있는 친구를 찾았다. 두 사람은 매일 전화했고 화요일과 토요일에는 실비가 시몬의 집에서, 월요일에는 시몬이 실비의 집에서 잤으며 일요일은 항상 함께 보냈다. 사르트르도 실비를 좋아해서 시몬과 여름휴가를 갈 때도 실비를 데리고 갔다. 하지만 실비와 아를레트는 마음이 잘 맞지 않았다. 두 사람은 너무 달랐다. 아를레트는 조용하고 차분한 성격인 데다 직업이 없었기 때문에 사르트르에게 완전히 의존했다. 실비는 명랑하고 말도 잘 했으며 직업이 있었기 때문에 혼자 힘으로 먹고살았다.

1980년 사르트르가 세상을 떠나자 시몬은 실비를 입양해서 유산 관리인으로 삼았다. 하지만 유산 관리를 중요하게 생각한 것도 아니고 실비를 딸로 생각하지도 않았다. 일흔 살이 넘었어도 시몬은 엄마가 되고 싶다는 욕망을 전혀 느끼지 못했다. 따라서 입양을 한 데에는 여러 가지 이유가 있었겠지만 사르트르가 세상을 떠난 후 시몬이 병들었고 무엇보다 실비와의 친밀한 관계를 표현하고 싶은 마음 때문이었을 것이다.

둘은 실제로 얼마나 가까운 사이였을까? 1972년 실비가 처음으로 공식 석상에 시몬과 나란히 등장한 후 둘 사이를 두고 온갖 추측이 쏟아져 나왔다. 두 여성의 성관계에 대해서도 말이 많았지만 실비는 시몬과 관련해 단호하게 "사랑"이라고 말했다.

"보부아르는 자주 말했다. '당신과 나의 관계는 사르트르와의 관계에 버금갈 만큼 중요해요. 사르트르가 있어서 다른 남자와는 그런 관계가 불가능했을 거예요. 하지만 여자와는 늘 그런 관계를 원했죠. 자자 이후 당신하고만 그런 관계였어요.'"[44]

그사이 사르트르는 병색이 완연해졌고 술과 약에 의존했다. 각성제와 안정제를 섞어 먹었다. 그가 아를레트를 입양하자 시몬은 큰 충격을 받았고 둘의 관계는 서서히 변했지만 그럼에도 시몬은 사르트르를 떠나지 않았다. 사르트르가 세상을 뜨기 전 마지막 몇 년 동안 "신분이 다른" 아내 시몬은 무엇보다 사르트르를 다른 이들의 (경제적) 요구에서 지켜내기 위해 노력했다.

1971년부터 사르트르의 건강은 눈에 띄게 나빠졌고 호전과 악화를 반복했다. 1980년 3월 입원한 그는 퇴원하지 못하고 병원에서 4월 15일에 눈을 감았다. 시몬은 위스키와 신경 안정제로 버티며 어찌어찌 장례식을 마쳤고 그 후 거의 한 달 동안 병원에 입원했다. 알코올과 약물 남용으로 생긴 간경변과 폐렴 때문이었다. 법적으로 보면 의사는 시몬의 건강 상태를 실비에게 알릴 의무가 없었다. 제일 가까운 가족은 엘렌이었으니까. 그것이 실비를 입양한 이유이기도 했다. 엘렌은 반대하지 않았다.

신화의 끝

시몬은 사르트르의 유산을 거의 받지 못했다. 유산은 아를레트가 관리했다. 시몬은 슬펐고 실비는 화를 냈다. 이제 와서 어찌할 수는 없었지만 시몬은 자기 방식으로 복수를 했다. 1981년에는 사르트르의 마지막 몇 해를 담은 은밀하고 상세한 보고서 《작별의 의식》을, 1983년에는 사르트르의 《시몬 드 보부아르에게 보내는 편지》를 출간한 것이다. 이 편지를 읽은 독자라면 그 많은 정사에도 불구하고 사르트르가 그녀를 얼마나 소중하게 생각했는지 알 것이라고 믿었다. 사르트르가 세상을 뜬 후 시몬은 실비와 많은 시간을 보냈다. 시몬은 1986년 4월 14일, 맹장염 합병증으로 세상을 떠났고, 몽파르나스 묘지의 사르트르 옆자리에 묻혔다. 손가락에는 여전히 올그런이 선물한 싸구려 은반지를 끼고 있었다.

1990년 실비는 시몬의 《사르트르에게 보내는 편지》를 출간했고 전 세계는 충격에 빠졌다. 철학적 논쟁을 예상했던 자리에 일상과 험담, 성적 정복담만이 넘쳐났기 때문이었다. 살아생전 시몬이 늘 부인했던 여성들과의 관계도 만천하에 공개되었다. 1978년 시몬은 한 인터뷰에서 알리스 슈바르처에게 이런 말을 한 적이 있다. "나의 성생활을 아주 솔직하게 결산하고 싶어요. … 여성들에게 내가 어떤 성생활을 했는지 말해주고 싶어요. 그건 개인적인 문제를 넘어 정치적인 문제이기도 하니까요."[45]

돈이 문제

경제적 문제에서 두 사람은 평생 "내 돈이 네 돈이다"라는 생각으로 살았다. 공동 계좌를 만들어서 여유가 있는 쪽이 상대를 지원했다. 초기에는 조금이나마 유산을 받은 사르트르가 몇 번의 여행비를 댔고, 1943년 시몬이 실직했을 때에도 도움을 주었다. 훗날 글을 써서 돈을 벌게 되자 시몬은 당연히 (같은 집에 살지 않는 두 사람에게도 공동 생활비라는 말을 쓸 수 있다면) 공동 생활비 계좌에 돈을 넣었다. 그럼에도 시몬은 늘 사르트르에게 빌붙어 산다는 비난을 받았다. 그 누구도 아닌 유명 페미니스트가, 항상 여성의 경제적 독립을 외쳤던 그녀가 그런 비난을 받았다! 사실은 그렇지 않았다. 시몬과 사르트르는 모든 돈을 나누어 쓰는 돈이라고 생각했으므로 어떤 때는 이 사람이 더 많이 내고 어떤 때는 저 사람이 더 많이 냈다. 그 방식 역시 그들의 관계 모델이었다.

편지가 출간되면서 이상적 커플의 신화는 깨졌다. 필연의 사랑, 동등한 파트너의 신화는 무너졌다. 사실은 사르트르가 주도권을 쥐고 얌전한 파트너 시몬은 불평 없이 그를 따르며 사르트르의 마초 행실마저 말없이 참고 견딘 것은 아니었을까?

시몬과 사르트르의 모든 것이 그렇듯 이 질문에도 간단히 답할 수 없다. 51년을 함께 하면서 둘의 권력 관계는 수시로 변했다. 때로는 그가, 때로는 그녀가 유리했다. 두 사람은 진지하게 다른 사람을 사랑했고, 그 사람들은 각기 다른 방식으로 계약을 위험에 빠뜨렸다. 실제로 사르트르는 시몬만큼 둘의 계약을 신성하게 생각하지 않았다. 시몬은 어느 면으로 보나 과한 사르트르를 단속하고 보호하며, 그의 주위로 모여든 여자들에게서 그를 지키는 엄마 닭 역할을 할 때가 많았다.

시몬은 사르트르가 그녀에게 선사한 특권적 지위 덕분에 주변의 존경을 받았고 때로 질투 섞인 경외심의 대상이 되기도 했다. 특히 아직 젊었던 1920~40년대에는 두 사람의 계약이 그녀에게 큰 이득이 되었다. 당시 여성들이 누릴 수 없었던 자유를 선사했기 때문이다. 그건 정말로 값진 것이었다. 온갖 연애 사건과 질투를 제외한다면, 사르트르는 시몬을 항상 동등한 인간으로 대우했다. 그가 그랬듯 그녀도 그에게 영향을 미쳤고 그의 멘토이자 비평가이자 "특권 독자"[46]였다. 두 사람은 늘 대화를 나누고 의견을 주고받았다. 그리고 함께 인습에 맞서 자유를 위해 투쟁했다. 그들의 계약은 자유를 위한 계약이었고 51년 가까운 긴 세월 동안 유지되었다.

"내가 그를 도왔듯 사르트르도 나를 도왔다. 그러나 내가 그의 덕으로 산 것은 절대 아니다."[47]

프티부르주아 소녀를 자유를 사랑하는 여성 사상가로 만든 것은 사르트르가 아니다. 1929년 사르트르와 계약을 맺기 훨씬 전부터 그녀는 그 길을 걸었다. 결혼을 단호하게 거부하고 계약의 자유를 먼저 이용한 쪽은 그녀였다. 그녀는 혁명가였다. 인생을 철저히 뒤집어엎겠다는 신념으로 시몬은 무작정 걸음을 떼어놓았다. 모델도 확신도 없이. 오늘날 우리는 자유로운 관계에 대해, 폴리아모리에 대해 당연한 듯 말한다. 그렇게 되기까지는 시몬과 사르트르의 공이 적지 않았다. 그들은 평생의 참여, 상호 의무로서의 사랑을 실천했다. 섹스와 욕망보다 더 많은 것에 바탕을 둔 참여로서의 사랑을. 물론 그들이 모든 것을 잘했다는 말은 아니다. "신분이 다른 결혼"은 다른 사람의 희생을 요구한 적도 많았다. 그럼에도 그들은 용감하게 발을 내디뎠다. 아무것도 하지 않는 것보다는 도전해 실패하는 편이 항상 훨씬 더 낫지 않을까?

사르트르에게 건넨 열 가지 사랑 고백

1. 내일 만나요. 내 사랑, 내 사랑하는 과거이자 너무나 기대되는 내 아름다운 미래여.
2. 당신을 사랑해요. 나의 사랑하는 행운이자 나의 아름다운 작은 절대자여.
3. 당신, 또 다른 나, 나는 당신을 이렇듯 가깝게 느끼는데 당신도 그러하나요?
4. 당신을 너무나 사랑합니다. 당신이 너무나 그립습니다.
5. 내가 당신을 사랑하는 것은 이미 알았습니다. 하지만 내가 알았던 것보다 훨씬 더 당신을 사랑합니다.
6. 가까이 있건 멀리 있건 나는 온전히 당신의 사람입니다.
7. 당신을 향한 사랑으로 나는 완전히 무너졌습니다.
8. 당신을 조금은 슬프게, 완전히 격하게 사랑합니다.
9. 내가 정열에 불타 당신이 세상을 뜰 때 미처 자살하지 못한다고 해도 결국엔 너무 그리워 서서히 말라죽을 것입니다. 이러건 저러건 나는 땅에 묻힐 겁니다. 그러니 내게 돌아와요.
10. 당신을 다시 본다면 숨이 멎을 것 같습니다.

3부 ♦ 사상

"예전에 내가 하려 했던 모든 것,
잘못을 무찌르고 진실을 찾아 알리고 세상을
계몽하고, 가능하다면 그 세상의 변화를 돕는 것. 그 모
든 것을 아직 끝내지 못했다."[1]

연표

1926년	소르본에서 철학 공부를 시작하다.
1929년	아그레가시옹에 합격하다.
1944년	《피뤼스와 시네아스》를 출간하다.
1946년	사르트르가 '실존주의는 휴머니즘이다'라는 제목으로 강연을 하다.
1947년	《애매함의 도덕에 대하여》를 출간하다.
	미국에서 문학과 실존주의를 주제로 강연하다.
1949년	《제2의 성》이 출간되다.
1955년	에세이 《특권》이 출간되다.

—

"마담, 당신은 실존주의자입니까?" 시몬은 당황한 표정으로 장 그르니에를 쳐다보았다. 1943년이었다. 그녀는 방금 전 카페 드 플로르에서 사르트르에게 이 프랑스 철학자를 소개받았고 질문의 의도를 알지 못해 당황했다. 아직 사르트르의 대표작 《존재와 무》는 나오지 않았지만 얼마 전부터 그의 철학 사상에는 "실존주의적"이라는 꼬리표가 붙었다. 그르니에는 시몬 역시 같은 방향인지 알고 싶었던 것이다. 시몬은 당황해 이렇게 대답했다. "키르케고르는 저도 읽었어요. 하이데거와 관련해서는 벌써 오래전부터 '실존' 철학이라는 말들을 했죠. 하지만 (프랑스 철학자) 가브리엘 마르셀이 얼마 전에 소개한 '실존주의적'이라는 말은 무슨 뜻인지 아직 잘 모르겠어요."[2]

사르트르 역시 이 실존주의 개념을 거부했다. 누구나 여기 와서 철학을 지어낼 수는 있다! 하지만 결국엔 다 개념에 불과하다. 실존주의적 세계관은 이미 오래 전부터 시몬의 저서를 가득 채우고 있었으니 말이다. 그르니에의 질문은 충격적이었지만 또 한편 자신을 돌아보게 만들었다. 시몬은 사르트르의 사상을 너무나 잘 알았고 그것이 옳다고 확신했다. 그리고 이제 자신이 당연히 실존주의자라는 사실을 서서히 깨닫게 된 것이다.

"키르케고르와 사르트르의 이론에 동조해 '실존주의자'가 되는 것이 지극히 당연하다고 생각했다. 내 모든 인생사는 그렇게 되기 위한 준비 과정이었다. … 스무 살 때부터 나는 자기 인생에 의미를 부여하는 것이 인간만의 권한이며 인간에게는 그 임무를 완수할 능력이 있다고 확신했다."[3]

철학적으로 볼 때 시몬은 이미 목표에 도달했다. 인생의 노선을 찾은 것이다.

사고를 배워야 한다

그렇게 되기까지는 한참의 시간이 필요했지만 시몬은 이미 십대 시절부터 철학에 열광했다.

"지금은 진중한 사람들이 고민하는 문제지만 나는 어릴 때부터 그 문제에 관심을 가졌고 이곳에서 그것들을 재발견했다. 갑자기 어른들의 세상이 당연하지 않았다. 보이지 않는 이면이, 밑면이 있었고 의심이 밀려왔다. 계속 앞으로 나아갔다면 과연 무엇이 남았을까?"[4]

철학은 질문을 던지고, 무엇보다 당연시되는 현실의 배후를 캐묻는다. 자신의 부르주아적 환경을 비판적으로 보게 된 시몬에게 철학은 다른 눈으로 주변 세상을 보는 도구였다. 철학은 본질을 다룬다고 시몬은 믿었다. "언제나 나는 모든 것을 인식하고 싶었다. 철학은 이런 나의 바람이 이루어지게 도와줄 것이다."[5]

1920년대 시몬은 한 잡지에서 레옹틴 잔타에 대한 기사를 발견했다. 레옹틴은 1914년 프랑스 여성으로는 처음으로 철학 박사학위를 딴 인물이다. 여성에게도 그런 방식의 삶이 가능하다는 사실을 시몬은 처음 알았다. 잔타는 인생의 모델이었고 개척자였다. 시몬은 그녀의 길을 따르기로 결심했다.

물론 그 과정은 생각했던 것처럼 간단하지 않았다. 시몬은 총명하고 부지런했지만 1926년에 시작한 철학 전공은 생각보다 훨씬 더 힘들었다. 쿠르 데지르의 철학 수업이 워낙 형편없었기 때문에 처음에는 수업을 따라가지 못해서 죽기 살기로 공부했다. 그래도 그것이 포기의 이유는 되지 못했다. 시몬은 도전을 사랑하는 여성이었다.

데카르트와 스피노자 때문에 골머리를 앓았지만 타고난 분석적인 머리 덕분에 빠르게 그들의 철학을 이해했고, 그다음부터는 열정적으로 베르그송, 플라톤, 쇼펜하우어, 라이프니츠, 아믈랭의 철학에 매진했다. 그러나 그녀의 마음을 특히 사로잡은 철학자는 니체였다. 니체 역시 그녀처럼 종교에 비판적이었고 기독교적이지 않은 도덕을 찾았기 때문이다. 신이 내 행동을 정당화하지 않는다면 누가 그것을 대신할 것인가?

시몬은 학교 친구 시몬 베유를 멀찍이서 지켜보며 감탄해 마지않았다. 시몬 베유는 그녀와 마찬가지로 소르본에서 아그레가시옹을 준비했고, 많은 대학생들이 존경하던 그 유명한 철학자 알랭(본명은 에밀오귀스트 샤르티에다)의 수제자였다. "중국에 대기근이 들었다. 그녀가 그 소식을 듣고 흐느꼈다고 한다. 그 눈물이 그녀의 철학적 재능보다 더 존경스러웠다."[6] 시몬은 베유의 철학적 재능을, 그녀의 인간애를 부러워했다.

그러던 어느 날 시몬이 바라던 대로 베유와 대화를 나누게 되었다. 베유는 그녀에게 "지금 지상에서 중요한 것은 단 하나, 모든 인간에게 먹을 것을 나누어줄 혁명"[7]이라고 말했다. 시몬은 반박했다. 인간을 행복하게 만드는 것보다 인간 실존의 의미를 찾는 것이 더 중요하다고 말이다. 너무나 순진했다. 냉정한 대답이 돌아왔다. "그런 말을 하는 것을 보니 한 번도 굶어본 적이 없군요."[8] 아차 싶었다. 베유가 자신을 "지적 야심만 넘치는 프티부르주아"로 낙인찍었음을 깨달은 것이다.[9] 그녀와 달리 베유는 이미 정치적 입장이 확고했고 나름의 도덕적 잣대가 있었다. 실제로 훗날 그녀는 (입장은 자주 바뀌었지만) 가장 급진적인 노동운동의 정치 및 군사 활동가가 되었다.

인생의 모델 레옹틴 잔타

레옹틴 잔타는 시몬이 1920년대에 철학에 도전하도록 용기를 준 인생의 롤 모델이다. 그녀를 알기 전까지 십대의 시몬에게는 인생 모델이 없었다. 여성 철학자의 인생이 어떤 모습인지는커녕 그들의 존재조차 아예 상상할 수 없었다. 그런 점에서 잔타는 진정한 선구자였다.

1914년 그녀는 16세기 스토아 철학의 귀환을 주제로 박사학위 논문을 써서 프랑스 최초의 여성 철학 박사가 되었다. 하지만 대학에서 자리를 구하지는 못했는데, 당연히 그녀가 여자였기 때문일 것이다. 그래서 그녀는 저서와 신문 기사로 방향을 틀어서 열심히 책을 썼고 《르 피가로》와 《르 프티 주르날》에 많은 기사를 실었다.

또 프랑스 여성운동을 위해서도 발 벗고 나섰다. 불꽃 튀는 기사로 페미니즘의 필요성을 역설했으며 1929년 파리에서 개최된 제1회 여성 참정권 회의Les États généraux du féminisme에도 참석했다. 그러니 레옹틴 잔타는 철학뿐 아니라 페미니즘 활동으로도 시몬에게 큰 영향력을 미친 인물인 것이다.

시몬은 특히 친구 모리스 메를로퐁티와 자주 철학 토론을 벌였다. 그러나 퐁티에게는 큰 영향을 받지 못했다. 시몬은 환경과 교육의 영향에서 벗어난 완전히 새로운 사고를 원했다. 하지만 퐁티는 종교 교육의 그늘에서 빠져나오지 못한 채 그 틀 안에서 답을 찾았다. 그녀의 우상이던 르네 마외 역시 그녀가 원했던 지적 도

발을 선사하지 못했다. 그래도 르네 덕분에 새로운 방향으로 사고
할 수 있는 의욕과 동기를 얻었다.

노력파인 시몬은 아직 자신의 사상에 확신이 없었고 나름의 견
해를 펼칠 용기도 부족했다. 사실 남자 동기들에 비해 약간 뒤처지
기도 했다. 당연하지 않은가? 남자 동기들은 에콜 노르말 쉬페리
외르 같은 엘리트 교육 기관에서 몇 년씩 철학 아그레가시옹을 준
비했지만 시몬은 1년 월반을 했기 때문에 시험을 준비할 시간이
훨씬 적었다. 남자 동기들은 논리적 토론과 논리의 전개 방법, 시
험관을 설득하는 방법 등을 충분히 갈고닦았다. 반면 시몬은 혼자
힘으로 버텼다. 믿을 것이라고는 지식과 날카로운 이성뿐이었다.

"무엇보다 방법과 전체적 조망이 부족했다. 정신의 우주는 혼
란 덩어리였다. 그 안에서 나는 길을 찾으려 애썼다."[10]

이런 사정을 안다면 1929년 6월에 치러진 구두시험에서 그녀
가 (1년 전 시험에 떨어졌던) 사르트르에 이어 2등으로 합격했다는 것
은 정말이지 놀라운 결과였다. 시몬은 프랑스에서 철학 아그레가
시옹에 합격한 아홉 번째 여성이다. 시몬이 무척 존경했던 대학
친구 모리스 드 강디악은 시험 감독 몇 사람을 개인적으로 알았는
데, 훗날 감독들이 사르트르와 시몬, 두 사람을 두고 누구에게 1등
을 줄 것인지 오래 토론했다고 회상했다. 모두가 시몬이 "진정한
철학자"이므로 그녀에게 1등을 주어야 마땅하다고 생각했지만,
사르트르가 한 번 떨어졌고 또 남자인 데다 엘리트 학교인 에콜

노르말 쉬페리외르를 졸업했으므로 결국 사르트르에게 1등을 주기로 결정했다는 것이다.[11] 흔히 말하는 "남성 기득권male privilege"인 셈이었다. 어쨌거나 시몬과 사르트르는 작은 토론 클럽을 만들었고, 거기서 주장과 반론을 열심히 주고받았다. 시몬은 사상을 향한 사르트르의 열정에 감화되었다. 누가 봐도 사르트르가 그녀보다 더 우수했지만 전혀 주눅 들지 않았고 오히려 더욱 의욕에 불탔다. 사르트르를 일종의 '인간 두뇌 조깅'으로 생각했던 것이다. 그는 누구보다 그녀의 도전 의식을 자극했고, 그녀는 자신의 사상을 캐묻고 새로운 사상의 길로 들어설 각오를 다졌다. 시몬은 만반의 태세가 되어 있었다.

모리스 메를로퐁티
철학자 & 친한 친구

스포트라이트를 원치 않았다. 그는 뒤에서 조용히 효율적으로 일하는 사람이었다.《레 탕 모데른》에서도 그는 시몬과 함께 모든 일이 원활하게 돌아가도록 뒤에서 조용히 움직였다.

대학 시절 시몬은 모리스의 철학 사상을 너무 보수적이고 소극적이며 가톨릭적이라고 비판했다. 혁명을 원했던 시몬의 눈에 모리스는 혁명에는 전혀 쓸모없는 사람이었다. 하지만 훗날 시몬은 모리스에게도 약간의 혁명가 기질이 숨어 있었다는 사실을 인정해야 했다. 그의 철학 이론은 전혀 고리타분하지 않았다. 잔잔한 물이 깊은 법이다.

대학을 졸업한 모리스는 전형적인 학자의 길을 택해 교사로 일하면서 박사학위 논문을 마쳤고, 1940년대에는《레 탕 모데른》의 창간 멤버로 활동하면서 계속 학생들을 가르쳤다. 대표적인 저서로는《지각의 현상학*Phénoménologie de la perception*》(1945),《지각의 우월*Le primat de la perception*》(1933~46)이 꼽힌다. 그는 성공을 거두었고 매사 열심이었지만 절대 잘난 척하지 않았다.

철학적으로 흔히 그를 실존주의자로 분류하는데, 사실 그 평가는 전혀 틀리지 않았다. 그는 사르트르처럼 에드문트 후설의 현상학에서 많은 영향을 받았고(그는 사물의 본질을 파악해 설명하고자 했다) 헤겔 전문가였으며 하이데거를 열심히 읽었다. 하지만 모리스의 철학은 클로드 레비스트로스의 구조주의와 게슈탈트 이론과 심리학의 영향을 많이 받았다.

그의 철학에는 매우 독창적인 부분이 있었고 사르트르보다는 시몬의 실존주의와 공통점이 더 많았다. 시몬처럼 그도 인간 존재의 애매함 혹은 모호함을 강조했고, 인간이 이론적으로는 자유롭지만 특정 구조를 통해 이 자유를 제약당한다는 사실을 강조했다. 하지만 모리스가 말하는 애매함에는 인간이 이 세상에 대해 중립적이지 않고 세상의 일부라는 사실 역시 포함된다. 그는 그 사실이 인간 지각에 어떤 의미가 있는지를 물었다. 여기서 중요한 역할을 하는 것이 몸, 즉 정신과 육체를 중재하는 심급Instanz이다. 모리스가 시몬의《초대받은 여자》에 감동한 이유도 주인공이 춤과 질병을 통해 자신의 신체를 너무나 강렬하게 체험하여 자신의 환경과 감정과 체험에 매우 육체적으로 반응하기 때문이었다. 그와 시몬은 유년기에 큰 관심을 보였다. 따지고 보면 인간이 세상을 지각하고 해석하는 능력을 얻게 되는 시기가 유년기이기 때문이다.

그러나 정치적으로 보면 사르트르에 더 가까웠다. 두 사람은 어떤 상황에서도 소비에트 사회주의를 지지했다. 그럼에도 1953년 두 사람의 우정은 종지부를 찍었다. 두 사람이 《레 탕 모데른》의 편집 노선과 지식인의 역할을 두고 언쟁을 벌인 것이다. 모리스는 잡지를 제 뜻대로만 몰고 가려는 사르트르에게 화가 났다. 여기에 철학적, 정치적 견해 차이가 더해졌다. 그로부터 몇 년 후 모리스는 자신의 사무실에서 심정지로 세상을 떠났다. 책상에는 데카르트의 《빛 굴절론》이 펼쳐져 있었다.

대학을 마친 시몬과 사르트르는 자기들 방식대로 살기 시작했다. 사회가 정한 기준, 원칙, 도덕, 의무는 당당하게 던져버렸다. 중요한 것은 오직 개인의 자유였다. 훗날 시몬은 그 시절의 원칙을 (자아비판을 섞어) 이렇게 정리했다. "우리는 한 인간의 가치를 그의 능력과 행동과 작품으로 평가했다. 이런 리얼리즘의 장점도 없지는 않았지만, 만인이 선택과 행동의 자유를 찾을 수 있다는 믿음은 잘못이었다."[12] 그들은 아직 어렸고 순진했기에 의지만 있으면 모든 것이 가능하다고 믿었다. 시몬 스스로도 당시 자신들은 "인간에 대한 이해가 부족했다. … 이해하려 하지 않고 단죄하려고 했다"[13] 고 고백했다. 그래도 인식은 개선으로 향하는 첫걸음이다. 이때까지 두 사람은 "어떤 오류를 조심해야 하는지"는 알았지만 "그 자리에 어떤 진실이 합당할지"[14]는 몰랐다.

인식의 칵테일

인식의 길에서 만난 결정적인 진전은 사르트르가 1933년 초에 발견한 현상학이었다. 사르트르와 시몬은 파리의 카페 베크 드 가즈에서 대학 친구였던 레몽 아롱과 함께 그 카페의 특별 메뉴인 살구 칵테일을 마시고 있었다. 하지만 그것은 시몬의 기억이고 아롱은 그냥 맥주 한 잔만 마셨다고 주장했다. 아무려면 어때랴. 여기서 중요한 것은 음료의 선택이 아니라 음료를 마시면서 경험한 철학적 깨달음이다. 아롱은 독일 철학자 에드문트 후설의 저서를 탐독하는 중이었다. 사르트르는 친구에게 후설의 현상학에 대해 이것저것 캐물었다. 주문한 음료가 나오자 아롱은 음료가 담긴 유리잔을 가리키며 말했다. "현상학자라면 이 칵테일에 대해 말할 수 있을 거야. 그게 철학이지."[15]

사르트르는 열광했다. 생활과 밀접한 이런 방식의 철학이 바로 그가 찾던 것이었으니까. 그는 당장 가까운 서점으로 달려가 철학자 에마뉘엘 레비나스가 후설에 대해 쓴 책을 구입했다. 아롱은 현상학을 이상주의와 현실주의의 극복을 넘어 "의식의 주체성과 세계의 현존을 있는 그대로 긍정하는 것"[16]이라고 주장했다. 시몬 역시 후설을 파고들었고 언제나 그랬듯 어렵지 않게 그의 사상을 이해했다. 시몬과 사르트르는 새롭게 발견한 철학을 주제로 열심히 토론했다. 그녀가 말했다. "현상학의 새로움과 풍요로움에 열광했다. 이렇게 진리에 가까이 다가간 적이 없었던 것 같았다."[17]

후설은 그녀에게 새로운 시각을 열어주었다. 이상주의와 개인주의를 얼른 털어버리지는 못했지만 철학 교사로서 그녀는 여학생들에게(당시 프랑스의 고등학교는 남녀 공학이 아니었다) 독자적 사고를 가르치려 애썼다. "학생들이 편견을 버릴 수 있게 도와주어야 한다고 생각했다. '건강한 인간 이성'이라는 이름의 헛소리를 경고해주고 싶었고 진리의 참맛을 전해주고 싶었다."[18] 그러나 도덕 철학을 가르치고 "불을 뿜으며"[19] 자본과 정의, 식민주의를 비판하는 시몬에게 마르세유의 제자들은 분노했다. 어디서 애송이 여교사 하나가 나타나더니 지금껏 아버지에게 배운 세계관을 마구 짓밟아댔다. 센세이션이었다.

시몬은 폭도처럼 보이고 싶었다. 하지만 실제로 생각이 바뀐 것은 제2차 대전이 발발하면서부터였다. 사르트르가 징병되었다가 1940년 6월 독일군 포로로 붙잡혔고, 1941년 3월 시력검사 결과 오른쪽 눈의 부분 실명이 확인되어 귀환했다. 시몬은 점령된 파리에서 걱정으로 밤을 지새웠고 살아남기 위해 사력을 다했다. 사르트르만 걱정되었던 것은 아니었다. 역시나 전선으로 끌려간 애인 자크로랑 보스트도 이만저만 걱정이 아니었다. 시몬의 마음에 변화가 일었다. "이제야 나는 나의 운명이 다른 모든 사람의 운명과 결합되어 있다는 사실을 깨달았다. 타인의 자유와 억압과 행복과 고통이 내 마음 깊숙이 와닿았다."[20]

그러나 징집당했어도 전선에서 먼 기상 관측소에서 근무했고, 이어 포로가 된 사르트르에게는 전쟁이 고달프기만 한 시절은 아니었다. 그는 열심히 책을 읽었고 철학적 단상들을 기록했다. 그리고 비록 얼굴을 마주하지는 못했어도 여느 때처럼 그 단상들을 시몬과 나누었다. 사르트르를 하루아침에 유명 인사로 만든 처녀작 《구토》는 1938년에 세상에 나왔고, 단편소설 모음집 《벽》도 1939년에 출간되었다. 사르트르는 쉬지 않고 소설과 희곡을 썼다. 그의 두뇌는 한시도 쉬지 않고 새로운 생각들을 뱉어냈다.

시몬은 그의 생각들을 비평하고 비판하고 보완했다. 자신도 소설 《초대받은 여자》와 《타인의 피》, 그리고 철학 에세이 한 권을 집필했다. 전쟁은 보부아르는 물론이고 사르트르에게도 매우 생산적인 시기였고 그들의 사상에 많은 영향을 미쳤다. 확신에 찬 개인주의자들이 연대와 공감의 의미를 경험했다. 이제야 진정 스스로를 더 큰 것의 일부로 보게 된 것이다.

1944년 파리가 해방되고 1945년 종전이 되자 프랑스에 실존주의 광풍이 몰아쳤다. 사실 이상할 것도 없었다. 전쟁으로 방향을 잃은 젊은이들이 과거의 사고 체계를 대체할 대안을 찾아 나선 것이다. 구시대의 집단적인 프랑스식 가치관이 해체되자 새로운 방향의 필요성이 절실했다. 프랑스는 레지스탕스이자 나치 협력 국가였기에 그 둘을 모두 프랑스식 집단 경험의 일부로 인정하기가 무척 힘들었다. 전 국민이 영웅이거나 악인은 아니었으니까 말이다. 실존주의는 마르크스주의처럼 집단을 중시하는 기존의 사상들과 달리 개인을 중심에 세웠다. 전후에 많은 이들이 외쳤던 긍정적 "자력갱생"의 자세가 실존주의 바람을 타고 널리 퍼져나갔다.

시몬과 사르트르의 전 작품에 자동적으로 실존주의 꼬리표가 붙었다. 두 사람은 절대 아니라고 손사래를 쳤다. 한 토론회에서 사르트르는 말했다. "나의 철학은 실존철학입니다. 실존주의가 무엇인지 저는 모릅니다."[21] 그러나 아무리 부인해도 소용이 없자 결국 두 사람은 체념하고 운명을 받아들였다. "온 세상이 우리를 낙인 찍기 위해 사용하는 그 용어도 따지고 보면 우리 스스로가 사용한 것이다."[22] 사방에 실존주의가 넘쳐났다. 시몬과 사르트르가 열심히 책을 쓰고 공개 석상에서 "그들의" 철학을 토론한 것도 실존주의 보급에 큰 역할을 했다.

이 시기 사르트르는 《성숙의 시간》과 《유예》를, 시몬은 《타인의 피》와 최초이자 유일한 희곡 《불필요한 입들》을 썼다. 또 두 사람이 함께 《레 탕 모데른》을 창간했다. 사르트르는 '실존주의는 휴머니즘이다'라는 제목의 그 유명한 강연("사람이 무지하게 밀려들었다. 여자들이 실신했다")[23]을 했고, 시몬 역시 문학과 형이상학을 주제로 강연해서 주목을 받았다. 사르트르가 새로운 트렌드 철학의 떠오르는 인물이 되자 그 옆에 선 시몬도 자동적으로 스포트라이트를 받았다. "거리에서 사진 기자들이 우리를 쫓아왔고, 사람들이 우리에게 말을 걸었다."[24] 책, 그림, 음악, 옷, 온갖 것들이 갑자기 실존주의적이 되었다.

사르트르의 철학은 팬도 많았지만 그만큼 적도 많았다. 마르크스주의자들은 그들을 개인주의자라고 비판했고 보수주의자들은 그들이 윤리를 무너뜨리는 위험이라고 비난했다. 자칭 타칭 실존주의자라는 청년들이 아무것도 안 하고 술집에서 희희낙락하며 재즈나 듣고 춤이나 추어댔으니 말이다. 이런 한심한 짓거리를 본 사람들의 손가락이 사르트르를 향했다. 그에게 격한 비난이 쏟아

졌다. "방탕을 불러오는 철학을 어떻게 믿을 수 있느냐"[25]는 것이
비난의 요지였다.

문제는 대부분의 사람들이 실존주의가 무엇인지 정확히 모른다
는 것이었다. 검은 바지만 입어도 실존주의자 취급을 했다. 사르
트르도 재미있어 하면서 이런 일화를 들려주었다. "얼마 전에 어
떤 여성의 이야기를 들었다. 여성이 흥분해서 저속한 말을 마구
뱉어놓고는 이런 해명을 하며 사과했다고 한다. '죄송합니다. 이러
다가 제가 실존주의자가 될 것 같네요.'"[26]

시몬은 《레 탕 모데른》에 열심히 글을 써서 실존주의에 대한 편
견과 고정관념을 씻으려 노력했다. "어쩌다 우연히 실존주의로 불
리게 된 철학을 잘 아는 사람은 얼마 안 된다. 그런데 많은 사람들
이 그 철학을 공격한다."[27] 그런 의미에서 우리도 여기서 살짝 설
명을 하고 넘어가야 할 것 같다.

대중문화에 등장한 실존주의

문학

강연에 인파가 구름처럼 몰려들었다. 사람들은 그가 무슨 말을
하는지 듣고 싶어 했다. 듣는 순간 사르트르를 연상시키는 유명
철학자 장 솔 파르트르Jean Sol Partre는 보리스 비앙의 소설 《세월
의 거품》(1947)에 등장하는 인물이다. 사르트르는 직접 이 작품
의 발췌본을 만들어 《레 탕 모데른》에 실었다. 장 솔 파르트르는

소설에서 살해당하지만 사르트르는 그사이 '작은 가족'에 합류한 그 젊은 작가를 한 번도 나쁘게 생각하지 않았다. 《세월의 거품》은 2013년 미셸 공드리 감독에 의해 오드레 토투와 로망 뒤리스를 주연으로 한 〈무드 인디고〉라는 제목의 영화로 제작됐다. 큰 안경을 쓴 사시 장 솔 파르트르 역할은 필리프 토레톤이 맡았다.

패션

1940년대의 실존주의 패션은 대략 이렇게 정리할 수 있다. 검은 의상(터틀넥 스웨터가 잘 어울린다)과 그에 어울리는 장신구! 여기에 여성의 경우 검은 아이라인이나 시몬을 따라 한 멋진 터번이, 남성이 경우 카뮈를 따라한 진지한 트렌치코트나 사르트르를 따라한 지적인 파이프가 곁들여진다. 시몬과 사르트르도 "실존주의 패션"이 정확이 무엇인지 몰랐지만 그런 패션이 유행하는 것을 보고 즐거워했다. 1949년 《디 차이트》는 이렇게 평했다. "파리의 일상 대화에서 지치지 않고 등장하는 주제는 '실존주의 댄디들'의 의상이다."[28] 아, 이 실존주의 댄디들…

영화

1957년에 나온 뮤지컬 코미디 영화 〈화니 페이스Funny Face〉(우리나라에서는 〈파리의 연인〉으로 개봉되었다)에서 오드리 헵번은 서점 직원이자 아마추어 철학자인 조 스톡턴 역할을 맡았다. 그녀는 우연한 기회에 패션 잡지 《퀄리티》의 새 얼굴로 발탁된다. 조의 꿈은 파리로 가서 "감정이입론"의 창시자인 유명 철학자 에밀 플로스트를

만나는 것이었다. 그런데 꿈이 이루어진다. 그녀는《퀼리티》의 화
보 촬영을 위해 파리로 날아가 그곳의 어두컴컴한 술집에서 완벽
한 검정 발레복을 입은 채 열정적이고 감정이입론적인 춤에 빠져
든다. 그 모습을 동행한 사진 기자(프레드 아스테어)가 믿을 수 없다
는 표정으로 바라본다. 나중에 조는 자신의 우상이던 철학자 플로
스트르를 만나지만 무엇보다 그가 그녀에게 치근대자 실망하고
만다. 조(와 플로스르트)가 홍보한 감정이입론은 누가 봐도 프랑스에
서 인기를 끌었던 어떤 철학을 겨냥한 것임을 알 수 있다. 오드리
헵번이 정말로 큰 웃음을 안겨준 멋진 패러디였다. (춤 장면은 인터넷
에 들어가서 Audrey Hepburn's Crazy Dance를 치면 편집되지 않은 풀 영상을 볼
수 있다.)

음악

실존주의 음악 하면 재즈였다. 생제르망데프레의 인기 높은 클럽
타부에선 재즈와 블루스를 연주했는데 보리스 비앙은 스타 트럼
펫 연주자로 활약했다. 맞다. 앞서《세월의 거품》을 쓴 그 작가 보
리스 비앙이다. 샹송 가수 쥘리에트 그레코의 음악 역시 실존주의
적이라는 평가를 받았다. 그레코 자신이 그에 맞는 옷차림을 잘 소
화해냈기 때문이기도 했다. 그녀의 아이라인은 항상 완벽했다.

자유의 이름으로

아주 일반적으로 말하자면 실존주의는 개인의 실존, 구체적인 인
간의 실존에 관심을 가졌다. 실존주의는 이 한 문장으로 요약할

수 있다. 실존은 본질에 앞선다. 사르트르의 말을 직접 인용해보면 다음과 같다.

"아주 간단히 말하면 인간이 먼저 존재하고 그 다음에 비로소 이것저것이 존재한다는 뜻이다. 한마디로 인간은 자신의 본질을 창조해야 한다. 세상에 내던져져 그 안에서 고통받고 그 안에서 싸우면서 인간은 점차 스스로를 정의하고, 그 정의는 항상 열려 있다. 죽기 전에는 한 인간이 무엇인지 말할 수 없고 멸종하기 전에는 인류가 무엇인지 말할 수 없기 때문이다."[29]

그러므로 정해진 인간의 본성은 존재하지 않는다. 인간은 오직 자신의 행위를 통해 스스로를 정의하며, 인간은 "스스로 만드는 것일 따름이다."[30] 그럼 점에서 인간의 현존 형태는 다른 사물의 그것과 차이가 난다. 예를 들어 유리잔은 의식이 없고 그냥 존재하기에(즉자적 존재) 타자의 의식 대상이다. 반대로 인간은 대자적 존재, 의식, 실존, 주체이기에 자신이 무엇이건 거기에 책임이 있다.

무신론자 사르트르에게는 인간의 본성을 창조하고 인간에게서 자신에 대한 책임을 덜어주거나 인생에 의미를 부여하는 신이 존재하지 않는다. 인간에게 방향을 제시하는 보편 도덕도 없다. 인간 스스로 목표를 정해야 한다. 도스토옙스키는 말했다. "신이 존재하지 않으면 모든 것이 허락된다."[31] 신이 없으면 행동의 기준이 될 결정론도 없다. 인간은 자유롭게 행동해야 하며 그를 위해 나름의 가치와 기준을 찾아야 한다. "인간은 자유라는 벌을 받았다. 자신을 창조하지 않았는데도 자유롭기에, 한번 세상에 내던져지면 자신의 모든 행동에 책임져야 하기에 벌을 받은 것이다."[32]

시몬은 이것을 인간 실존의 애매함이라고 불렀다. 실존의 의미는 주어지지 않았다. 하지만 우리가 실존에 의미를 부여할 수는 있다. 물론 그 의미는 끊임없이 다시금 획득되어야만 한다.[33]

이 사실은 인간에게 불안을 불러일으킨다. 불안이 정상적 인간 실존의 일부가 되는 것이다. 자유를 실현하기 위해 인간은 행동하고 참여해야 한다. 그것은 소위 "상황"에서만 가능하다. 상황은 모든 인간의 개별적 자유의 출발점이자 경계선이다. 개인의 상황은, 인간이 스스로 선택하지 않은 상황들, 예를 들어 생물학적, 역사적, 사회적 요인들이 함께 만든 것이다.

그 상황이 어떤 모습이든 항상 자신의 상황을 극복할 가능성은 존재한다. 그것은 '마주 던짐Entwurf'의 형태로 일어난다. 미래를 향해, 하나의 목표를 향해 마주 던짐으로써 우리는 우리를 초월(극복)한다. "그 모든 것에도 심장은 뛰고 손은 뻗어나가며 새로운 던짐이 일어나 나를 앞으로 떠민다."[34] 목표는 계속해서 다시 정해지고, 그럼으로써 계속해서 극복될 수 있다. 모든 목표는 도착점일 뿐 아니라 새로운 출발점이기도 하다.

이때 선택이 중요한 역할을 맡는다. 모든 개인은 자신의 마주 던짐을, 자신의 행위를, 어떤 사람이 되고 싶은지를 선택한다. 선택하지 않는 것은 불가능하다. 선택하지 않는 것도 선택이기 때문이다. 선택하지 않는 인간은 마주 던짐도 선택하지 않으며 자신을 초월할 수 없고 자신의 상황을 극복할 수 없다. 물론 그 경우 인간은 책임을 모면하려고 애쓸 가능성이 매우 높다. 사르트르는 이를 자기기만이라고 부른다. 잘못된 가치관을 받아들여 그냥 순응하는 것이다. 그렇게 되면 인간은 더는 자신이 누구인지 물을 필요가 없다. 참 편할 것 같지만 그러면 결국 인간은 자유를 상실하게 된다.

프랑스 실존주의의 역사

사르트르나 시몬이 주장한 실존주의 이념은 소크라테스에게서도 발견된다. 소크라테스는 시민들에게 자신의 행동과 사고방식을 비판적으로 캐묻고 그 무엇도 주어진 것으로 받아들이지 말라고 요구했다.

그러나 우리가 아는 실존주의는 19세기에 탄생했다. 쇠렌 키르케고르와 프리드리히 니체는 스토아 학파와 에피쿠로스 학파의 철학을 삶의 방식으로 해석했다. 물론 키르케고르는 신에게 의지하면 실존의 불안에서 구원받을 수 있다고 생각했지만 니체는 신은 죽었고 인간은 오직 혼자 힘으로 일어서야 한다고 주장했다. 그러니까 기독교적 실존주의와 무신론적 실존주의가 있었고 후자의 뿌리 역시 키르케고르의 철학이었지만, 사르트르는 나름의 해석으로 신의 요소들을 싹 다 지워버렸다.

프랑스 실존주의에 큰 영향을 미친 철학은 20세기 초 에드문트 후설에게서 시작된 현상학이었다. 프랑스에서는 에마뉘엘 레비나스가 현상학자로 이름을 떨쳤다. 사실 현상학은 정교한 이론이라기보다 방법론이라고 보는 것이 옳다. 현상학은 사물을 정확하게 설명하고 그것을 통해 진정한 본질을 인식하려 한다. 그 점이 진리와 진정성을 추구하고 주어진 것, 당연한 것을 늘 의심하라고 요구하는 실존주의와 맞아떨어졌다. 사르트르는 현상학에서 특히 의식의 지향성Intentionality 개념을 물려받았다. 그것은 후설이 프란츠 브렌타노에게서 차용한 개념으로, 의식은 항상 무언가를 향해 있다는 의미다.

그러니까 20세기에 탄생한 프랑스 실존주의는 실존주의적 이념과 독일 현상학으로 이루어졌으며, 거기에 (칸트와 헤겔로 대표되는) 독일 이상주의의 요소들도 발견된다. 마르틴 하이데거의 영향도 적지 않았지만 사르트르는 하이데거의 사상을 매우 자유롭게 받아들이고 해석했다.

그렇게 탄생한 1930~40년대의 프랑스 실존주의는 대부분 무신론이었지만, 카를 야스퍼스와 마르틴 부버의 영향을 많이 받았고 가브리엘 마르셀로 대표되는 기독교 실존주의도 존재했다. 실존주의라는 이름을 둘러싼 논쟁은 일찍부터 시작되었다. 카를 야스퍼스는 항상 자신의 실존철학과 실존주의가 다르다고 강조했고(그는 프랑스 실존주의를 원래 실존철학의 '변종'이라고 생각했다), 모리스 메를로퐁티는 자신을 현상학의 대표라고 주장했으며 알베르 카뮈는 나름의 길을 걸었다.

실존주의는 개인을 중시하지만 개인은 당연히 진공상태에 존재하지 않는다. 개인은 다른 사람들과 그들의 의식으로 이루어진 사회 안에서 산다. 독자적인 개별 실존을 위해서는 타자가 필수다. 타자가 개인과 그것의 존재를 인정하기 때문이다.

그 이유가 무엇일까? 다른 사람들만이 자유로운 주체이고 따라서 인간의 존재를 정당화할 수 있기 때문이다. 탁자나 스웨터 같은 객체는 그렇게 할 수 없다(물론 쇼핑광이라면 생각이 다르겠지만). 그러니까 한 인간의 개인적 자유는 다른 사람의 자유에 종속된다. 다른 사람의 자유는 다시 개인의 자유에 종속된다. 시몬의 말을 들어보자.

"분명 자유는 인간의 정의로서 다른 사람에게 종속되지 않는다. 하지만 '참여'가 끼어들자마자 나는 어쩔 수 없이 나의 자유와 함께 타인의 자유를 원한다. 내가 나의 자유를 목표로 삼으려면 타인의 자유 역시 목표로 삼아야 한다."[35]

하지만 타인과의 관계도 주어진 것이 아니다. 사랑이건 우정이건 공동체건 그것을 만드는 것은 인간 자신이다.

> "인간 사이에 존재하는 유일하고 확실한 결합은 그 인간들이 공동의 세상에서 공동의 마주 던짐을 통해 자신을 초월함으로써 만들어내는 결합이다."[36]

결국 실존주의에서 자유롭다는 것은 자기 자신과 자신의 마주 던짐을 끊임없이 비판적으로 캐묻는다는 뜻이다. 그 무엇도 주어진 것으로 받아들여서는 안 된다. 인생은 미완성이고 늘 새롭게 계획된다. 따라서 실존주의는 개인에게 무거운 짐을 안기며 정말로 요구하는 것이 많은 철학이다. 인간은 자유롭기에 자신의 인생을 책임져야 한다. 변명은 통하지 않는다. 원칙적으로 실존주의는 진정성 있는 삶을 어떻게 살 수 있고 또 살아야 하는지를 묻는 철학이다. 내 인생을 남의 손에 맡기지 않고 내 행동에 책임을 지는 등 지금 우리가 지극히 당연하고 평범하다고 생각하는 많은 것들을 실존주의가 앞질러 실천했다. 인간은 능동적으로 자신의 인생을 어떻게 꾸려나갈지 결정해야 한다. 물론 실존주의가 개인의 자아실현에만 매달렸던 것은 아니다. 그랬다면 오래전부터 "실존주의적" 처세서가 쏟아졌을 것이다. 실존주의는 사회에서의 참여, 타인을 위한 참여도 중요하게 생각한다.

지금 이 철학이 당시와 같은 인기를 누리지 못하는 이유는 그들의 사상 대부분이 당연한 것이 되어버린 탓도 있겠지만 사르트르식 실존주의가 탄생한 역사적 맥락 때문이기도 하다. 제2차 대전의 종전, 점령과 죽음, 나치 부역 경험은 프랑스를 압도했다. 실존주의는 전후 프랑스에 방향을 제시했고 버팀목이 되었다.

하지만 1960년대 말이 되자 실존주의는 현대성을 잃고 자크 데리다와 미셸 푸코식의 후기 구조주의에 자리를 내주고 말았다. 후기 구조주의는 실존주의와 달리 온 세상을, 심지어 인간까지도 구조로 보았다. 그를 통해 실존주의의 근간이었던 주체와 객체의 분열이 지양되었다. 젊은 야인들이 한때 젊고 거칠었던 선배들을 몰아내는 시점이 철학에서도 찾아온 것이다.

타자와 마주하여

요즘 나오는 철학 사전을 뒤적여보면 시몬의 이름은 아예 없거나 나오더라도 겨우 사르트르의 제자 정도로 취급된다. 서점의 철학 코너에도 시몬의 저서는 꽂혀 있지 않다. 시몬은 독자적 사상가로 인정받지 못한다. 하지만 시몬은 사르트르의 철학에 큰 기여를 했을 뿐 아니라 그의 철학을 발전시키고 다르게 해석하기도 했다.

그 첫 번째 예가 상황이다. 시몬은 개인의 자유를 제약하는 사회적 조건의 영향력을 사르트르보다 훨씬 더 강조했다. 사르트르는 어떤 형태건 모든 상황은 극복될 수 있다고 주장했다. 시몬은 그 주장에 회의적이었다. 1949년에 나온 《제2의 성》에서 시몬은 여성의 상황을 (철학적 의미와 실제적 의미에서) 상세히 분석하고 사회적 규범과 기대가 여성에게 미치는 영향력을 제시했다. 상황을 극복할 수 있는 조건이 남들보다 더 뛰어난 사람들이 있다. "의심만 하는 수준이라도 모든 사람이 자신을 둘러싼 가치와 터부와 지시를 거부할 수 있는 것은 아니기"**37** 때문이다. 그 결과 모든 인간의 상황은 동일하지 않고 격차도 심하다.

시몬의 독자적 사상을 입증하는 두 번째 예는 자유다. 사르트르와 달리 시몬은 의지에 결정적인 역할을 맡긴다. 사르트르는 인간은 자유롭게 태어난다고 보았다. 인간은 초월이고 극복이므로 자동적으로 자유롭다고 주장했다. 그러나 시몬에게는 주체가 되고자 하는 의지, 결정이 있어야 한다. 그렇지 않으면 인간은 부자유에 머물고 내재를, 객체의 지위를 떨치지 못한다.**38** 따라서 시몬에게 자유란 선택을 내리고 자신의 상황을 마주 던짐의 형태로 뛰어넘겠다고 결심함으로써 정복해야 하는 것이다. 시몬은 의지의 힘을 믿었다. 의지는 인간이 열망을 다해 자신을 세계로 던지도록 허락해주는 열정적인 것, 역동적인 것이다.

클로드 레비스트로스

사상을 선사한 민속학자 & 인류학자

1929년 1월의 어느 날 아침이었다. 전도유망한 세 명의 철학 교사
가 장송 드 사이 고등학교에서 실습을 시작했다. 모리스 메를로퐁
티와 시몬 드 보부아르, 클로드 레비스트로스였다. 시몬은 훗날 레
비스트로스가 "너무 무심해서" 주눅이 들었지만 그는 "솜씨 좋게"
그 무심함을 써먹었다고 기억했다.[39]
클로드는 얼마 안 가 철학 공부를 중단하고 민속학으로 전공을 바
꾸었다. 그리고 첫 아내 디나와 함께 1935년에서 1939년까지 브라
질 중부 내륙 아마존 지역을 탐험했다. 그는 유대인이었기 때문에
수많은 유럽 지식인을 미국으로 도피시킨 록펠러 재단의 지원을 받
아 1941년 배를 타고 뉴욕으로 건너갔다. 그곳의 시간은 클로드의
사상에 결정적인 영향을 미쳤다. 구조주의 언어학의 대표로 손꼽히
는 로만 야콥슨을 알게 되면서 언어학의 구조를 민속학에도 적용
할 수 있다는 사실을 깨달았던 것이다. 언어처럼 문화 역시 기초로
삼은 규칙과 구조에 의해 결정되며, 우리는 그 구조를 찾아내고 분
석할 수 있다. 모든 인간의 행동은 소통 체계의 기호에 해당된다.
야콥슨에게서 많은 자극과 영감을 받은 클로드는 1947년 프랑스
로 돌아갔고 1949년 《친족의 기본구조》를 출간했다. 시몬은 교정
쇄를 구해 읽고서 《레 탕 모데른》에 비평을 했고 친족 체계의 분석
을 《제2의 성》에 활용했다. 결혼 규칙(예를 들어 근친 금혼)에 따라 조
절되는(여성을 교환하는) 교환 체계가 자연의 친족을 사회적 결혼으

로 대체한다고 주장하는 클로드의 이론이 흥미로웠다. 물론 클로드는 페미니스트가 아니었다. 여자는 학계에 얼쩡대봤자 아무 소용없다고 몇 차례나 강조하면서 자신의 연구에 기여한 아내의 몫을 최대한 숨겼던 그였다.

《친족의 기본구조》는 엄청난 성공을 거두었고 클로드는 프랑스 구조주의의 창시자가 되었다. 그에게는 주권을 갖춘 주체 같은 것은 존재하지 않는다. 구조가 인간보다 상위에 있다. 당연히 그의 이론은 실존주의자들에게 문제를 안겼다. 그럼 주권을 가진 주체와 자유는 어디에 있단 말인가? 하지만 이런 비판도 클로드의 성공에 흠집을 내지 못했고 1930년대 브라질 여행을 다룬 《슬픈 열대》는 1955년에 출간되어 어마어마한 성공을 거두었다. 여행기와 자서전과 소설과 인류학 에세이를 뒤섞은 이 책은 큰 호응을 얻었다.

사르트르는 1950년대 말에 공식적으로 클로드와 결별했지만 시몬은 우정을 이어갔다. 비록 클로드가 프랑스 학계에서 자신이 맡은 주도적 역할을 사르트르가 가로채려고 한다며 몰래 험담하고 다녔지만 말이다. 1973년 클로드는 아카데미 프랑세즈의 불멸의 40인에 선정되었지만 그의 지적 효력은 이미 빛이 바래기 시작했다. 이제 막 구조주의의 뒤를 이어 후기 구조주의가 등장했기 때문이다.

시몬의 실존주의는 삶의 기쁨과 열정이 특징이다. 그녀의 작품들(장편소설과 단편소설, 에세이)은 항상 그녀 자신에게도 해당되는 주제, 가슴에 와닿는 주제와 문제들을 다루었다. 이런 직접적인 접근 덕분에 그녀는 매우 추상적이고 이론적으로 들리던 사르트르의 실존주의 철학을 가볍고 따뜻하게 만들었다. 글의 대상도 지식인 전문가가 아니라 일반 대중이었다. 철학도 마찬가지였지만 그녀 스스로 삶을 긍정했고 확신에 차 있었기 때문이다.

시몬의 철학은 그녀의 경험과 희망을 반영하며, "타자"에게 특별한 역할을 맡긴다. "타자"는 시몬이 젊은 시절부터 관심을 가졌던 주제다. 시몬은 각자가 스스로를 의식으로, 유일한 존재로 인식하며, 따라서 타인과 다른 의식의 존재는 위협으로 보일 수밖에 없다는 사실에 매력을 느꼈다. 누구나 자신의 인생에서는 주연이고, 다른 모든 사람은 엑스트라에 불과하다. 그렇지만 그로 인해 나는 다른 사람의 인생에서 자동적으로, 어쩔 수 없이 단순한 조연, 엑스트라가 된다. 당연히 불쾌하고 당황스럽다. 시몬은 처녀작 《초대받은 여자》에서 이 주제를 다루었다. 피에르가 자신의 파트너인 프랑수아즈에게 이렇게 말한다. "당신에게 감탄하지 않을 수가 없어요. … 당신은 내가 아는 사람 중에서 다른 사람도 우리처럼 의식이 있다는 사실을 깨닫고 눈물 흘릴 줄 아는 유일한 사람이에요."[40]

시몬은 나의 존재와 마주 던짐에 타인이 무슨 의미인지를 물었다. 1943년에 나온 《피뤼스와 시네아스》에서 시몬은 그 질문을 파고들었다. "개인의 경험과 보편적 현실의 관계"[41]를 캐물었던 두 번째 소설 《타인의 피》를 막 끝낸 참이었다. 소설에서 아직 몇 가지 질문에 대답하지 않았고 그 대답을 《피뤼스와 시네아스》가 해줄 예정이었다. 관건은 인간의 마주 던짐이 갖는 의미와 그것의 구체적 실현 가능성이다. 왜 인간은 이 마주 던짐을 선택할까? 다른 던짐도 있는데 왜 하필 이 던짐인가? 어떻게 해야 던짐을 실천할 수 있을까?

여기서는 인간 존재가 의미 있고 정당하다는 것이 중요한데, 개인은 이 정당화를 오직 다른 사람을 통해서만 경험할 수 있다. 나와 똑같이 타인도 지속적 자기 극복이자 초월이기 때문이다. 타인이 나의 마주 던짐을 받아들여 이어나가고 그렇게 함으로써 타당하다고 인정해야 한다. 하지만 인간의 숫자만큼 많은 던짐이 존재하기에 이것들이 서로 충돌할 수 있다는 것이 문제다. 그럼에도 또 한편에서는 나의 던짐을 공유해 잠재적 동지가 되는 사람들도 있다. 이처럼 시몬은 모든 개인이 타인의 도움에 의존한다는 사실을 잘 알았다. 개인의 마주 던짐을 실현하거나 개인의 실존을 정당화하려면 타인이 필요하다.[42]

이 사실에서 시몬은 인간 행동의 구체적 기준을 끌어낸다. 타인이 한 개인을 도와 그의 마주 던짐을 미래로 이어가자면 그는 그 개인(그 개인 역시 타자에게는 타자다)과 동등해야 한다. 따라서 모든 개인에게는 모든 인간이 열린 미래를 향해 자신의 던짐을 실현시킬 수 있는 세상을 위해 협력해야 할 윤리적 의무가 발생한다.[43] 한 행동이 "선하려면 그것이 자신과 타인을 위해 … 자유를 구하려 노력해야"[44] 한다.

시몬은 무슨 철학 이론이든 쉽게 이해했고 비판적 성찰을 통해 그 이론을 더욱 진전시켰다. 사르트르는 그녀의 비판과 평가에 많이 기대었다. 그녀는 사르트르의 사상이 가진 약점을 정확히 꿰뚫

었고 도덕적이고 윤리적인 문제에 사르트르보다 더 많은 관심을
가졌다.

《존재와 무》에서 사르트르는 실존주의적 도덕을 예고했지만 그
약속을 지키지 않았다. 이 지점을 보완하려 노력한 이는 시몬이었
다. 기독교 실존주의자 가브리엘 마르셀과 대화를 나누던 중 그녀
는 사르트르의 《존재와 무》를 기초로 삼아 도덕의 건물을 올릴 수
있다고 말했고 마르셀은 그 적임자가 시몬이라고 대답했다. 시몬
은 곧바로 작업에 돌입했고 1947년 《애매함의 도덕에 대하여》를
출간했다. 그 책에서 시몬은 실존주의가 주관적이고 개인주의적
이기 때문에 진정한 가치를 제공하지 못한다는 비난에 맞서 실존
주의를 변호했다.

> "지상의 인간은 버림받았기 때문에 그의 행동은 궁극의 절대
> 적 의무다. 인간은 남의 힘이 만든 창조물이 아니라 자신의 작
> 품인 하나의 세상, 인간의 패배와 승리를 입증하는 하나의 세
> 상에 책임을 져야 한다."[45]

시몬은 동질의 한 "인류"가 실존한다는 가정 위에 세운 도덕을
거부했다. 대신 "인간 개별화의 사실"[46]을 주장했다. 그러나 이 말
이 개별 인간들이 서로 화합해 보편타당한 법칙을 만들 수 없다는
뜻은 아니다.[47] 시몬은 그것이 "애매함의 도덕"을 구성하는 것이라
고 말한다. 인류가 개별화된 수많은 자유로 이루어져 있음을 인정
하고, 그럼에도 이 자유들의 연대와 그것을 기반으로 삼는 도덕을

배제하지 않는 것 말이다. 이 도덕은 자신과 타인을 위해 자유를 바라는 절대적 의지를 기초로 삼는다. "자유롭고 싶다는 것은 타인도 자유롭기를 원한다는 의미다. 이 바람은 추상적 규정이 아니라 개인에게 그가 수행해야 하는 모든 구체적 행위를 일러준다."[48]

그러면 이 행위는 어떤 모습일까? 시몬은 각자가 그 어떤 형태의 억압에도 저항해야 한다고 요구했다. 더 나아가 《피뤼스와 시네아스》에서도 주장했듯 만인에게 건강, 교육, 복지, 휴식 등 일정한 생활 조건들이 보장되어야 한다. 그래야만 인간은 자신과 타인의 자유를 구하는 일에 매진할 수 있다. 모든 개인은 사회의 상태에 공동 책임이 있다. 인간은 적극적으로 노력해야 하며 타인들도 그들의 자유를 활용할 수 있게 해주어야 한다.

보부아르의 실존 철학에 영향을 준 6인

1. 고트프리트 빌헬름 라이프니츠
독일 계몽주의 선구자이자 다방면에 능통한 학자

• 이론 요약: 신은 인간에게 여러 가지 삶의 가능성을 선택할 자유를 선사했다. 무한한 발전 잠재력이 있기에 세상은 계속해서 개선될 수 있다. 그러나 완벽한 세상이라는 "최종 목표"는 존재하지 않고 과정은 결코 끝나지 않는다. 인간 역시 마찬가지로 한번 찾은 형태를 고집하지 않고 쉼 없이 자신에게서 새로운 형태를 길어낸다. 어떤 상황에서도 한 인간의 행동은 절대적으로 자유롭다.

일정한 조건이 확정되어 있을 때에도 그렇다.

• 시몬이 영감을 받은 점: 인간은 조건이 정해진 상황에 있지만 자유롭기도 하다는 사상, 인간이 추구해야 할 원대한 최종 목표는 없으며 하나의 목표가 다른 목표를 불러오는 역동적 과정만이 존재한다는 사상에 영감을 받았다. 시몬은 라이프니츠에게 큰 매력을 느껴서 그를 대학 졸업논문 주제로 선택했다.

2. 이마누엘 칸트

독일 계몽주의 철학자

• 이론 요약: 칸트의 윤리학 원칙은 "용기 내어 너 자신의 이성을 이용하라"다. 실천 이성의 기본 원칙은 자유다. 칸트는 인간이 어떻게 행동해야 하며 무엇이 인간 의지를 결정하는지 물었다. 그리고 우리 자신(우리의 이성)에 내재하는 법칙이 우리의 의지를 결정한다고 대답했다. 간혹 우리는 우리 바깥, 우리 이성의 바깥에 있는 무언가에 우리의 의지를 정하게 한다. 그 경우 우리 의지는 남의 손에 맡겨진다.

• 시몬이 영감을 받은 점: 시몬의 표현대로 "칸트식 낙관주의"다. 즉 개인의 근본적 자유 사상과 당위가 실제로는 능력을 의미한다는 확신.

3. 게오르크 빌헬름 프리드리히 헤겔

이상주의자

• 이론 요약: 헤겔은 대자적 존재와 대타적 존재, 그러니까 원칙적

으로 주체(대자)와 객체(즉자)를 구분한다. 의식, 다시 말해 자기 자신에 대한 의식은 타인의 인정이 낳은 결과물이다. 한 인간이 자기 자신일 수 있으려면 타인이 그의 실존을 인정해야 한다.

• 시몬이 영감을 받은 점: 모든 인간 의식은 (본질적) 자아와 (비본질적) 타자로 구분된다는 인식.

4. 쇠렌 키르케고르
실존철학의 초기 대표 주자

• 이론 요약: 키르케고르는 개별 인간과 그들이 사는 세상에 관심을 가져야 한다고 주장한다. 그는 전 인류라는 식의 추상적 사고를 거부한다. 나아가 인간의 자유와 의지가 중요하며 계속해서 결정을, 특히 도덕적 결정을 내릴 가능성이 중요하다. 인간은 육체와 정신의 관계를 깨닫고 자신과 세상에 대한 책임을 인식한다. 그러나 인간은 자신의 정신적 자아를 스스로 정당화할 수 없다. 정신적 자아는 자신 안에서 발견할 수 없다. 신이 영원과 인간 자유의 원인이기 때문이다. 그럼에도 개별 인간에게는 객관적인 버팀목이 없다. 인간은 반복해서 자신의 불확실한 실존으로 내던져진다. 키르케고르는 "실존" 개념을 이용해 인간의 존재 방식을 설명한다. 우리는 걸음걸음마다 결정을 내리고 선택을 한다.

• 시몬이 영감을 받은 점: 세상과 인간의 관계에 대한 키르케고르의 물음. 개인의 자유와 그가 처한 상황의 여건 사이에는 어떤 관계가 있는가? 시몬도 키르케고르처럼 그것이 실존적 문제라고 보았다. 그러나 인간과 신의 관계에 대한 그의 설명에는 동조하지 않았다.

5. 에드문트 후설

현상학의 창시자

• 이론 요약: 현상학은 사물의 본질을 깨닫고자 한다. 우리는 사물을 마땅히 그래야 한다는 우리의 생각대로 볼 것이 아니라 있는 그대로 보아야 한다. 그러자면 연구 대상에 대한 고정관념과 가정을 버리고 객관적으로 편견 없이, 방법론적으로 접근해야 한다. 그래야 단순한 사물이 아닌 이른바 현상을 파악할 수 있다. 여기서 말하는 사물이란 실제로 보이는 사물이 아니라 나의 경험에 등장하는 대로의 일상적 사물, 객체 혹은 사건을 말한다. 후설은 "의식의 의향성intentionality"을 주장한다. 의식은 무언가를 향하고 그런 "의식 행위"를 통해 비로소 대상을 구성한다. 어떤 것을 인식할 때 우리는 그것에 의미를 부여한다. 의식은 항상 "무언가에 대한" 의식이다.

• 시몬이 영감을 받은 점: 이론적 분석은 실제 경험의 구체적 특성을 기초로 삼아야 한다는 확신과 의식의 정의. 후설은 의식이 세상의 유일한 중심이며 사물들은 바라봄을 통해 그 중심에서 실존을 획득한다고 주장했다. 그리고 이 의식은 의향적이다. 무언가를 향하는 것이다.

6. 마르틴 하이데거

실존철학자이자 현상학자

• 이론 요약: 하이데거는 무엇보다도 "현존Dasein", 즉 인간 존재를 중시한다. 이 인간의 현존은 그의 의지를 벗어나며 뒤바뀔 수 없는 특정한 장소에 있다. 인간의 존재는 "그의 거기에da 내던져져" 있

다. 그의 전 현존은 죽음에 의해 결정된다. 우리 모두가 죽는다는 사실에서 하이데거는 인간 현존의 중요함과 절실함을 도출한다. 시간은 흐르고 모든 결정은 중요하기에 우리는 우리 삶을 자유롭게, 책임 있게 살아야 한다. 그 사실은 당연히 불안을 불러오고 이 불안을 통해 인간은 무를 만난다. 현존의 본질은 "무로의 초월"이다. 무를 통해 인간은 존재를 경험한다. 죽음이 없다면 삶의 의미도 없을 것이다.

• 시몬이 영감을 받은 점: 하이데거는 철학적 사례를 일상에서 끌어왔다. 시몬은 그 점을 좋아했다. 또 하이데거의 "공존Mitsein"에도 큰 관심을 보였다. 우리가 다른 사람들과 함께 이 세상에 거주한다는 사실과 그것이 우리의 현존에 갖는 의미에 관심이 많았다. 그러나 모든 생명의 마주 던짐이 죽음에서부터 정해진다는 주장에는 동의하지 않았다. 시몬은 마주 던짐이 우리 스스로가 정하는 목표에 의해 결정된다고 생각했다.

《애매함의 도덕에 대하여》는 (《파뤼스와 시네아스》,《사드를 불태워야 하는가?》와 더불어) 시몬이 쓴 몇 편 안 되는 철학 에세이 중 한 권이다. 그러나 사실 그녀의 모든 작품은 회고록에 이르기까지 철학의 향기가 그득하다. 시몬은 일상과 문학과 철학을 구분하지 않았으므로 그녀의 소설 역시 철학 이론의 중요한 일부다.

논문 〈문학과 형이상학〉에서 시몬은 순수 철학과 순수 문학 사이 어딘가에 있는 이른바 형이상학적 소설의 특징을 거론했다. 그런 소설의 목표는 한마디로 인간 행동을 상세히 연구하고 인간의 경험을 형이상학적 차원에서 묘사하는 것이다. 다시 말해 현실을 구성하는 것이 무엇인지 묻는 것이다. 또한 형이상학적 소설은 주관적 경험과 감정을 중시해야 하며 진정성이 있어야 한다. "그것은 현실을 살아 있는 관계에서 드러나는 현실처럼 완벽하게 묘사하려 노력해야 한다. 살아 있는 관계란 사상이 되기 전에는 행동과 느낌이다."[49] 시몬은 항상 철학 논문 집필보다는 인간의 삶과 현존을 손에 잡힐 듯 구체적으로 묘사하는 데 더 열을 올렸다.《초대받은 여자》에 등장하는 프랑수아즈의 말대로 "하지만 나한테는 … 관념이야말로 이론적인 것이 아닙니다. 체험할 수 없다면 관념은 이론으로 남지요. 그러면 가치가 없어요."[50] 시몬에게 철학은 "살아 있는 현실, 끝없는 근원"[51]이며 그녀의 철학 사상이 지금까지도 많은 이들에게 영감을 주는 이유도 그 때문일 것이다. 시몬은 우리에게 생각을 격려한다.

뮤즈, 추종자, 사도

철학을 전공하고 철학적인 작품들을 남겼어도 시몬은 스스로를 전통적인 철학자라고 생각하지 않았다. 철학자는 독창적인 사상가인데 자신에게는 독창성이 부족하다고 믿었다. "내가 노력하지 않아도 쉽게 텍스트를 이해하는 것은 생산적 상상력이 부족한 탓이라는 사실을 잘 알고 있었다."[52] 철학자는 자신만의 사고체계를 개발해야 한다고 시몬은 확신했다. 남의 체계를 비판하고 발전시키는 것으로는 부족하다고 말이다. 상당히 엄격한 기준이어서 요즘 철학자들이라면 거의 통과할 수 없을 것이다. 사르트르에 대한 알랭 르노의 책 제목이 《마지막 철학자》인 것도 우연은 아니다. 알랭 르노는 사르트르가 전통적 의미의 마지막 철학자라고 보았다. 나름의 사고 체계를 완성하고 확립한 철학자 말이다.

> "어떤 이론을 수긍하면 나는 그 이론을 내 삶으로 끌어들인다. 그러면 그 이론은 세계와 나의 관계를 바꾸고 나의 경험을 물들인다."[53]

이렇듯 시몬은 스스로를 "독창적" 사상가로 생각하지 않았다. 그래도 철학자라는 인식은 어느 정도 있었던 것 같다. 복잡하게 해도 된다면 왜 간단하게 넘어간단 말인가? 죽기 직전에 한 인터뷰에서 그녀는 이렇게 말했다.

"내가 철학자가 아니라는 말은 체계를 만든 사람이 아니라는 뜻입니다. 하지만 철학을 많이 공부했고 철학과를 졸업했고 철학을 가르쳤으며 철학에 파묻혀 산다는 뜻에서는 철학자지요. 내 책에 철학을 들여보낸 이유는 철학이 내가 세상을 바라보는 길이기 때문입니다. …"[54]

그러니까 시몬은 누가 봐도 철학자다. 하지만 처음부터 철학자로 인정받고 철학자로 불렸던 사상가는 아니다. 그 이유는 한편으로는 시몬 자신에게 있다. 시몬은 "철학자"라는 호칭을 끈질기게 거부했다. 또 한편으로는 철학 사상을 전달한 그녀의 방식 때문이다. 그녀는 이론 설명보다 소설을 더 많이 활용했다. 가장 중요한 철학 논문조차 지금까지도 철학 논문으로 평가되지 않는다. 그녀의 대표작 《제2의 성》은 여전히 사회학 저서로 통한다. 많은 사람이 그녀를 사르트르와 짝지어서만 떠올리고 그녀의 철학 사상을 그의 사상과 비교했던 현실도 영향이 없지 않았다. 시몬은 사르트르의 뮤즈, 충복, 사도로 통했다. 그러나 두 사람은 두 개의 생각 공장이었다. 각자의 사상과 이론을 주고받았을 뿐이다. 단언컨대 시몬에게는 독자적 철학이 있었다. 그럼에도 그녀가 사르트르의 충복으로 통하는 현실은 그리 놀랍지 않다. 지금도 그러니 당시에는 더 말할 나위가 없었을 것이다. 위대한 사상은 위대한 남성들의 머리에서만 나온다는 확신이 지배적이었을 테니 여성 사상가가 비집고 들어갈 틈은 없었을 것이다.

시몬은 그 사실을 너무나 잘 알았기에 "철학자"라는 직업명을 쓰지 않기로 마음먹었을 것이다. 자유롭게 연구하고 싶었고 스스로의 입지를 단정 짓고 싶지 않았을 것이다. 그녀는 글쓰기와 문학에 열정을 품었다. 어릴 때부터 작가가 되고 싶었다. 작가는 꿈의 직업이었다. 그녀는 말했다. "내 경험을 기워 만든 작품을 쓰면서 나 자신을 재창조하고 내 현존을 정당화할 것이다."[55]

4부 ♦ 글쓰기

"글쓰기는 평생 내 인생의 대업이었다."[1]

연표

1943년	《초대받은 여자》가 출간되다.
1945년	《타인의 피》가 출간되다.
1946년	《모든 인간은 죽는다》가 출간되다.
	튀니지에서 문학 강연을 하다.
1947년	미국에서 문학 강연을 하다.
1954년	《레 망다랭》이 출간되다.
1956년	회고록 집필을 시작하다.
1958년	《얌전한 처녀의 회상》이 출간되다.
1960년	《나이의 힘》이 출간되다.
1963년	《사물의 힘》이 출간되다.
	어머니가 세상을 뜨다.
1964년	《아주 편안한 죽음》이 출간되다.
1966년	《아름다운 영상》이 출간되다.
1967년	《위기의 여자》가 출간되다.
1972년	《총결산》이 출간되다.
1979년	《창백한 정신의 계절》이 출간되다.

—

에잇! 시몬은 펜을 내려놓고 창밖 마르세유 거리를 내다보았다.

1932년 봄이었다. 벌써 몇 시간째 카페에 앉아서 눈에 보이는 것들을 최대한 정확하게 설명해보려 애썼다. 벽과 작은 탁자들. 하지만 글쓰기 연습의 결과는 신통치 않았다. 원래는 소설을 더 써보고 싶었다. 하지만 계획대로 되지 않았다. 글쓰기 연습도 소설이 뜻대로 풀리지 않아서 시작한 대안이었다. 꿈이 너무 컸을까? 그녀는 자신이 없어졌고 철학 교사 생활에 불만이 많았다. 철학 교사보다 더 큰 사람, 작가가 되고 싶었다. 어릴 적 꿈꾸었던 대로.

페이지의 마법

책은 말을 할 수 있다. 어린 시절 시몬은 그렇게 믿었다. 책은 자신을 둘러싼 세상의 이야기를 들려주었고, 책에서 자기 모습을 발견할 때도 많았다. 책은 꿈과 성찰을 선사했고 질문을 던지고 확신을 뒤흔들었다.

부모님은 시몬에게 일관성 없는 독서를 권장했다. 모험소설과 유치한 이야기, 종교적 색채가 강한 책들을 두서없이 권했다. 다만 딸들이 "제대로 된" 책, 그러니까 자신들의 보수적 윤리에 부합하는 책을 읽는지 두 눈 부릅뜨고 감시했다. "그 책들은 하나같이 우리 부모님, 선생님들과 똑같은 진리와 가치관을 설파했다. 책에선 착한 사람은 상을 받고 나쁜 사람은 벌을 받았다. 불행은 어리석고 멍청한 사람들에게만 일어났다."² 시몬이 읽은 책에선 세상이 정확하게 흑과 백으로 나뉘었다.

어머니는 자기 눈에 걱정스러운 부분이 있으면 딸이 볼 수 없게 그 페이지를 실로 꿰매버렸다. 좋은 가문의 얌전한 딸 시몬은 그실을 뜯어내고 거기에 어떤 내용이 적혀 있는지 들여다볼 용기를 내지 못했다. 시몬과 달리 사촌 마들렌은 손에 잡히는 대로 다 읽었다. 그 집 어른들은 마들렌이 무슨 책을 읽건 간섭하지 않았다. 시몬의 아버지는 열세 살 마들렌이 알렉상드르 뒤마의 《삼총사》를 읽는 광경을 보고 분노했다. 여자아이에게 그런 책을 읽히다니!

그러나 시간이 가면서 시몬도 서서히 부모의 검열이 못마땅했고 재미있어 보이는 책을 읽지 못해 화가 났다. 대체 금서에는 무슨 내용이 들어 있는지 알고 싶었다. 하지만 직접 그런 책을 들여다볼 용기는 내지 못했다. 사촌 마들렌에게 머뭇대며 물어봤더니 어떤 책들에는 아이의 탄생과 관련된 장면들이 들어 있다는 대답을 들었다. 본격적으로 호기심이 생긴 시몬이 엄마에게 아이는 배꼽으로 나오느냐고 물었고 엄마는 당황했다. 책은 시몬과 이야기만 나눈 것이 아니라 간접적인 반항심을 부추기기도 했다.

어머니는 생 쉴피스 광장에 있는 카르디날 도서관에서 책을 빌렸는데, 어린 시몬에겐 어머니를 따라 그곳에 가는 것보다 더 신나는 일은 없었다. 책의 낙원이었다. 그리고 그 낙원의 한 조각을 집으로 가져올 수도 있었다. 나이가 들수록 책은 더 소중해졌다. 제1차 대전이 끝나고 아버지가 전 재산을 날리면서 온 가족이 작은 집으로 이사를 가자 책은 일상에서 벗어날 수 있는 유일한 도피처가 되었다. 동생 엘렌과 방을 같이 썼기 때문에 집안 어디에도 혼자 있을 곳이 없었다.

책을 펴면 현실을 떠나 다른 세상으로 빠져들 수 있었고 자신과 생각이 같은 소설 속 주인공을 만날 수도 있었다. 시몬은 스스로를 자기가 지은 소설의 비극적 주인공이라고 생각했다. "소설에 등장하는 모든 모략은 난관과 패배를 요구하므로 나는 내게도 그런 것을 지어냈다."[3] 특히 1868~69년에 2부작으로 출간된 루이자 메이 올컷의 《작은 아씨들》이 마음에 쏙 들었다. 뉴잉글랜드에 사는 메기, 조, 배스, 에이미, 네 자매의 이야기를 담은 이 소설에서 시몬은 작가가 되어 유럽을 여행하고 싶다는, 똑똑하지만 남자아이 같은 조에게 동질감을 느꼈다. 물론 아직은 나중에 자라 책을 쓸지 아니면 팔지 결정하지 못했다. 둘 다 최고의 직업인 것 같았다. "어쨌든 내 눈엔 이 세상에서 그보다 더 멋진 일은 없을 것 같았다."[4]

책의 낙원 라 메종 데자미 데리브르

아드리엔 모니에가 파리 오데옹 가 7번지에 문을 연 유명한 서점 라 메종 데자미 데리브르(La Maison des Amis des Livres, 책 친구들의 집) 는 시몬의 작은 피난처였다. 시몬은 책을 사거나 빌리러 서점에 자주 들렀다. 대학에 들어가면서부터는 대여 서비스를 활발하게 이용했다. 이 서점 단골 중에는 앙드레 지드, 제임스 조이스, 장 콕토 등 작가들도 많았다. 아드리엔 모니에는 책을 향한 애정을 그런 식으로 실천했고 그녀의 반려자 실비아 비치 역시 오데옹 거리에 셰익스피어 앤드 컴퍼니 서점을 운영했다.

직접 글을 쓰고 싶은 마음은 굴뚝같았다. 첫 습작품은 제목이 '마르게리트의 불행'이었고 남편을 잃고 형제자매들과 함께 라인강을 건너 프랑스로 가려는 젊은 알자스 여인의 극적인 이야기를 담았다. 하지만 그건 그냥 "끼적거려본 애들 장난"[5]이었고 십대의 시몬은 더 원대한 꿈을 품었다. 시몬은 작문 숙제를 좋아했지만 선생님들은 "방만한 스타일"[6]을 타박했다. 그래서 시몬은 자신에게 정말 재능이 있는지 의심스러웠다. 그럼에도 열여섯 살 때 나중에 커서 무엇이 되겠느냐는 친구의 교환일기 질문에 한 치의 망설임도 없이 "유명한 작가"라고 적어 넣었다.[7]

　"이 부분에서는 한 치의 망설임도 없었다. … 우선은 내가 모든 작가들에게 감탄했기 때문이었다. 아버지는 자연 과학자, 학자, 교수보다 작가들을 더 높이 평가했다. 나도 작가의 명망을 확신했다. 전문가가 아무리 이름을 날려도 그의 저서는 소수에게만 말을 걸었다. 하지만 소설은 누구나 읽었다. 소설은 상상력을 자극하고 마음에 가닿았다. 소설은 작가에게 보편적이면서도 지극히 개인적인 명성을 안겨주었다."[8]

　딸의 직업 선택에 미친 아버지의 영향력을 부인할 수 없다. 물론 아버지가 그 사실을 알았더라면 아마 딸의 결정을 막기 위해 단호한 조치를 취했을 것이다. 글을 쓰는 여자라고? 보수적인 조르주에겐 말도 안 되는 상상이었다.

　하지만 시몬은 따분한 어른들의 삶에서 벗어나기로 굳게 마음먹었다. 자신의 삶에 의미를 부여하고 싶었고 무언가 큰일을 해내고 싶었다. 그러자면 정신적 활동이 최선일 거라고 생각했다. 그래서 절친 자자가 자기 엄마처럼 자식을 아홉 명 낳는 것도 "책을 쓰는 것만큼 가치 있는 일"⁹이라고 말했을 때 벌컥 화를 냈다. 글 쓰기 활동엔 신화와 혁명의 숨결이 깃들어 있다고, 가톨릭 신앙을 버리고 구원의 희망을 잃은 지금, 글쓰기가 영원을 보장해줄 거라고 말이다.

"나를 사랑하는 신은 이제 없었다. 하지만 나는 수백만의 가슴에서 불꽃처럼 오래오래 타오를 것이다. 나의 경험으로 기워 만든 작품을 쓰면서 나 자신을 재창조하고 나의 현존을 정당화할 것이다."¹⁰

야망이 무척 크시군요. 아가씨! 오랫동안 종교가 차지하던 자리를 문학이 물려받았다. 친척 자크는 짐(그는 이 별명으로 시몬을 불렀다)에게 시몬의 집에서는 보기 힘든 종류의 문학 작품들을 소개해주었다. 특히 초현실주의자 장 콕토의 작품과 폴 발레리의 시집을 빌려주었다. 이 책의 발견은 감각적 경험이었다. 책 표지의 "상큼한 과일 사탕 색"¹¹은 아무리 봐도 질리지 않았다. 콕토의 책 표지는 딸기의 빨강이었고 발레리의 표지는 눈처럼 하얀색이었다. 시몬은 기대로 떨며 책을 펼쳤다. "수많은 책이 내 손을 거쳐 갔다. 하지만 이 책들은 흔한 종류가 아니었다. 나는 이 책들에서 특별한 계시를 기대했다."¹² 하지만 이 책들에도 글자밖에 없어서 깜짝 놀랐다. 그럼에도 그것들은 시몬의 마음을 사로잡았다. 그곳에서 자신을 보았고 뼈와 살이 있는 인간과 대화를 나눈 기분을 느꼈다.

시몬은 더 많은 책을 읽고 싶었다. 자크는 시몬에게 현대 프랑스 문학을 소개했다. 자크를 통해 시몬은 앙드레 지드, 마르셀 프루스트, 레몽 라디게를 알았다. 가장 강렬한 인상을 남긴 작품은

1913년에 나온 알랭푸르니에의 소설 《대장 몬느Le grand Meaulnes》였다. 곱게 자란 교사의 아들과 열일곱 소년 오귀스트 몬느의 우정, 안타까운 사랑과 성장을 다룬 이 소설은 출간되자마자 컬트북*으로 자리 잡았다. 알랭푸르니에는 관점을 수시로 바꾸고 꿈과 현실을 자유롭게 오갔다. 혁신적이고 현대적인 기법이었다. 시몬은 몬느와 결혼한 이본과 자신을 동일시했고 자크가 그녀에게 이 책을 준 것은 뭔가 전할 말이 있기 때문이라고 확신했다. 그런데 무슨 말?《대장 몬느》도 그녀를 대하는 자크의 태도를 이해할 실마리를 주지는 못했다. 아, 남자들이란!

자크가 추천한 소설에서 해답을 찾지 못할 때는 초현실주의에 심취해서 루이 아라공, 앙드레 브르통의 책들과 아방가르드 잡지들을 읽었다. "예술과 도덕과 언어의 파괴, 체계적 해체, 자살에 이르는 절망. 이런 방종에 나는 감격했다."[13] 그래서 스무 살의 시몬도 그런 무절제한 생활에 살짝 빠져보기 위해 노력했다. 엘렌과 술집에 가서 대담한 행동도 해봤고 일부러 빗나간 짓을 하기도 했다. 그러니까 독서도 때로는 위험할 수 있다.

잃어버린 영감을 찾아서

작가가 되자는 마음은 일찍부터 먹었다. 하지만 돈을 벌어야 하고 글은 언제라도 쓸 수 있을 테니 좋아하는 철학을 공부해서 철학 교사가 되자고 작정했다. 그렇게 목표는 철학 교사로 잡았지만 그

---

* 숭배받는 책이라는 뜻으로, 일부 집단에 의해 종교적 숭배에 가까울 정도로 열광적인 지지를 받는 책을 일컫는 말.

래도 꿈을 실현하기에는 문학이 더 적합한 것 같았다. 시몬은 아무리 늦어도 스물세 살에는 "모든 것을 기록한 위대한 작품을 끝마치리라" 맹세했다.[14] 하지만 대학에 들어가서도 작가가 꿈이라는 말을 아무에게도 털어놓지 못했다. 그 꿈이 너무 불확실했고 너무 멀게 느껴졌기 때문이다.

1929년 또래 남자들과의 만남은 의욕과 좌절을 동시에 안겨주었다. 특히 사르트르와 니장은 나중에 작가가 될 것이라 완벽히 확신했고 무슨 책을 쓸 것인지도 정확히 알아서 이미 열심히 작품을 쓰고 있었다. 그 모습을 보니 감격스럽기도 했지만 주눅이 들기도 했다. 자신은 꿈만 꾸었지 실제로는 별로 한 일이 없다는 사실을 새삼 절감했기 때문이다.

절망한 그녀는 "바람"만으로는 턱없이 부족하다는 점을 인정했다. 작가가 되려면 그 이상이 필요했다. 물론 그동안에도 자크와의 불행한 사랑을 소재로 한 소설에서부터 교회를 향한 불타는 반박문까지 쉬지 않고 시도는 했다. 하지만 그 모든 시도가 만족스럽지 못했고 뚜렷한 목표가 없었다. 어떤 주제가 잡히면 모든 것을 하나의 글에 다 담으려고 했다. 그러니 계획이 성공할 리 없었다.

"나는 소설을 쓰고 싶었다. 그것이 전부고 그것만으로 이미 많았다."[15]

그런 그녀 앞에 창의력의 끝을 모르는 사르트르가 나타났다. 시몬이 무슨 글을 써야 할지 머리를 쥐어뜯는 동안 그는 별 노력 없이도 멜로디와 시와 우화를 술술 지어냈다. 사르트르는 시몬에게 계속 노력해 꿈을 이루라고 어깨를 토닥였다. 사르트르는 시몬이 반드시 작가가 될 것이라고 확신했다. 시몬 자신보다도 더 시몬을 믿었다.

1929년 두 사람이 아그레가시옹에 합격하고 사르트르가 징집되자 시몬은 교사 자리를 구하지 않고 파리에 남았다. 신임 교사는 지방으로 발령나기 때문에 시골로 갈 것을 걱정한 것도 있지만 글 쓸 시간을 확보하겠다는 마음도 있었다. 물론 돈을 벌어야 했으므로 과외를 하거나 고등학교 보조교사로 일했다. 그러니까 이론적으로만 보면 글 쓸 시간과 여유가 많았다. 하지만 실제로는 영감과 의욕이 부족했다. 정말 모든 것이 만족스러웠기 때문이다. 부모님 집을 나와 마음대로 살았고 적당한 파트너도 구했다. 한마디로 더 바랄 것 없이 행복했다. 글을 써야 할 시급한 이유가 없었다. 만사가 잘 굴러갔다. 불꽃을 일으켜 영감을 불러올 마찰이라고는 없었다.

파리를 찾았다가 글은 안 쓰고 하릴없이 시간만 보내는 여자친구를 목격한 사르트르는 도무지 이해할 수 없었다. 아버지도 반기지 않았다. 친구나 지인이 시몬의 소식을 물으면 화난 표정으로 "파리에서 처놀고 있다"고 대답했다.[16] 시몬은 성가신 의무는 모조리 무시했고 가족이라면 부모와 엘렌도 최대한 만나지 않았다. 밤이면 앙리에트 니장, 엘렌, 스테파, 제제와 함께 외출했고 파리의 술집을 전전하며 새벽 두 시 전에는 좀처럼 집에 들어가지 않았다. 간간이 자자의 죽음을 소설로 써보려 노력했지만 성공하지 못했다. 실망한 그녀는 이렇게 생각했다.

"확신 없이 글을 썼다. 글쓰기가 어떤 때는 형벌처럼, 어떤 때는 장난처럼 생각되었다. 어쨌든 서두르지 않았다. 그 순간 나는 행복했고 그것으로 만족했다. 하지만 그러다가도 다시 행복하지 않았다. 나는 스스로에게 전혀 다른 것을 기대했다."[17]

시몬이 사랑한 다섯 명의 작가

프란츠 카프카

시몬과 사르트르는 1934년 당시만 해도 아방가르드적이었던 문학 잡지《라 누벨 르뷔 프랑세즈La Nouvelle Revue Francaise》에서 〈변신〉을 읽고 감격했다. 그 직후《소송》이 나오자 시몬은 이것이 "지금껏 우리가 읽었던 책 중에서 가장 특이하고 아름다운 책"[18] 중 하나라고 평했다. 카프카가 직접 말을 걸어와 책의 주제를 이야기하는 것 같았다. "그는 신은 없어도 우리의 구원이 이루어진 세상에서 우리가 겪는 문제들을 까발렸다."[19]

버지니아 울프

시몬은 1965년 한 인터뷰에서 울프를 가장 많은 관심을 기울인 작가라고 말했다.[20]《제2의 성》에서 그녀는 여러 번 울프를 언급하고 인용했으며, 특히 1929년에 나온 에세이《자기만의 방》을 많이 거론했다. 시몬은 울프의 언어와, 언어 일반에 대한 그녀의 성찰에 특히 깊은 감명을 받았다.[21]

스탕달(본명 마리 앙리 벨Marie Henri Beyle)

시몬은 스탕달을 "프랑스 최고의 소설가"[22]라고 평가했다. 특히 1930년에 나온 소설《적과 흑》을 좋아했다. 스탕달은 경험할 수 있고 파악할 수 있는 세상을 최대한 객관적으로 관찰하려는 사실주의 문학의 선구자로 꼽힌다.

조지 엘리엇(본명 메리 앤 에번스Mary Anne Evans)

엘리엇의 고전《플로스 강의 물방앗간》(1860)을 시몬은 열한 번 아니면 열두 번 읽었다. 그녀 역시 세상 누구에게도 이해받지 못하는 것 같은 외로움을 느꼈기에 시몬은 보수적 환경에서 의무와 자아실현을 두고 갈등하는 주인공 매기 털리버에게 공감했다. 시몬은 조지 엘리엇을 롤 모델로 삼아 그녀처럼 "전설"[23]이 되고 싶었다.

캐서린 맨스필드

자신의 삶으로 멋진 소설을 지으려 노력한 시몬은 마르세유에서 아이들을 가르치던 시절 캐서린 맨스필드의《일기Journal》(2권,1927)와《서간집Letter》(1928)에 특히 큰 감명을 받았다. "나는 그녀를 너무나 괴롭혔던 '고독한 여성'의 역할이 정말로 낭만적이라고 생각했다. 나 역시 이런 역할을 몸으로 구현하고 있다고 나 자신에게 말했다."[24]

파리의 평온한 시간은 갑작스럽게 막을 내렸다. 시몬이 1931년 가을에 마르세유로 발령을 받은 것이다. 파리의 화려한 환경에서

찢겨나가 홀로 지방에 뚝 떨어졌다. 글을 쓸 시간은 무궁무진했다. 그녀 같은 초보 교사는 주당 수업이 몇 시간밖에 안 됐기 때문이다. 드디어 소설 프로젝트를 시작해야 할 때였다. 주제는 자자의 죽음이었다. 하지만 시몬은 자기가 쓴 글에 확신이 없었다. 결과 없는 시도만 이어졌다. 결국 마르세유에서도 작가의 꿈에는 한 걸음도 더 다가가지 못했다.

1932년 시몬은 가방을 꾸려 새 부임지인 루앙에 도착했다. 프랑스 북부는 글쓰기에 더 좋은 장소가 아닐까? 마르세유보다 조금 낫기는 했다. 시몬은 자자에 대한 소설을 시작했고 마침내 끝을 맺었지만 도무지 만족스럽지가 않았다. 그래서 소설 중 몇 부분만 간직했다가 나중에 단편집을 낼 때 사용하자고 마음먹었다. 하지만 그러던 차에 사건이 생겼다. 시몬과 예전 제자 올가 코사키에비치, 사르트르가 골치 아픈 삼각관계에 휘말린 것이다. 1936년 파리로 돌아오고 나서야 시몬은 마침내 모든 에너지를 글쓰기에 쏟아부었다.

1937년 폐렴에 걸려 아무것도 할 수 없었던 몇 달 동안 시몬은 소설을 수정하고 다시 썼다. 그 단편소설들이 훗날 《창백한 정신의 계절》이라는 제목으로 세상의 빛을 보았다. 다섯 편의 단편 모두 여성의 이름을 제목으로 달았으며 젊은 여성들의 자아 찾기 과정과 그 과정에서 만난 장애물을 다루었다. 마르셀, 샹텔 등의 다섯 여성은 종교적 원칙과 주변의 도덕 규범 때문에 고통받는다. 시몬은 자신의 삶을 소설에 많이 쏟아부었고 앤은 누가 봐도 자자였다. "내가 알던 일, 내가 알던 사람에 국한할 것이다. 내가 직접 경험한 진실을 실감 나게 만들고자 노력할 것이다."**25**

《창백한 정신의 계절》은 대학을 졸업한 후 시몬이 만족스럽게 마무리 지은 첫 번째 문학 작품이었다. 사르트르는 칭찬을 퍼부으며 원고를 유명 대형 출판사 갈리마르와 가까운 브리스 파렝에게 보여주었다. 시몬도 책이 나올 것이라고 확신하고서 친구와 가족에게 자랑을 했다. 하지만 너무 성급했다. 갈리마르 출판사는 출간을 거절했고 그라세 출판사 역시 젊은 여성 작가에게 관심을 보이지 않았다. 회고록에서 시몬은 브리스 파렝이 그 책을 "구성도 나쁘고 디테일이 무디다"라고 평했다고 썼다.**26** 하지만 훗날 자신의 전기 작가 데어드레 베어에게는 거절의 이유가 딴 데 있었다고 털어놓았다.

"사르트르가 그러더라고요. 브리스 파렝이 자기에게 털어놓았다고. 거절의 이유가 나나 원고의 품질이 아니라 나의 세대, 나 같은 출신의 여성이 여성에 대해 쓴 책을 갈리마르 출판사가 이해하지 못했기 때문이라고. 현대 프랑스와 프랑스 출판사는 아직도 여성의 생각과 기분과 소망에 관심이 없고, 혹시 그런 책을 냈다가 자기 출판사가 미풍양속을 해치는 출판사로 낙인찍혀서 수많은 단골 고객과 비평가 들을 잃을까봐 겁이 나서 그랬다고."**27**

그녀의 말은 신빙성이 높다. 문체가 특별히 전위적이진 않았어도 그 작품은 지배층인 보수 부르주아들에게 스캔들이었다. 시몬이 시대를 너무 앞서갔던 것이다. 그녀의 첫 작품은 1979년 프랑스에서 출간되었다. 완성된 지 무려 40년이 지난 후였다.

시몬의 일과

일은 그녀의 삶이었다. 시몬은 휴가 때도 제대로 쉬지 못하는 부류였다. 여가 시간이 나면 어찌할 바를 몰랐다. 파리에 있을 때는 정해진 일과를 꼭 지켰다. 아침형 인간은 아니어서 여덟 시에서 아홉 시 사이에 일어났다. 작업할 때는 조용한 호텔 방보다 번잡한 카페를 좋아했다. 레 되 마고나 카페 드 플로르에서 커피를 마시며 신문을 읽다가 열 시쯤 일을 시작했다. 전날 쓴 것을 읽으며 수정했고 이어서 글을 써나갔다. 한 시가 되면 사르트르나 친구들을 만났고 오후에 다시 작업에 들어가 저녁 아홉시까지 글을 썼다. 대부분은 사르트르와 함께했다. 별일이 없으면 둘이서 밥을 먹고 극장에 가거나 음악을 들으며 위스키를 마셨다.

1948년 시몬은 호텔 생활에 신물이 나서 작은 스튜디오를 얻어 이사했다. 사르트르는 계부가 세상을 뜨자 어머니 집으로 다시 들어갔다. 그러자 미미하지만 일과에 약간 변화가 생겼다. 두 사람은 이제 오후에 사르트르의 집에서 만나 함께 일했다. 책을 쓰기 위해 자료 수집을 할 때에는 아침 시간을 도서관에서 보내기도 했다.

넬슨 올그런에게 보낸 편지를 보면 《제2의 성》을 집필하는 동안 시몬의 일상이 잘 나타나 있다. "아침마다 국립 도서관에 가서 네 시간 정도 있다가 친구들하고 점심을 먹고 오후에는 사르트르의 작업실에서 일하다가 아무 레스토랑이나 가서 저녁을 먹고 아무 바나 들어가서 스카치 앤 소다를 마셔요. 자정에 잠자리에 들고 아침에 눈을 뜨면 다시 같은 일과를 반복하지요."[28]

머물기 위해 도착하다

갈리마르 출판사에서 거절당한 충격은 컸지만 시몬은 새로운 프로젝트로 관심을 돌리려 노력했다. 하지만 이번에도 어떤 주제를 택해야 할지가 고민이었다. 사르트르는 머뭇대는 시몬을 비난했다. 시몬이 중요한 주제와 문제를 다루면서도 항상 다른 사람을 내세우며 빙 둘러 간다고 말이다. 사르트르는 물었다. "왜 당신의 글에 당신을 투사하지 않습니까? … 그 르네, 그 리사 들보다 당신이 훨씬 흥미로운데요."**29** 그러나 시몬은 오히려 글에 자기 이야기가 너무 많이 들어갈까봐 걱정했다. 문학이 "행복과 죽음 같은 너무 무거운 것으로 변질될까봐" 걱정했다.**30**

그럼에도 그녀는 용기를 내어 사르트르의 충고를 따랐다. 다음 작품은 오래전부터 개인적으로 관심을 가졌던 주제를 다룰 예정이었다. 그 주제는 바로 타인들이었다. 시몬은 타인들에게도 자신처럼 의식이 있다는 사실에 매료되었다. 그 결과물이 《초대받은 여자》로 그녀와 올가, 사르트르의 삼각관계가 실패한 과정을 문학적으로 가공한 작품이다. 시몬의 말대로 "문학은 삶의 무언가가 제 궤도를 벗어날 때 등장"**31**하기 때문이었다. 시몬의 인생은 예전처럼 평온하지 않았다. 고독과 질투와 실패를 경험했고 불행하고 불만스러웠다. 그랬더니 쉬익 영감이 솟아올랐다.

《초대받은 여자》는 1930년대 파리 보헤미안이었던 여성 작가 프랑수아즈와 영화감독이자 배우인 그녀의 파트너 피에르의 이야기다. 두 사람은 무슨 일이든 서로에게 정직하게 말하기로 합의한 후 계약 결혼을 시작하고 함께 일하고 늘 연락을 주고받는다. 그렇게 행복하던 두 사람 앞에 어느 날 변덕스러운 사비에르가 나타난다. 지성인 부부는 시골에서 온 그 젊은 여성을 흔쾌히 받아들인다. 사비에르는 아무 목적도 없이 되는 대로 사는 데다 변덕이 심하고 예측 불가능한 성격이며 우울증이 심했다. 프랑수아즈와 피에르는 이 종잡을 수 없는 여성에게 매력을 느꼈다. 그리고 사비에르의 눈을 통해 자신들의 관계를 새롭게 바라보기 시작했고 셋이 동거하기로 결정했다. 하지만 셋이서 나누는 사랑이 수월할 리 없었다. 프랑수아즈에게 사비에르의 존재는 자극이 아닌 위협이 됐다. 프랑수아즈는 처음으로 피에르와의 관계를 다른 관점에서 바라보며 자신들의 상태를 걱정했다. 그녀는 자신과 피에르를 비난했다. 그녀가 말했다.

"넌 아직도 전혀 눈치를 못 챘어. 하긴 놀랍지도 않아. 넌 그 사랑을 너무나 소중하게 생각해서 시간과 삶의 바깥 어딘가에 안전하게 떼어놓았지. 그리고 짬짬이 흡족한 마음으로 그 생각을 해. 하지만 그 사랑이 실제 무엇이 되었는지는 전혀 고민하지 않아."[32]

누가 봐도 이 소설에선 "타자"의 문제가 중심을 차지한다. 자신의 의식이 타인의 의식과 충돌한다. 모든 자아는 당연히 자신을 절대적인 것으로 경험하고 역시나 스스로를 절대적이라고 느끼는 타인의 의식에 위협을 느낀다. 타자의 시선은 개별적 자아와 세상을 자기 방식으로 바라본다. 따라서 우리가 타인을 어떻게 바라보며 우리 자신은 타인의 눈에 어떻게 비치는지도 중요한 주제다.

나아가 《초대받은 여자》는 같은 상황도 다른 사람은 얼마나 다르게 인식하는지를 잘 보여준다. 나의 인식은 나의 것일 뿐 타인의 인식은 아니다. 이 소설은 기본 모티브부터 철학적이며 서술도 실존주의적이다. 따라서 그 사실이 분명히 드러나는 관찰과 대화가 상당히 많이 등장한다. 피에르는 사비에르에게 이렇게 말한다.

"… 시간이 작은 토막으로 나뉘어 있어서 우리가 차례차례 그 시간의 토막을 살아가는 게 아닙니다. 당신은 되는 대로 현재에만 존재한다고 믿겠지만 당신은 이미 미래의 결정을 내렸어요."[33]

그럼에도《초대받은 여자》는 철학 논문처럼 읽히지 않는다. 시몬은 인물들을 생명으로 채우고 그들에게서 출발해 인간관계(욕망과 질투와 사랑)를 탐구했다. 그리고 이런 감정은 춤이나 질병 등 신체로 표현된다. 모리스 메를로퐁티는 훗날《초대받은 여자》를 실존의 온전한 주체성을 담아낸 형이상학적 소설의 원형이라고 말했다.

시몬 자신은 첫 작품에 비판적이었다. 특히 프랑수아즈가 사비에르를 살해한 결말(어머, 스포일러!)을 못마땅하게 생각했다. 사실 많은 비평가들이 이 살인을 줄거리상 이해할 수 없는 과한 설정이라고 평가했다. 시몬도 그 점을 인정했다. "일상을 비극으로 전환하는 데 실패했다."[34] 하지만 살인은 시몬이 소설 맨 앞에 인용한 헤겔의 인용구와 조화를 이룬다. "그와 같이 모든 의식은 타자의 죽음으로 향한다." 누가 봐도 이 작품은 시몬이 경험한 삼각관계를 문학적으로 가공한 것이다. 그래도 현실의 관계가 책처럼 끝나지 않아서 다행이다. 프랑수아즈가 사비에르에게 그랬듯 시몬 자신이 올가를 "체계적으로" 일그러뜨렸다고 말한 적이 있으니 말이다.[35]

글쓰기의 규칙

《초대받은 여자》에는 이후 작품들에서 나타날 여러 가지 특징들이 드러나 있다. 시몬은 다른 작가들에게서 영감을 많이 받는 작가였다. 그래서 고전과 신간을 열심히 읽으면서 작품에 활용할 기법과 아이디어를 찾았다. 어니스트 헤밍웨이에게서 배운 점은 이른바 객관적 묘사의 포기였다. "풍경과 장면, 사물이 항상 주인공의 시점에서, 줄거리의 관점에서 묘사된다."[36] 또 헤밍웨이는 문어보다 구어를 아꼈고 등장인물들은 "진짜" 사람들의 언어를 사용했다. 표트르 도스토옙스키와 대실 해밋에게서는 모든 대화가 줄거리여야 한다는 규칙, "다시 말해 모든 대화가 인물의 상호 관계와 전체 상황을 바꾸어야 한다는"[37] 규칙을 배웠다. 실제로 보부아르의 소설은 대화가 많고 대화가 자주 내적 독백과 번갈아 가며 등장한다. 또 한 사람 존 더스패서스를 빼놓을 수 없다. 그에게서는 "작가가 독자에게 소설의 등장인물들을 자신의 시점으로 인식하게 만들면서도 동시에 정리하고 주도하면서 독자의 수용에 영향을 미치는" 소위 '카메라의 눈'을 차용했다.[38] 데이비드 허버트 로런스에게서는 인물에게 "뿌리"를 선사하고 과거를 마련해주는 아이디어를 배웠다.

여기까지 살펴보니 특이한 점이 눈에 띈다. 시몬은 영어권 문학의 영향을 많이 받았다. 윌리엄 포크너도 그녀가 사랑한 작가였다. 시몬은 제2차 대전 후 프랑스에서 등장한 실험적인 누보로망을 좋아하지 않았다. 《타인의 피》에서 이런저런 문체를 실험해보고 새로운 방식의 소설을 썼다고 생각했지만 사실 그녀의 소설들은 전통적 구성에 훨씬 더 가까웠다.

시몬과 사르트르가 만든 규칙도 하나 있었다. 인물들이 지금 이 순간보다 많은 것을 알면 안 된다는 규칙이었다. "장마다 등장하는 인물 중 한 사람은 나 자신이었고, 나는 그보다 더 많이 알거나 더 많이 생각하면 안 되었다."[39] 때문에 시몬의 소설에선 여러 명의 화자가 있고, 그들의 관점에서 서술된다. 그것은 시몬 작품의 근간이 되는 실존주의적 세계관과도 관련이 있다. 상황은 같아도 인식은 다르기에 다른 인식이 존재한다는 사실을 보여주고자 한 것이다. 따라서 한 장의 화자, 즉 주체가 그다음 장에서는 다른 사람의 인식 객체가 된다. 그렇게 다양한 인물들이 서로를 반영하고 다차원적 관점을 보장한다. 그중에서도 《타인의 피》나 《레 망다랭》처럼 화자의 관점을 한 여성과 한 남성으로 나누는 기법이 전형적이다.

"하나의 목소리가 말했다. '넌 죽어야 해.' 우리는 귀를 기울였고 수많은 페이지를 우리의 글자로 뒤덮었다. 무엇을 위해? 누가 이 글을 읽을까? 무엇을 읽을까? 어쩔 수 없이 걸어야 하는 가시밭길은 아무도 모를 밤으로 향했다."[40]

《초대받은 여자》는 1943년에 출간되었다. 그러니까 파리가 아직 독일에 점령당해 있던 시기다. 시몬은 그 작품으로 큰 성공을 거두었다. 몇 주의 여름휴가를 마치고 10월에 파리로 돌아오자 사람들의 관심이 쏟아졌다. 온 세상이 그녀를 알고 싶어 했다. 혹시 그녀를 볼 수 있을까, 혹시 말이라도 몇 마디 섞어볼 수 있을까 하여 그녀의 단골 가게인 카페 드 플로르에 사람들이 밀려들었다.

시몬은 기뻤지만 안주하고 싶지 않았다. 이미 새 소설《타인의 피》를 쓰기 시작한 참이었다. 시몬 스스로는 이 시기를 "도덕적 시기"[41]라고 불렀다. 두 권의 소설,《타인의 피》와《모든 사람은 죽는다》를 비롯해 신문 사설과 철학 에세이, 유일한 희곡《불필요한 입들》이 이 시기에 쓰인 작품들이다. 제2차 대전을 배경으로 시몬은 도덕 찾기에 초점을 맞추었다. "이제 더는 즉흥적이어서는 안 된다. 따라서 내 원칙과 목표에 대해 자문해야 한다."[42]

그랬기에《타인의 피》는 무척 힘들게 쓴 작품이다. 줄거리의 핵심은 점령당한 파리의 두 연인이지만 시몬은 그 뼈대에 실존주의적 상부구조를 덧입히고자 했다. 소설에서 장은 스스로를 집단의 일부로 느끼고 타인에 대한 책임을 떠안지만 엘렌은 생각이 전혀 달라서 자신이 원하는 것만 하려 한다. 하지만 장을 통해 개인으로서 타인에게 책임이 있음을 깨닫고 레지스탕스에 들어간다. 자유는 책임을 의미하기도 한다는 사실과 구체적 참여를 다룬 작품이지만 시몬이 평소 좋아하던 "타인"도 소설의 한 주제다. 개인의 경험과 보편적 현실은 서로 어떤 관계인가? 자유는 모든 인간에게 실존의 근간이지만 이 개인의 자유가 타인의 자유와 만날 경우 무슨 일이 일어날까? 시몬은 개인의 행위가 타인에게 미치는 영향을 보여주고 싶었다. 노력하지 않고 행동하지 않는 것 역시 하나의 선택이다. 행동하지 않는 것 또한 행동이기 때문이다.

"우리가 거대한 개미집에 사는 한 마리 개미에 불과하다고 믿는다면 우리는 물론 아무것도 바꿀 수 없을 것이다. 그렇다고 내가 양팔을 활짝 펼치면 나치의 진군을 막을 수 있다는 말을 하는 것도 아니다. … 하지만 모두가 팔을 활짝 펼친다면 … 우리 모두에게는 그럴 책임이 있다. 그러나 모두는 각자를 의미한다 …"[43]

《타인의 피》몇 군데에서는 이런 원칙이 약간 광고하듯, 교화하듯 설파된다. 이것도 "도덕적 시기"의 특징이다. 1945년 출간 당시 이 책은 저항운동 소설로 분류되어 칭송받았다. 시몬은 언제나 그렇듯 자아 비판적 태도를 취했고, 자신의 주인공들이 "밀도"가 너무 낮고, "도덕적 입장"을 통해서만 정의된다고[44] 비판했다. 그때부터 그녀를 따라다닌 "실존주의적"이라는 꼬리표에 대해서도 불만이 많았지만 그럼에도 소설의 성공은 기쁜 일이었다.

양대 진영 사이에서

시몬이 해냈다. 마침내 작가가 되었다. 안 그래도 전쟁 중 교사 자리를 잃은 참이어서 (비시 정부의 입장에서 그녀는 애국심이 투철한 교사도 아니고 보수적 가치를 대변하는 교사도 아니었다) 그녀는 오직 글쓰기에 몰두했다. 갑자기 주제 찾기가 예전처럼 힘들지 않았다. 왜 그랬을까? 일단 예전보다 글쓰기 실력이 성장했고 자신감이 커졌다. 훈련이 달인을 만든다고 하지 않던가! 그러나 그보다 더 중요한 것은 제2차 대전이었다. "선전포고 이후 사물들이 더는 당연하지 않게 되었다. 불행이 세상을 덮쳤다. 문학은 숨 쉬는 공기처럼 필수품이 되었다."[45] 책에서 시급한 질문의 답을 찾지 못하거나 자신을 발견하지 못할 때면 시몬은 언제나 펜을 들었다. 글쓰기는 자아 탐구이자 탐색이었다.

연이어 소설(《모든 인간은 죽는다》(1946), 《아름다운 영상》(1966) 등)과 에세이(《제2의 성》(1949)), 여행기(《아메리카의 일상》(1950) 등), 단편집 (《위기의 여자》(1967)), 방대한 회고록이 세상에 나왔다. 시몬에게 진짜 유명세를 안겨준 작품은 1949년에 나온 《제2의 성》이었다. 유명세와 악명을 동시에 안겨준 작품이었다. 팬도 많았지만 적도 많았다. 사실 《제2의 성》은 우연의 산물이었다. 미셸 레리스의 《성년》을 읽고 큰 감명을 받아서 자신의 어린 시절 이야기를 써보려다가 자신의 어린 시절은 여성의 어린 시절이었다는 사실을 깨닫게 된 것이다. 자기 이야기를 하려면 여성 일반의 이야기를 할 수밖에 없었다. 덕분에 회고록 프로젝트는 잠시 보류되었다. 그 잠시가 거의 10년이나 이어졌지만 말이다.

미셸 레리스
민속학자, 작가, 롤 모델

이 남자는 다양성의 상징이다. 미셸 레리스. 부르주아 집안에서 태어나 부모의 강요로 화학을 전공했지만 민속학자, 작가, 편집자, 문화비평가, 철학자가 된 인물. 화학은 일찌감치 포기하고 파리의 초현실주의자들과 어울렸던 그는 1929년부터 지식인 문화 잡지 《도퀴망Documents》에서 일했고, 1931년에는 연구단 다카르지부티에 합류해 아프리카로 건너갔다. 그가 맡은 일은 여행 기록이었지만 그가 쓴 기록은 일기와 더 닮았다. 이 글은 1934년 《유령 같은 아프리카*Phantom Afrika*》라는 제목으로 출간되었다. 이 책은 민속학적 관찰과 개인의 체험이 문학적으로 뒤섞인 작품이다. 미셸은 글쓰기에 사명감을 느꼈지만 계획했던 자서전 《성년》은 좀처럼 진척이 없었다. 결국 그는 1929년부터 1935년까지 정신분석을 받았다. 1939년 드디어 출간된 《성년》은 자서전이라는 케케묵은 장르를 새롭게 정의했다. 자신을 조사 대상으로 삼아 민속·인류학적 방법으로 분석한 것이다.

시몬은 《성년》을 읽고 감동해 회고록 집필의 뜻을 품었다. 물론 그 계획은 《제2의 성》이라는 뜻하지 않은 위대한 작품을 탄생시켰지만 말이다. 시몬에게 미셸은 문학적 롤 모델이었다. 따라서 마침내 그를 직접 만나게 되자 시몬은 무척 기뻤다.

1943년 시몬과 사르트르, 루이즈 "제티" 레리스와 미셸 레리스 부부는 친구가 되었다. 레리스의 집에서 시몬은 파블로 피카소와 정신분석가 자크 라캉을 만났다. 레리스 부부는 '파리의 명사들'과 친분을 쌓아 친구들을 자주 집으로 불러 함께 식사했다. 1944년 피카소의 첫 희곡 리허설이 열린 곳도 그들의 집이었다. 그 자리에는 사르트르와 시몬, 라캉과 카뮈도 참석했다. 직업상 혼자 있는 시간이 많았던 시몬은 레리스 부부의 개방적인 삶에 감동했다. 미셸은 물론이고 제티에게서도 깊은 인상을 받았다. 시몬은 미셸의 문학적 재능과 제티의 총명함과 매력에 흠뻑 빠졌다.

제2차 대전 중 두 사람은 유대인들을 숨겨주었고 숨어 지내는 화가들을 도왔다. 미셸은 거기서 멈추지 않고 저항단체 인류 박물관 그룹Groupe du Musée de l'Homme에서도 활동했다. 그는 사르트르의 참여문학 이론에 많은 영향을 받아 전후 《레 탕 모데른》의 창간에도 동참했으며 시몬, 사르트르와 함께 알제리 독립운동에도 뛰어들었다. 하지만 뭐니 뭐니 해도 그의 가장 큰 업적은 글쓰기였다. 그의 삶은 쉴 새 없는 자기 심문이었다. 그는 다양한 장르를 넘나들었고 민속학적 관심을 잃지 않았으며 어떤 일이 있어도 늘 고민하고 사색했다. 미셸은 꼼꼼하게 관찰했고, 위대한 사상보다는 사회의 단면에 더 관심을 쏟았다. 그는 항상 빈 곳을 의미로 채우려 했고 언제나 매우 거대한 질문을 던졌다. 문학은 자기 보존이요 자기탐구였고, 그 점이 그가 시몬과 닮은 점이었다.

1954년에 출간되어 같은 해 공쿠르상을 받은 소설 《레 망다랭》으로 시몬은 비평계와 대중의 인정을 모두 받았다. 그러나 작정하고 집필을 시작하기까지 아이디어 짜는 데에만 몇 달이 걸린 소설이었다. 새로운 것을 시작하기가 겁났다. 1946년 《모든 인간은 죽는다》가 출간된 후 그녀는 온갖 비판에 시달렸고 《제2의 성》으로는 악평과 호평을 동시에 받았다. 시몬은 괴로워했다. 글을 썼다 지우고 다시 처음부터 시작했다. 잘 될 거라는 희망이 없었다. 평소와 달리 계획 중인 소설을 사르트르에게도 보여주지 않았다. 전후 프랑스 지식인들의 상황이라는 주제는 늘 마음에 있었고 그녀의 감성을 건드렸다. 따지고 보면 그녀도 그중 하나였다.

"나의 사생활을 엉망으로 만들었고 《초대받은 여자》에 영감을 주었던 과거의 좌절에도 그랬듯 나는 지금 내 어릴 적 경험에도 똑같이 반응해 그 경험을 말로 구원하자고 마음먹었다. … 1944년 8월에 내가 깨어났던 세상의 다채롭고 무상한 의미는 소설로만 밝힐 수 있다는 생각이 들었다. 움직임을 멈추지 않았던 세상, 무상에 휩쓸린 세상."[46]

냉전으로 세계는 양분되었다. 미국을 필두로 한 서구권과 소련을 우두머리로 한 동구권으로 나뉘었다. 프랑스 좌파들은 공산주의와 반공산주의로 분열되었다. 좌파 진영의 주도권은 프랑스 공산당이 쥐고 있었고 이들은 다양한 사회주의 좌익 유파들과 국제 노동자 동맹 프랑스 지부(현 사회주의당의 전신)와 경쟁했다. 이 노선을 따라 지식인들도 분열되었다. 레지스탕스는 통합된 운동으로 성장하지 못했고 시몬을 비롯한 많은 좌파들은 환멸을 느꼈다. 전후 탄생한 프랑스 제4공화국은 불안했고 몇 달 간격으로 정부가 교체되었다. 그마저 보수파가 다수를 차지했고 시몬은 이런 현실을 "승리한 부르주아 정권의 귀환"[47]으로 느꼈다.

《레 망다랭》은 1940년대 프랑스 지식인들이 봉착한 딜레마를 가공한 작품이다. 제목 "망다랭"은 고대 중국의 고관대작을 의미한다. 이 망다랭처럼 전후 파리의 좌파 지식인들도 엘리트화했고 어떤 의미에선 나머지 국민들과 연이 끊어졌다. 소설의 기본 정조는 우수와 실망이다. 《타인의 피》와 비슷하게 자신의 책임과는 전혀 다른 상황에서 선택한 것을 주제로 삼는다. 레지스탕스 시절에는 뭔가 영웅적인 것이 있었다. 선과 악, 옳고 그름이 어린 시절 읽었던 책에서처럼 명확히 구분됐다. 하지만 1940년대 프랑스 상황은 전혀 그렇지 않았다. 옳고 그름을 간단히 구분할 수 없었다. 지식인들은 행동 의지, 비효율성, 무익함, 정신적 고결성과 자유의 상실을 오가며 괴로워했다. 시몬은 이런 갈등을 다양한 인물들을 통해 생생하게 그려냈다.

스토리 자체는 기자이자 작가이며 한때 저항 투사였던 앙리 페롱과 정신분석가 안느 뒤브릴의 시점을 오가며 서술된다. 안느는 스무 살이나 연상인 유명 철학자 로베르 뒤브릴과 결혼했고, 두 사람의 딸 나딘은 이미 성년이다. 여기에 어느 정도 각색을 가미한 수많은 조연들이 합류한다. 앙리와 로베르의 갈등 역시 기본 줄거리 중 하나다. 앙리는 정치적, 지적 독립을 유지하려 하지만 로베르는 그와 그가 발행하는 잡지 《에스프아르*Espoir*》를 비공산주의 독립 좌파의 프로젝트에 끌어들이려고 한다. 안느 역시 아버지뻘인 로베르와의 결혼 생활이 불행하다. 안느는 이 상황에서 벗어날 방도를 찾아 미국 남자와 관계를 맺지만 고독하기는 마찬가지다.

《레 망다랭》은 많은 질문을 던진다. 양심의 갈등, 생각과 행동의 분열, 참여와 진정성, "옳은 일"을 하겠다는 마음에 대해 묻는다. 그래서 앙리는 문학의 힘이 무엇이며 누가 읽을 것인지 거듭 자문한다. 등장인물과 그들의 다양한 관계는 프랑스 지식인 세계에서 벌어지는 각종 토론과 대결을 그대로 담아낸 조밀한 파노라마다.

> "하지만 나는 무엇보다도 문학의 영역에서 나의 자유를 활용했다. 글을 쓸 때는 이렇게 된 지금의 나에게서 출발하지만 글쓰기는 매번 새로운 출발이다."[48]

《레 망다랭》은 등장인물들이 실존인물과 일치하는 실화소설로 자주 언급된다. 로베르 뒤브릴은 장 폴 사르트르이며 앙리 페롱은 알베르 카뮈, 안느 뒤브릴은 시몬의 문학적 버전이라는 이야기가 많다. 시몬 자신은 그런 해석에 고개를 저었다. 물론 그녀는 "우리를 대변하는 수많은 인물을 창조했고"[49] 자신과 친구, 지인들에게 영감을 얻기는 했다. 특히 넬슨 올그런은 자신의 분신 루이 브로간을 용납하지 못했다. 하지만 몇 가지 특징은 같다 해도 사르트르와 카뮈를 그대로 베꼈다고는 말할 수 없다. 또 소설이 제2차 대전 후 프랑스에서 일어난 사건들의 정확한 연표인 것도 아니다. "문학이 얼마나, 어떻게 주어진 사실에서 자극받았는지는 중요하지 않다. 사실을 불태워 다른 형태로 부활시킬 때에만 소설은 탄생할 수 있다."[50]

《레 망다랭》이 정치 선전을 목적으로 쓴 경향소설이라는 해석에도 시몬은 반발했다. 그런 소설은 "다른 모든 것을 가리며 끝없는 의혹의 순환을 멈춰 세우는 하나의 진실을 대변하기"[51] 때문이다." 시몬은 자신이 제기한 문제에 대해 어떤 해답도 제시하지 않았다. 그 결과 소설은 프랑스의 뇌관을 건드렸다. 출간된 지 한 달 만에 프랑스에서 4만 부가 팔렸다. 공쿠르상 후보에도 올랐지만 마흔일곱 살의 시몬은 그런 명예로운 상을 타기에 자신의 나이가 너무 많다고 생각했다. 보통 그런 상은 "차세대 작가"들이 받았으니까. 물론 받고 싶지 않았다는 뜻은 아니었다. 공쿠르상을 타면 상금은 없어도 책이 많이 팔리기 때문에 수입이 좋았다. 시몬도 많은 사람들에게 읽히고 싶었고 돈을 벌고 싶었다. 마침내 그녀가 상을 받았다. 벌어들인 돈으로 그녀는 파리 14구 쉘세르 거리(그녀가 태어났던 집에서 불과 몇 거리 떨어진 곳이었다)에 난생처음으로 집을 장만했고 그 집에서 세상을 뜰 때까지 살았다.

시몬이 넬슨 올그런에게 추천했던 책

시몬은 진짜 책벌레였다. 당연히 시카고 보이에게 이런저런 책을 권했다. 시몬은 올그런에게 편지를 쓸 때마다 온갖 책을 추천했는데 특히 현대문학이 많았다.

아서 쾨슬러의 《한낮의 어둠*Darkness at Noon*》
《한낮의 어둠》은 놀라운 작품이에요. 기차에서 하룻밤 만에 다 읽었는데 어찌나 재미있던지 한숨도 안 잤어요.[52]

다비드 루세의 《우리 죽음의 날*Les jours de notre mort*》
제 기억으로 언젠가 지나가는 투로 어떤 남자 이야기를 한 적이 있을 거예요. 부헨발트 수용소에서 3년을 살았고 그곳에 관한 정말로 훌륭한 책(최고의 책) 두 권을 썼다고 말예요.[53]

알베르 카뮈의 《페스트》
전부 다 동의하지는 않지만 그는 정말로 아름다운 프랑스어를 쓰죠. 책의 몇 부분은 정말 감동적이어서 심금을 울려요.[54]

장 주네의 《도둑 일기》

주네가 최근에 정말 뛰어난 책을 출간했어요. 몸을 팔았던 스페인에서의 어린 시절을 담은 책이에요. 혹독한 삶이죠.[55]

에른스트 폰 살로몬의 《설문지 *Der Fragebogen*》

소설이 아니라 어떤 이상하고 재미난 남자가 겪은 실제 체험 보고서예요. … 전후 모든 독일인이 답해야 하는 설문지 이야기죠. 문항이 131개나 돼요. 그는 모든 문항에 빠짐없이 답을 적고, 그런 방식으로 시대사 전체를 서술해낸답니다.[56]

존재화의 역사

새 집으로 이사한 시몬은 1956년 10월 다음 프로젝트에 착수했다. 회고록을 쓰기로 마음먹은 것이다. 하지만 회고록은 골치 아픈 작업이었다. 자신의 이야기, 특히 어린 시절 이야기를 꼭 쓰고 싶었지만 한편으로는 "나에 대해 그렇게 많은 이야기를 하는 것이 지나치다"[57]는 생각도 들었다. 글쓰기 과정 역시 만만치 않았다. 시몬은 훗날 누구나 자신에 대해 쓸 수 있다며 "삶의 기억은 붓만 갖다 대면 저절로 술술 흘러나온다"[58]고 믿는 독자들에게 화를 냈다. 시몬은 옛날 일기장과 신문 기사들을 읽으며 자신의 젊은 자아를 되돌아보기 시작했다.

"18개월 동안 부침하며 너무나 힘들었지만 한편으로는 즐겁게 죽은 자들을 열심히 깨웠다. 상상과 숙고와 기억을 똑같이 요구하는 작업이었기에 그것은 창작 활동이었다."[59]

실제로 시몬의 회고록은 서술과 구성이 정교한 일종의 픽션이기도 하다. 시몬 자신도 그 안에 모든 진실을 털어놓았다고 주장한 적이 없다. 심지어 두 번째 회고록《나이의 힘》시작 부분에서는 독자들에게 이런 경고도 했다. "나는 많은 것을 단호히 어둠속에 내버려둘 것이다."[60] 비밀을 발설하려는 것이 아니라 나름의 인생 이야기를 창작하고 싶었다. 첫 회고록《얌전한 처녀의 회상》에서 시몬은 자신을 환경과 가문의 속박을 풀고 자신의 길을 걸어가는 젊은 여성 영웅으로 소개한다. 가끔 가벼운 농담도 곁들이며, 유명해진 중년의 시몬은 허구의 젊은 자아와 거리를 둔다.

시몬은 자기 존재화의 철학적 기반을 제공한다. 그것은 바로 실존주의다. 그녀는 실존주의 용어를 이용해 자신의 성장 과정을 묘사했다. 대표적인 용어가 실존이다. "내게서 명망을 앗아버리고 그들의 세상에서 궁극적으로 나의 실존을 마련해줄 하나의 단어를 나는 정말로 애타게 기다렸다."[61] 또 하나의 용어가 의식이다. "어른들은 내 의지만 꺾은 것이 아니다. 나는 그들 개인 의식의 제물이 된 것 같은 느낌을 버릴 수 없었다."[62]

시몬은 작은 꼬마 숙녀가 어떻게 시몬 드 보부아르가 될 수 있었는지, 무엇이 이 여성에게 지대한 영향을 미쳤는지를 보여주었다. 이 책에서는 자자와의 우정이 큰 역할을 했다. 그동안 시몬은 죽은 친구에게 문학적 기념비를 세워주려고 무진 애를 썼지만 계속 실패했다. 그제야 자서전의 형태로 자자와 자자의 의미를 기념할 수 있게 되었다.《얌전한 처녀의 회상》은 자자의 죽음으로 끝을 맺는다. 자자의 죽음은 스물두 살의 시몬이 지나온 성장을 강조하고 그것을 자자의 운명과 강력하게 대비시킨다. 자유를 사랑하고 독립을 갈망하던 두 젊은 여성 중 한 사람만 환경의 사슬을 풀 수 있었다. 그것이 시몬의 집요한 메시지였다. 자유와 독립은 쟁취해야 하는 것이다! 그러자면 일상에서 내리는 수많은 작은 결정들에 책임을 져야 한다. 모든 선택은 이런저런 방향으로 내딛는 걸음이다. 모든 선택은 우리를 자유에 한 발 가까이 혹은 한 발 멀리 데려다놓는다.

1958년에 나온 《얌전한 처녀의 회상》은 큰 반향을 불러일으켰다. 지금도 비평가들은 시몬의 회고록을 가장 중요하고 가장 성공적인 작품으로 꼽는다. 시몬은 여성들에게 엄청난 편지를 받았다. 모두들 시몬에게 감사했다. 앞으로 이야기가 어떻게 흘러갈지 물어본 여성들도 많았다. 자자가 죽은 후 어떤 일이 일어났을까? 일종의 클리프행어*를 의도한 것은 아니었지만 그래도 자신의 추억을 향한 큰 관심이 기분 나쁘지는 않았다. 그래서 시몬은 회고록을 계속 쓰기로 마음먹었다. 그 결과 1960년에 《나이의 힘》이, 1963년에 《사물의 힘》이, 1972년에 《총결산》이 출간되었다. 《나이의 힘》은 출간 전에 이미 4만 부가 팔렸다. 시몬은 이름만 유명할 뿐 작품 자체는 별 볼일 없는 "베스트셀러 공장주"[63]가 된 것 같아 겁이 났다.

회고록이 잘 팔린 데에는 사르트르와 보부아르의 관계를 깊숙

---

* 극의 절정 단계로 관객의 긴장감 및 기대감을 극도로 고조시키는 순간이나 사건 혹은 그러한 기법을 사용한 영화.

이 들여다볼 수 있을 것이라는 기대도 한몫했다. 물론 은밀한 부분에 대해선 입을 다물었지만 그래도 어쨌든 유명한 "계약"의 탄생사는 세상에 공개됐다. 또 "좋은 집안의 딸"이 어렵게 쟁취한 자유와 독립으로 무엇을 했는지도 모두 알게 되었다. 그녀는 작가가 되었다. 회고록에서는 글쓰기 과정이 큰 역할을 한다. 글쓰기는 식은 죽 먹기도 아니고 그냥 날아온 재능도 아니다. 매번 힘든 노동이다. 시몬은 그 사실을 명확히 밝혔다. 그리고 글 쓰는 여성으로서 자신의 상황을 예리한 눈으로 평가했다.

"프랑스에서 여성이 글을 쓴다는 것은 자기 등을 내려칠 채찍을 장만하는 것과 같다. 특히 내 작품들이 출간되었던 시기 내 나이의 여성이라면 더욱 그렇다. 아주 젊은 여성에게는 빈정대며 아량을 베푼다. 나이 든 여성에게는 경의를 표한다. 하지만 처음의 상큼함은 가시고 연륜의 녹은 아직 생기지 않은 나이대의 여성이 입을 열 경우 개떼처럼 몰려들어 그녀에게 욕을 퍼붓는다."[64]

비올레트 르딕
작가이자 문학의 양녀

1947년 10월, 시몬은 넬슨 올그런에게 편지를 써서 "못생긴 여자"와 밥을 먹었다고 했다. "그녀는 혼자 사는데 속은 레즈비언이고 내가 아는 모든 여성들보다 훨씬 대담합니다. 말하는 내용도 대담하고 말하는 방식도 대담해요."[65]

시몬이 말한 여성은 작가 비올레트 르딕이었다. 카페 드 플로르에서 몇 차례 이야기를 나눈 적은 있지만 두 사람이 정식으로 소개받은 때는 1945년이었다. 비올레트는 존경하던 작가에게 성적 호감을 표했지만 시몬은 정중하게 거절했다. 그러나 비올레트의 소설 원고는 끝까지 읽어주었고 그녀의 잠재력을 금방 간파했다. 비올레트는 낙태와 양성애, 강박적 열정을 숨김없이 털어놓았고 자신과 자신의 경험을 있는 그대로 밝혔다.

시몬의 지지로 1946년 알베르 카뮈가 갈리마르에서 발행한 총서 《에스프아*Espoir*》에 그녀의 소설 《질식*L`Asphyxie*》이 포함되었다. 판매는 부진했지만 덕분에 나탈리 사로트와 장 주네 같은 작가들이 그녀에게 관심을 보였다. 그 후에도 시몬은 비올레트의 원고를 읽어주었고 경제적으로도 많은 도움을 베풀었다.

감정적이고 늘 사랑에 목마르며 쉽게 자기 연민에 빠지는 비올레트를 상대하기란 쉬운 일이 아니었다. 그녀는 어릴 때부터 열등감이 심했다. 외모도 출신도 열등감의 원인이었다. 돈 많은 부르주아 집안의 아들이었던 그녀의 아버지는 가정부이던 베르트가 낳은 딸을 자식으로 인정하지 않았다. 그래서 모녀는 극심한 가난에 허덕였다. 그러던 중 어머니까지 재혼해버리자 비올레트는 진짜로 사랑받지 못하는 외톨이가 된 기분에 사로잡혔다. 그래서인지 훗날 그녀는 늘 닿지 못할 사람을 사랑했다. 남성 동성애자(그중한 명과는 결혼하기도 했다)나 무관심한 여성들에게 사랑을 갈구했다. 1930년대 초부터 9년 동안은 한때 피아노 교사였던 두에 출신 여성과 파리에서 함께 살았다. 푼돈을 받고 플롱 출판사에서 일했고 광고 카피라이터로도 일했으며 가끔씩 라파예트 백화점에서 실크 스카프나 목걸이를 훔쳤다.

1944년《초대받은 여자》를 발견한 그녀는 작가가 자신과 비슷할 것이라고 추측했다. 시몬의 생각은 달랐지만 그래도 시몬은 비올레트의 뮤즈이자 가장 열정적인 독자였고 멘토이자 치어리더였다. 비올레트의 인생사를 담은 소설《사생아_La Bâtarde_》는 1964년 출간되자마자 베스트셀러가 되었고 공쿠르상 후보로 거론되기도 했다. 시몬은 따뜻한 마음과 풍부한 지식을 담아 추천사를 써주었다. 그 작품은 비올레트의 다른 작품들과 마찬가지로 너무나 솔직했고 그래서 마음을 어지럽힌다. 시몬이 생각한 비올레트는 진정성 있는 여성의 경험을 몸으로 구현했고 혹독하게 싸워 자유를 얻어낸 여성이었다.

하지만 사실 그녀는 그렇게 자유롭지 못했다. 그녀는 편집증과 우울증에 시달렸다. 그녀의 문학 역시 완전히 자유롭지는 못했다. 소설《대재난_Ravages_》은 1955년 심한 검열을 거친 후 출간되었고 1966년에 나온《테레즈와 이자벨_Thérèse et Isabelle_》도 같은 운명을 겪었다. 자신의 성생활을 솔직하게 기록한 여성은 당시 프랑스의 시대정신이 감당하기에는 너무 급진적이었다.

자유의 글쓰기

시몬이 작가의 길을 택한 데에는 철학과 달리 문학에는 여성 롤모델이 있다는 사실이 중요하게 작용했다. "여성이기에 나는 … 이꼭대기가 고독한 고원보다 훨씬 더 친근했다. 나의 자매 중에서 제일 유명한 이들은 문학에서 두각을 드러냈다."[66] 시몬은 글을 써서 자유를 얻었다. 자기 이야기의 주인공이 되었다. 세상을 자기 손아귀에 쥐는 여성 주인공, 자유를 책임으로 해석하는 여성 주인공이 되었다. 물론 유명 작가의 길이 쉽지만은 않았다. 글쓰기는 스스로 짊어진 고단한 의무라는 사실을 날이 갈수록 확실히 느꼈다. "내 작품은 연구와 해독, 끈기와 투쟁, 노동을 요구했다."[67]

하지만 시몬은 글쓰기라는 목표를 놓친 적이 없다. 자신을 경험할 수 있게 만들고 자신의 문제를 지칭하고 토론하고자 했다. 1959년 회고록 집필을 시작하기 전부터 시몬은 과거의 자기 탐구를 되돌아보았다. 일기장을 들여다보고 예전에 썼던 소설과 에세이, 단편소설을 다시 꺼내 읽었다. 거기에는 너무나 많은 자신이, 진리를 독자에게 알리겠다는 너무도 큰 의지가 담겨 있었다.

"신비화를 제거하고 진실을 말하는 것은 내가 모든 책에서 끈질기게 추구했던 목표 중 하나다. 이 끈기는 어린 시절로 거슬러 올라간다. 나는 여동생과 내가 '어리석은 짓'이라고 불렀던 것들을 싫어했다. 우리는 편견과 습관, 기만과 무의미한 규정으로 삶과 삶의 기쁨을 질식시키는 방식을 '어리석은 짓'이라고 불렀다. 나는 이런 억압에서 벗어나고자 했고 이런 억압을 가차 없이 까발리자고 굳게 결심했다."[68]

실제로 시몬은 책을 읽고 쓰면서 이런 억압에서 탈출했다. 그리고 꿈을 이루었다. 책을 통해 불멸이 되고 인정받고 싶던 그녀의 꿈은 현실이 되었다. 물론 시몬은 자신이 가진 문학적 재능의 한계를 누구보다 잘 알았다. "나는 대문호가 되지 못했다."[69] 회고록의 마지막 권인《총결산》의 끝에서 그녀는 이렇게 말했다. 자신은 버지니아 울프가 아니며, "오색영롱한 감정의 놀이를 다시 살려내는"[70] 프루스트가 아니라고. 하지만 애당초 그럴 뜻도 없었다. "내 자신의 삶을 내가 어떻게 느끼는지 직접 알려줌으로써 나는 나를 타인에게 실존하도록 만들고 싶었다."[71] 그녀의 글쓰기에는 그것 말고도 또 하나의 목적이 있었다. 그녀는 세상에 영향을 미치고 싶었다. 가능하다면 세상을 더 나은 곳으로 바꾸고 싶었다. 글쓰기는 그녀의 참여 방식이었다.

시몬의 책에 대한 한 줄 평

시몬의 소설과 단편소설을 한 줄로 평하면,

《초대받은 여자》(1943): 1930년대 파리에서 펼쳐진 운명적 삼각관계(혹은 셋은 너무 많아).

《타인의 피》(1945): 확신에 찬 개인주의자가 사랑과 레지스탕스를 통해 연대를 깨닫다.

《모든 인간은 죽는다》(1946): 불멸의 존재가 자신의 삶에 의미를 부여하려 노력하다.

《레 망다랭》(1954): 1940년대 파리 지식인 세계의 대혼란.

《아름다운 영상》(1966): 자아를 찾아 나선 현대 여성.

《위기의 여자》(1967): 절망의 벼랑 끝에 선 중년 여성.

《창백한 정신의 계절》(1979): 절망의 벼랑에 선 젊은 여성들(혹은 소녀는 아니지만 아직 여자는 아니야).

5부 ◆ 행동

"지상은 내게 다른 얼굴을 드러냈다.
폭력이 풀려났다.
부정과 어리석음, 분노와 공포가."[1]

연표

1933년	독일에서 히틀러가 권력을 장악하다.
1936년	스페인 내전이 터지다.
	프랑스 선거에서 인민전선이 승리하다.
1939년	히틀러가 폴란드로 진격하다.
	프랑스가 독일에 선전포고를 하다.
	사르트르가 징집되어 낭시의 기상청에서 일하다.
	스페인 내전이 끝나다.
1940년 6월	독일이 파리를 점령하다.
7월	비시 프랑스국이 건국되다.
	사르트르가 독일군 포로수용소에 갇히다.
1941년	사르트르가 석방되어 돌아오다.
	저항단체 사회주의와 자유를 조직하다.
1943년	시몬이 교사직을 잃다.
	알베르 카뮈를 만나다.
1943년~44년	시몬이 프랑스 국영방송에서 프로듀서로 일하다.
1944년	파리가 해방되다.
1945년	제2차 대전이 끝나다.
	《타인의 피》가 출간되다.
	《불필요한 입들》이 초연되다.
	사르트르가 《레 탕 모데른》을 창간하다.
	브라지야크 재판이 열리다.

1946년	프랑스 제4공화국이 시작되다.
	인도차이나 전쟁이 발발하다.
	시몬이 튀니지 여행을 하다.
1947년	시몬이 미국 여행을 하다.
	《애매함의 도덕에 대하여》가 출간되다.
1948년	《아메리카의 일상》이 출간되다.
1954년	인도차이나 전쟁이 끝나다.
	알제리 전쟁이 시작되다.
1955년	시몬과 사르트르가 중국을 여행하다.
1958년	프랑스 제4공화국이 막을 내리다.
1959년	샤를 드골이 제5공화국의 대통령으로 선출되다.
1960년	시몬과 사르트르가 쿠바와 브라질을 여행하다.
	시몬과 사르트르가 〈121명 시국선언〉에 서명하다.
	시몬이 지젤 알리미를 만나다.
	시몬이 자밀라 부파차를 위해 물심양면으로 노력하다.
1962년	《자밀라 부파차》가 출간되다.
	알제리 전쟁이 끝나다.
	(1966년까지) 해마다 소련을 방문하다.
1967년	시몬과 사르트르가 러셀 민간 법정에 참여하다.
1968년	파리 학생운동이 시작되다.
	'프라하의 봄'이 일어나다.

—

책 표지의 젊은 여성이 큰 눈으로 바라본다. 진지하고 차분하다. 그녀의 이름은 자밀라 부파차다. 스물네 살의 여성은 알제리 독립을 위해 싸운 민족해방전선의 첩보원이다. 알제리 전쟁 중 그녀는 프랑스 군인에게 고문과 성폭행을 당했다. 부파차의 변호사 지젤 알리미가 1962년 《자밀라 부파차》라는 제목의 책에서 알린 사실이다. 시몬은 그 책에 추천사를 썼다. 그 일이 부파차 혼자 겪은 운 나쁜 사고가 아니라는 사실을 그녀는 잘 알았다. 프랑스군은 체계적으로 인권을 유린했다. 시몬은 프랑스인들에게 행동을 촉구했다.

"가는 곳마다 당신은 진실을 마주합니다. 이젠 '난 몰랐어'라는 핑계로 빠져나갈 수 없습니다. 아직도 아무것도 모르는 양 행동할 수 있습니까? 몇 차례 악어의 눈물이면 족하다고 생각하십니까? 그러지 않기를 바랍니다."[2]

시몬의 호소가 열정적이었던 데는 그동안 자신 역시 비정치적이고 소극적인 자세로 일관했다는 자책도 한몫했다. 오랫동안 그녀는 정치에 적극적인 관심을 보이지도 행동하지도 않았다. 그리고 이제 그 과거를 후회했다.

순진한 태평세월

1930년대, 이십대 중반의 시몬은 한마디로 요약할 수 있다. 그녀는 순진했다. 사르트르 역시 시몬보다 조금 더 정치에 관심을 보이기는 했지만 크게 다르지 않았다. 두 사람은 급진적 자유 정도면 삶의 원칙으로 충분하다고 생각했다. "우리의 삶은 바라는 대로 흘러갔으므로 우리는 그것이 스스로의 선택이라고 생각했다. 그래서 앞으로도 삶의 주도권은 우리 손에 있을 것이라고 생각했다."³ 시몬과 사르트르는 모든 것과 동떨어져 있었다. 지역, 국가, 계급, 직업, 세대와 상관없이 살 수 있다고 믿었다. 그들은 그냥 그들이었다.

그들의 태도는 개인주의적이었고 무정부적이었다. 어떤 틀에도 갇히고 싶지 않았고 책임져야 할 것은 오직 자신뿐이며 "도덕"이라는 말을 들으면 하품을 했다. 자기 나름의 규칙을 만들면 되지 무엇 하러 기존의 법에 복종한단 말인가? 자유 만세! 하지만 종교 교육의 결과였던 교만한 도덕주의를 버리지 못해서 남들에게 까다로운 요구를 해댔다. 두 사람은 다른 사람들을 능력과 행동에 따라 평가했지만 모든 인간이 똑같이 행동의 자유를 누릴 수 있는 것은 아니라는 사실을 망각했다. 훗날 시몬은 가차 없이 자신을 비판했다.

"그래서 우리의 도덕은 이상적이고 부르주아적이었다. 우리는 인간 일반을 이해했다고 착각했다. 결별했다고 믿었지만 사실은 여전히 특권 계층에 속해 있음을 그런 식으로 자신도 모르는 사이에 선언했던 것이다."⁴

두 부르주아지는 무사태평을 주체적 자유와 헷갈렸다. 세계와 그 근본 구조에 대해서는 아는 것이 없었다. 정치 조직에 가입한다는 것은 생각조차 해본 적 없었다. 공산주의가 매력적이긴 했지만 두 사람은 그럴싸한 평계를 찾아냈다. 그 모든 것은 프롤레타리아트의 일이니 자신들의 투쟁이 아니라고 말이다. 정확히 말하면 두 사람은 그 무엇도 "그들의 일"이라고 생각하지 않았다. 사르트르는 투표하지 않았고 시몬은 여성에게 투표권이 없는 것을 전혀 문제 삼지 않았다. 젊은 커플은 현실 저 위 허공을 떠돌았고 유럽에서 파시즘이 승전보를 울려도 전혀 경각심을 갖지 못했다.

1933년 1월, 히틀러가 독일 권력을 장악하고 빛의 속도로 바이마르 공화국을 독재국가로 탈바꿈시켰다. 이웃 나라 프랑스는 1931년부터 이어진 경제 위기의 여파로 신음했고 국내 정치도 불안했다. 1934년 2월의 반의회 가두 투쟁에는 파시즘 운동 단체 불의 십자단*이 참가했고, 총리 에두아르 달라디에가 물러났다. 1936년 사회주의자, 공산주의자, 급진 사회주의자들로 구성된 인민전선이 의회 선거에서 승리했다. 프랑스 정부는 히틀러의 국가사회주의 정권에 유화 정책을 폈고, 1936년에서 1939년까지 이어졌던 스페인 내전에도 명확한 입장을 취하지 않았다.

이런 일련의 사건에도 시몬은 무관심했다. 전쟁이 터질 수도 있다는 생각 자체를 하지 않으려고 했다. 다만 스페인 내전에 대해서는 마음이 편치 않았다. 제일 친한 친구 중 하나이자 스테파의 남편이었던 화가 페르난도 제라시가 스페인 사람이었기 때문이다. "스페인보다 가까운 나라는 없었다."[5]

지리적으로 보면 독일도 스페인 못지않게 가까웠지만 그곳의 상황은 무시했고 중요하다고 생각하지 않았다. 사르트르는 심지어 1933년에서 1934년까지 1년을 베를린의 프랑스 문화원에서 지냈지만 나치 정권이 위험하다고 생각하지 않았다. 시몬과 사르트르는 현실에 눈감고 앞으로도 세계사가 자신들 뜻대로 흘러가

---

* 제1차 세계대전(1914~1918) 당시 십자훈장을 받았던 재향군인들이 1927년 조직한 파시즘 성향의 프랑스 우익 정치단체.

리라 굳게 믿었다. 하지만 소용없었다.

1939년 9월 1일 히틀러가 폴란드로 진군했고, 폴란드와 조약을 맺었던 프랑스는 9월 3일 독일에 선전포고했다. 처음에는 전쟁 준비가 부족한 프랑스가 수세에 몰렸고 곧 "앉은뱅이 전쟁"* 상태에 빠졌다. 하지만 1940년 5월 10일 독일군은 네덜란드, 벨기에, 룩셈부르크, 북프랑스를 공격하기 시작했다. 네덜란드와 벨기에는 곧바로 항복했고 독일군은 파리로 진격해 1940년 6월 14일, 파리를 점령했다.

프랑스 총리 폴 레노가 실각하고 대통령 알베르 르브룅이 필리프 페탱 원수에게 정부 구성과 휴전 협상을 부탁했다. 6월 22일 휴전협정에 서명하면서 프랑스는 사실상 히틀러의 조건을 전부 다 수락했다. 프랑스 북부와 서부 전체가 독일의 점령 지역으로 들어갔다. 몇 주 만에 프랑스 제3공화국의 정체 체제가 완전히 붕괴했다. 페탱은 1940년 7월 11일에 비시 프랑스국을 세웠다. 그는 제1차 대전 당시 베르됭 전투를 승리로 이끌어 민족 영웅으로 추앙받는 인물이었다. 많은 프랑스인들이 그가 프랑스를 위해 최선을 다할 것이라 믿었다. 그러나 페탱도 그가 세운 비시 정권도 나치 정권에 부역하는 것이 프랑스를 위한 최선이라고 생각했다. 페탱은 늘 프랑스 국민의 고통을 줄이는 것이 자신의 유일한 목표라고 강조했다. 하지만 이 숭고한 의도도 소용없었다. 전쟁이 끝나고 그는 종신형을 선고받았다.

---

* 가만히 앉아서 바라보는 것처럼 전혀 진척이 없는 전쟁이라는 뜻으로 프랑스 사람들은 이를 '이상한 전쟁'이라고 불렀다.

소위 혁명이라는 것

점령당한 파리에서 시몬은 더는 정치 현실에 눈감을 수 없었다. 전쟁은 개인에게도 큰 타격을 주었기 때문이다. 사르트르는 1939년 9월 징집되었고 시몬의 애인 자크로랑 보스트도 끌려갔다. 사르트르는 불행 중 다행으로 기상청에서 근무했기 때문에 실제 전투에는 참여하지 않았다. 하지만 보스트는 최전방에서 싸우다 부상당했고 훗날 그 공을 인정받아 무공 십자훈장을 받았다. 사르트르의 오랜 친구 폴 니장은 1940년 5월 23일 됭케르크에서 전사했다. 겨우 서른여섯 살이었다. 그 소식을 들은 시몬은 카페 화장실에 가서 토했다.[6]

현실이 발목을 잡았지만 그래도 시몬은 파리에서 전과 다름없이 살아보려 애썼다. 물론 쉽지 않았다. 생필품은 빠듯했고 와인 같은 사치품은 귀했다. 거의 매일 상점 앞에서 배급표를 들고 긴 줄에 서 있었다. 난생처음 요리도 했다. 지금껏 그녀는 카페나 식당에서 밥을 먹었다. 급진적 자유에는 요리 같은 전형적인 여성 노동에서의 자유도 포함되었으니까. 하지만 이제 그녀는 구질구질한 호텔에서 영양가 없는 식재료로 음식을 만들어 친구, 지인들과 나누어 먹었다. 비누도 귀했고 따뜻한 물도 나오지 않았다. 시몬은 떡진 머리를 감추기 위해 터번을 둘렀다. 아이러니하게도 훗날 그 터번은 그녀의 트레이드마크가 되었다. 시내엔 독일군이 우글거렸고 시몬은 독일군이 죽치고 있는 카페와 술집을 피했다. 하지만 어디를 가나 나치 문장이 휘날렸고 점령당한 도시의 암울한 분위기는 피할 수 없었다. 시몬은 분노와 슬픔 사이를 오갔다. 파시즘을 정말로 증오했기 때문이다.

"낙관주의자였다면 파시즘을 시민 자유주의로 가는 필수 안티 테제라고, 우리가 바라는 진테제로 가는 길의 한 단계라고 생각할 수도 있었을 것이다. 하지만 언젠가 파시즘을 극복하기 위해서는 먼저 그것을 거부할 필요가 있었다. 그 어떤 철학도 파시즘을 긍정하도록 나를 설득할 수는 없었을 것이다. 파시즘은 내 삶의 바탕이 된 모든 가치에 위배되었다."[7]

권위적인 비시 정권도, 민족혁명으로 프랑스 "국민 통합"을 이루고야 말겠다는 페탱도 혐오스럽기는 마찬가지였다. 이른바 민족혁명이란 것이 결국엔 노동, 가족, 조국의 구호를 따라 전통적 가치로 돌아가자는 것이었으니 말이다. 자유, 평등, 박애는 끝났다. 여학생들에게 출산율 증진을 독려하라는 회람이 교사들 사이에 돌았다. 여성이 아이 낳는 기계는 아니지 않은가! 이런 생각 탓에 훗날 시몬은 정부와 직접적인 갈등을 겪기도 했다.

1940년 가을, 시몬은 유대인도 아니고 프리메이슨도 아니라는 진술서에 서명했다. 직장을 잃지 않기 위해 어쩔 수 없이 받아들인 타협이었다.[8] 하지만 여전히 주변 사건에 관심을 가지기 보다는 자신과 사르트르와 보스트를 걱정하느라 바빴다.

한때 제자였다가 친구가 된 비앙카 비넨펠트의 운명에 대해선 이상하리만치 냉담했다. 유대인이었던 비앙카는 전쟁이 터지자 미국으로 건너가기 위해 애썼지만 실패하고 말았다. 프랑스의 유대인들은 불안에 떨었다. 무슨 일이 벌어질지 그 누구도 알 수 없었다. 비앙카는 겁에 질려 미국 시민권자와 결혼해서 미국으로 도망치면 어떨까 고민했다. 시몬은 비앙카의 어려움을 보고도 냉담했고, 심지어는 1940년 3월 사르트르에게 보낸 편지에서 그녀를 조롱하기까지 했다. "기분 전환을 위해 카산드라처럼 점을 치기도 하고 강제수용소와 자살을 두고 고민하다가 자살을 택하기도 합니다. 그것이 자신의 운명이라고 느낀다고 하더군요."[9]

비앙카와 다른 유대인들의 상황이 얼마나 심각한지 이해할 수도 없었고, 이해하려고도 하지 않았다. 그랬다. 당시 프랑스 사람들은 체계적인 유대인 학살에 대해 정확히 몰랐다. 시몬이 '강제수용소'의 의미를 몰랐을 가능성도 매우 높다.[10] 아무리 그랬어도 비앙카에 대한 태도는 지나치게 무관심하고 시니컬했다. 시몬의 회고록을 보면 전혀 다른 내용이 담겨 있다. 거기에는 시몬이 비앙카를 엄청나게 걱정했다고 적혀 있다. 훗날 그녀는 공개적으로 자신의 태도를 후회했다.[11] 자아비판 능력은 그녀의 가장 큰 장점 중 하나였으니까. 꼭 회고록이 아니어도 그녀는 자아비판을 잘했다.

무위에서 참여로

점령당한 파리에서 시몬은 외롭고 쓸쓸했다. 많은 친구가 바다 건너 미국으로 도망쳤고 니장은 죽었으며 사르트르는 포로수용소에 잡혔고 보스트는 전선에서 싸우고 있었다. 다른 이들은 저항운동에 합류했지만 시몬은 어쩔 줄 몰랐다. "사르트르의 인도 없이 무엇을 할 수 있을지 혹은 무엇을 해야 할지 감을 잡을 수 없었다."[12] 지성의 길잡이가 필요했다.

시몬은 점령당한 파리의 혹독한 생활 여건에 적응하고 하루 일과를 정해 엄격하게 지키면서 그 상황에서 벗어나기 위해 최선을 다했다. 학교나 카페, 도서관에서 일하고 저녁에는 친구들을 만나고 일주일에 한 번은 부모님을 찾아 함께 식사했다. 온 세상이 전쟁의 혼돈에 빠진 그런 때일수록 정해진 일과가 큰 도움이 되었다. "나는 전쟁의 와중에 제자리를 잡았고 전쟁도 파리에 자리를 잡았다."[13]

1941년 3월에 사르트르가 갑자기 집으로 돌아왔다. 그러나 상황은 나아지지 않았다. 얼굴 보기도 힘들었다. 사르트르는 몇 달 동안 남자들하고만 어울리면서 토론도 하고 웃기도 하고 괴로워하기도 했다. 그가 연대를 경험한 것이다. 전쟁과 전우애는 대단한 체험이었다. 그는 파리에 남아 있었던 시몬을 비난했다. 어떻게 암시장에서 차를 살 수 있단 말인가? 너무 비도덕적인 행동이다. 게다가 진술서에 서명을 하다니! 안 그래도 매사에 비판적이던 사르트르는 도덕의 사도로 변신했고, 시몬은 중요한 시험에 낙제한 기분이었다. 그녀는 절망에 빠져 이렇게 생각했다. "그는 내가 모르는 세상에서 돌아왔고, 내가 몇 달 동안 살았던 세상을 몰랐을 것이다. 우리가 다른 언어를 쓰는 기분이었다."[14]

시몬은 차차 사르트르의 마음에 생긴 변화를 이해하기 시작했다. 그가 몇 달 전 가입한 반파시즘 단체에서 일종의 서약을 맺었던 것이다. "굴복하지 마라. 양보하지 마라."[15] 사르트르는 이 서약을 지키기로 굳게 결심했다. 그도 마침내 행동하고 싶었다. 시몬은 이런 결심이 마뜩지 않았고 사르트르가 실제로 뭔가 이룰 수 있다고 믿지도 않았다. 하지만 회의는 죄책감에 자리를 내주고 말았다. 지난 몇 달 동안 그녀는 자기만의 작은 우주에 칩거한 채 외부와 담을 쌓고 살았다. 사르트르가 그 우주를 폭파하자 시몬은 아무것도 하지 않은 자신이 부끄러웠다. 그래서 사르트르의 계획을 지지하기로 마음을 바꾸었다. 사실 마음의 변화는 오래전부터 있었다. 그녀는 그 변화의 시기를 1939년 봄이라고 말했다. 그러니까 수데테란트를 독일제국에 합병시킨 뮌헨협정이 맺어지고 불과 몇 달 후였다.

"전쟁은 피할 수 없었다. 하지만 어떻게 하다 이 지경까지 왔단 말인가? 나는 한탄할 권리가 없다. 전쟁을 막기 위해 손가락 하나 까딱하지 않았으니까. 나는 죄책감이 들었다. 그래 좋아. 내가 값을 치르지. 속아 넘어갔고 가볍게 생각했던 결과를 내가 떠안아서 다시 회복시키겠어. 이렇게 말할 수 있다면 얼마나 좋을까. 하지만 나는 보스트를 생각했다. 그의 나이 또래 젊은이들을 생각했다. 이런 사건들에 아무런 영향도 미칠 수 없었던 젊은이들을. 그들에겐 구세대를 기소할 당당한 권리가 있었다."[16]

자신만 생각할 때가 아니었다. 자신의 무관심이 타인에게 어떤 의미일지 걱정했고, 마침내 개인주의를 버렸다. 그 사실은 1939년 10월 8일 사르트르에게 보낸 편지에서도 알 수 있다. "우리가 할 수 있는 것이 없다는 것을 너무 잘 압니다. 그렇다 해도 우리는 이런 일이 일어나게 방임한 세대입니다."[17] 사르트르도 시몬의 생각에 감동했다. "당신이 말씀하신 후세대에 대한 우리의 소극적 책임이 무척 흥미롭습니다."[18]

얼마 후 그의 노트에선 처음으로 '앙가주망'이라는 개념이 등장한다. 그 단어는 1944년 파리가 해방된 후 그가 사용해 유명해졌다. 지금껏 사르트르는 인간에게 개인적 의무만 있다고 믿었다. 그러나 이제는 개인적 의무를 넘어 사회적, 정치적 의무가 있다는 사실을 깨달았다.[19] 정확히 말하면 앙가주망 개념을 사용하라고 격려한 쪽은 시몬이었다.

하지만 시몬은 한 번도 자신의 공을 자랑하지 않았고 항상 사르트르가 쓴 것이라고 주장했다. 거기에는 여러 가지 이유가 있을 것이다. 예를 들어 두 사람의 공생적 교류도 이유가 될 수 있다. 시몬과 사르트르는 아이디어를 함께 토론하고 발전시키고 비판했다. 그러니까 두 사람은 아이디어나 콘셉트를 내 것, 네 것으로 나눈 적이 없다. 그럼에도 시몬은 이론의 발전은 대부분 사르트르에게 맡겼다. 앙가주망 문제도 그랬다. 사르트르는 시몬의 마음에 일어난 사고의 전환을 발전시켜 행동 규칙을 만들었다. 그리고 오랜 망설임 끝에 그 규칙을 실천에 옮겼다.

"내 삶은 내가 나에게 들려주는 이야기가 아니라 세계와 나의 타협이라는 사실을 나는 마침내 인정했다."[20]

1941년 부활절 휴가가 끝나자 포로수용소에서 풀려난 지 불과 몇 주 만에 사르트르는 다시 학교에서 아이들을 가르치기 시작했고 정치적 접촉을 주선했다. 어느 날 오후 시몬이 묵고 있던 미스트랄 호텔 방에서 뜻을 같이 하는 사람들이 첫 만남을 가졌다. 한 지인이 당장 부역자들을 습격하자고 열을 올렸지만 나머지는 폭

탄과 수류탄에 호응하지 않았다.[21] 대신 다른 집단과 접촉을 꾀하고 정보를 수집해 삐라로 퍼트리자고 주장했다. 그러나 이들의 진짜 목적은 전후 대비였다. 전쟁이 끝나면 좌익에게는 새로운 독트린이 필요할 터였다. 그 독트린을 그들이 만들고자 했다. 이 집단의 이름은 사회주의와 자유Socialisme et Liberté였다.

그러나 넘치는 야망에 비해 이룬 성과는 적었다. 이유는 여러 가지였다. 첫째 그 시점에는 아직 프랑스 레지스탕스가 조직적이지 못했다. 그래서 사르트르의 단체가 고립되어 있었다. 둘째는 사르트르가 정치 조직의 지도자기 되기에는 부적격이라는 생각이 일반적이었다. 그의 선한 의도는 다들 인정했지만 지도자가 되기에 그는 너무 조심성이 없고 열정만 과도했다. 결국 사회주의와 자유는 신입 회원을 구하지 못했다. 1941년 여름, 시몬과 사르트르가 자전거를 타고 프랑스 남부 "자유 지대"를 돌며 앙드레 지드와 앙드레 말로에게 동참을 호소했지만 두 사람은 거절했다. 엄청난 기대로 시작한 단체는 1941년 말 혹은 1942년 초에 이미 해체되고 말았다. 말만 무성했을 뿐 이룬 것은 없었다.

정치? 노 땡큐!

사르트르는 다른 방식으로 저항을 이어갔다. 그는 젊은 작가 알베르 카뮈를 통해 저항단체 콩바Combat와 접촉했다. 그리고 1943년 초, 반정부 작가 단체Comité National des Ecrivains, C. N. E에 가입했다. 그는 (기밀이던) 조직의 모임에 참여했고 조직 간행물에 글을 실었다.[22] 종이가 부족했지만 1943년 봄 사르트르는《존재와 무》

를 출간했다. 자유에 대한 그의 이론을 명확하게 설명한 저서였다. 1943년 6월에는 〈파리떼〉가 파리에서 초연되었다. 줄거리는 먼 나라로 망명했다가 고향 아르고스로 돌아온 고대 그리스 신화 속 오레스트 이야기에서 따왔다. 극중에서 오레스트는 누나 엘렉트라의 도움을 받아 어머니 클리타임네스트라와 그녀의 애인 아이기스토스를 죽인다. 돌아와 보니 고향 아르고스가 두 사람의 공포 정치에 신음하고 있었기 때문이다. 그러나 이 작품은 고대의 옷만 빌렸을 뿐 실제로는 독일 점령군과 비시 정권을 비판하는 것이다. 1944년 출간된 희곡 《닫힌 방》은 스캔들을 불러일으켰지만 그럼에도 (혹은 바로 그 덕분에) 대대적인 성공을 거두었다. 사르트르는 공적 지식인, 무엇보다 저항의 지식인이 되었다.

그럼 시몬은? 시몬은 어쩔 수 없이 글쓰기에 몰두했다. 교사직을 잃었기 때문이었다. 그녀의 수업 내용도 사생활도 상사의 마음에 들지 않았다. 파리 아카데미의 교장 질베르 지델은 1942년 4월, 교육부에 보부아르가 호텔에서 살며 카페에서 일하고 여러 남성과 관계를 가진다고 일렀다. 또 수업 시간에 학생들에게 너무도 위험한 앙드레 지드와 마르셀 프루스트의 책을 추천한다고 말했다.[23] 시몬의 생활 방식이 새 정부의 눈에는 비도덕적이었고 프랑스국의 원칙에 맞지 않았다. 1943년 〈파리떼〉가 상연된 직후 시몬은 해고 통지를 받았다. 통지서에는 1940년 페탱 정부가 가결한 법안이 인용되어 있었다. 소위 교육 시설의 정화를 목적으로 만든 법안이었다.

실직 그 자체는 큰 문제가 아니었다. 사실 시몬은 글을 쓰고 싶었다. 하지만 수입이 끊겼다. 사르트르는 인맥을 이용해 시몬을 비시 정부가 관리하는 자유 지대 공영 방송 라디오 나쇼날에 자리를 마련해주었다. 그곳에서 시몬은 역사 문제를 다루는 몇몇 프로그램의 대본을 썼다. 역사적인 주제였지 정치적이거나 시사적인 내용은 아니었다. 그런데도 그녀는 훗날 "부역"했다는 비판에 시달렸고, 회고록에서 변명해야 했을 정도로 그런 비판을 자주 들었다.

"우리 편에 선 작가들이 암묵적으로 지키는 규칙들이 있었다. 점령 지대의 신문이나 잡지에는 글을 쓰지 않고 라디오 파리에서 방송하지 않는다는 규칙이었다. 자유 지대나 라디오 비시 언론에선 일할 수 있었다. 모든 것은 기사나 방송의 의미에 달려 있었다."[24]

전쟁은 타협이기도 했다. 어떤 수를 쓰더라도 살아남는 것이 우선이었다. 그사이 《초대받은 여자》가 출간되었으니 시몬에게도 사르트르처럼 반정부 작가 단체에 참여할 권리가 있었을 것이다. 하지만 시몬은 그런 모임에 나가지 않았다. 자신과 사르트르는 모든 점에서 의견이 일치하므로 자기가 굳이 나가봤자 "그의 의견이 무의미하게 하나 더 보태어질 뿐"[25]이라는 핑계였다. 정치는 사르트르에게 맡겼다. 정치 분야는 너무 불확실했고 그에 대해 너무 무지했다. 사르트르와 달리 공적 지식인이 아니었고 정치보다는 다음 소설 《타인의 피》에 더 매진해 자유와 현실 정치 상황에 대한 자신의 생각을 소설에 담아내고 싶었다.

시몬은 몇 시간씩 도서관에 앉아서 헤겔을 연구했고 그의 사상을 철학 에세이 《피뤼스와 시네아스》에 담아냈다. 글을 쓰며 전쟁과 가난을 잠시 잊었다. 누구도 24시간 내내 전쟁 생각, 친구들이 죽을 수도 있다는 생각, 가족 생각, 자신이 사는 도시가 적군에게 점령당했다는 생각만 할 수는 없다. 그렇게 시몬과 사르트르와 친구들은 그들이 처한 상황을 최선으로 만들었다. 1943~44년 겨울에는 거의 매일 밤 어디서든 파티가 열렸다. 시몬도 호텔방으로 친구들을 불렀다. 맛없는 술은 부족하지 않았다. 품질 나쁜 와인과 위스키로 독일의 점령과 전쟁을 참고 견뎠다. 그것 역시 생존의 한 방식일 수 있다.

알베르 카뮈

작가, 철학자, 저항의 투사

그는 철학자 중에서 손꼽히는 댄디였다. 시몬과 사르트르도 1943년 처음 그를 만나고 바로 그의 매력에 빠져들었다. 사르트르는 1942년에 나온 《이방인》에 감탄해 그 차세대 작가를 바로 자신의 다음 작품에 끌어들였다. 시몬 역시 잘생긴 알베르에게 매력을 느꼈지만 훗날 회고록에서는 카뮈에 대해 불과 몇 줄 언급했을 뿐이다. 1950년대에 들어 알베르와 사르트르가 결별한 것도 이유였지만 알베르와 연인이 되고 싶었던 시몬의 마음을 알베르가 거절했기 때문이다.[26]

알베르는 원래 알제리 출신이었다. 아버지는 제1차 대전에 나가 전사했고 어머니는 (문맹에 약간의 시력 및 언어 장애가 있었다) 가난한 환경에서 어린 알베르와 형 뤼시앵을 키웠다. 알베르는 재능 있는 학생이었으므로 인문계로 전학한 후 대학 입학 자격시험을 쳤고 신설 알제리 대학교에 입학했다. 이십대 초에 첫 결혼을 해서 알제리 상류층의 세련된 삶을 배웠고, 글을 써서 발표했다. 1935년에는 알제리 공산당에 입당했지만 훗날 당 지도부를 비판해 축출당했다. 그는 좌익 잡지 《알제 레퓌블리캥*Alger républicain*》에 기고했고, 주로 아랍인과 베르베르인에 대한 알제리 프랑스인들의 차별을 다루었다. 1940년 두 번째 부인 프란신과 함께 파리로 건너와서는 《파리 스와르*Paris Soir*》 신문사에 자리를 얻었다.

1942년에 나온 철학 에세이 《시시포스의 신화》는 시대의 뇌관을 건드렸다. 알베르는 이 에세이와 여러 소설, 희곡들에서 부조리의 철학을 개진했다. 그는 독자들이 자신의 부조리 철학을 실존주의 철학으로 해석하지 않기를 바란다고 명확하게 밝혔다. 알베르는 삶이 그 자체로 무의미하며, 이런 자기 실존의 무의미를 극복하려면 그것을 인정하고 거부와 (내적) 저항의 새로운 가능성에 대한 의식을 키워가야 한다고 주장했다.

알베르 스스로가 이런 저항의 요구를 철저히 실행에 옮겼다. 제2차대전 중에는 레지스탕스 활동에 열심이었고 지하단체 유인물 〈콩바*Combat*〉에 글을 실었다. 훗날 그는 프랑스 식민 정책을 비판했지만 그럼에도 완전한 독립을 이룬 알제리는 상상하지 못했다. 그는 자유와 정의를 통합하고자 했고 대답을 내놓기보다는 질문을 던진 평화주의자였다. 이런 정치적 온건함과 초당파성으로 인해 양대 진영 사이에 끼어 괴로운 때도 많았다.

1951년에는 사르트르와 결별한다. 계기는 알베르 카뮈의 에세이 《반항하는 인간》이었다. 이 책이 출간되자 사르트르는 분노에 사로잡혀 《레 탕 모데른》의 편집자를 시켜 혹평했다. 하지만 배후에는 정치적 견해 차이가 숨어 있었다. 알베르는 잠시 공산주의에 혹했던 시기를 제외하면 항상 스탈린의 사회주의, 소련의 전체주의를 단호히 거부했다. 반대로 사르트르는 (주변의 수많은 사람이 그러했듯) 이런 전체주의도 인정했고 아무리 나빠도 사회주의가 최고의 시스템이라고 믿었다. 역사는 알베르가 옳았음을 입증했다. 하지만 그 사실을 알베르는 알지 못했다. 그가 1960년 1월 4일 프랑스 남부에서 자동차 사고로 세상을 떠났기 때문이다.

눈에는 눈

1944년 8월 파리가 해방되고 1945년 제2차 대전이 끝나자 사르트르는 프랑스를 대표하는 저항 작가로 부상했다. 언론은 그를 찬양했고 젊은이들은 그에게 매료되었다. 실존주의는 유행 철학이 되었고 전쟁으로 불안해진 프랑스인들의 마음에 해답을 건넸다.

시몬 역시 전쟁으로 근본적 변화를 겪었다. "전쟁은 모든 것과의 관계만 바꾼 것이 아니었다. 전쟁을 아예 모든 것을 바꾸어버렸다. … 순진한 어린아이처럼 나는 세상의 진실은 확정되어 있다고 생각했다."[27] 그래서일까? 시몬은 수동적으로 멀찍이서 관망하던 자세를 버리고 주변에서 일어나는 일들에 관심을 갖기 시작했다. 그리고 정말로 많은 일이 일어났다.

대표적인 것이 부역자 처리 문제였다. 시몬은 로베르 브라지야크를 봐달라는 진정서에 서명해달라는 부탁을 받고 어이가 없었다. 브라지야크는 유명한 기자이자 작가로 전쟁 중 독일 점령군에 부역했다. 홍보 잡지 《주 쉬 파르투 *Je suis partout*》의 편집장을 맡아서 저항 정치인과 레지스탕스 단원, 유대인을 (이름과 주소까지) 밀고했다. 1944년 브라지야크는 체포되었고 1945년 1월 재판이 열렸다. 카뮈와 콜레트 등 작가들이 브라지야크와의 연대를 선언하고 그의 선처를 호소했다. 시몬은 단호히 거절했지만 재판에는 참관했다. "나의 서명에는 무게가 없었고 나의 거부는 상징적일 뿐이었다. 그러나 몸짓조차 어느 정도의 책임을 떠안는 것이기에 무관심으로 책임을 회피하는 것은 너무 나태하다고 생각했다."[28] 시몬은 기자석에서 재판을 관람했고 브라지야크가 사형 선고를 받던 현장에도 있었다. 그곳에서 받은 인상과 생각을 그녀는 '눈에는 눈'이라는 제목의 기사에 담았다. 복수와 처벌을 주제로 삼은 그 기사에서 시몬은 자신을 위한 복수와 타인의 이름으로 행하는 복수를 구분했다.

그럼에도 전반적으로 시몬은 정치적 참여와는 거리를 두었다. 고민 끝에 반정부 작가 단체에 들어가기는 했지만 모임에는 참가하지 않았다. 늘 하던 대로 사르트르만 가도 충분하다는 변명으로 일관했다. 시몬과 사르트르는 공산주의와 가까웠지만 공산당에 입당하지는 않았다. 독립이 더 중요했다.

정치 활동이 아니어도 할 일은 널려 있었다. 두 사람은 1945년 10월 몇몇 사람들과 잡지 《레 탕 모데른》을 창간했다. 잡지의 이름은 찰리 채플린의 영화 〈모던 타임즈 Modern Times〉에서 따왔다. 잡지는 문학적·정치적 성격을 띠었고 광범위한 주제를 다루었지만 얼마 안 가 좌파 지식인들의 메가폰으로 변신했다. 창간호의 편집부는 시몬과 레몽 아롱, 미셸 레리스, 모리스 메를로퐁티, 알베르 올리비에, 장 폴랑이었다. 사르트르는 발행인이었지만 편집 업무에는 관여하지 않았다.《레 탕 모데른》창간호 '편집자의 말'에서 그는 "참여문학"의 구상을 스케치했다. 문학은 사회적, 정치적 임무가 있고 문학적 효용 이상을 제공해야 한다. 시몬은《레 탕 모데른》의 이론적 방향보다는 편집 업무에 더 매진했다. 기사를 쓰고 수정하고 잡지 일정을 결정했고 저자 섭외에 나섰다. "더듬으며 들끓던 그 부활의 시기에는 주목해야 마땅한 새로운 질문이 그치지 않았다."[29]

프랑스 지식인

"지식인"은 왠지 프랑스의 발명품이라는 느낌이 든다. 그 느낌은 틀리지 않다. 지식인이라는 개념이 드레퓌스 사건 때 생겼다고 하니까 말이다. 1894년 유대인 장교 알프레드 드레퓌스가 반역죄 판결을 받고 추방당했다. 훗날 밝혀진 대로 부당한 처사였다. 그는 독일군 스파이 노릇을 해서 비밀 군사 정보를 독일군에 넘겼다는 혐의를 받았다. 드레퓌스는 결백을 주장했고 그의 가족도 끝까지 드레퓌스의 정당성을 위해 투쟁했다.

1896년 드레퓌스의 말이 사실이며 육군 페르디낭 발진 에스테르하지가 진범이라는 증거가 등장했다. 하지만 재심 요구는 장성들과 정부의 저항으로 받아들여지지 않았다. 결국 1898년 에스테르

하지의 재판이 열렸지만 드레퓌스에 불리한 진술을 했던 장성들이 진술 취소를 거부했고 드레퓌스의 죄를 입증하는 가짜 증거까지 제출했다.

그렇게 에스테르하지가 무죄 판결을 받고 풀려나자 분노의 불길이 일었다. 작가 에밀 졸라는 《로로르 L'Aurore》 신문에 대통령 펠릭스 포르에게 보내는 유명한 공개 서한 〈나는 고발한다〉를 기고해 드레퓌스에 대한 공정한 판결을 요구했다. 곧이어 사회와 여론은 드레퓌스파와 반드레퓌스파로 분열되었고 드레퓌스가 유죄냐 무죄냐를 두고 격렬한 논의가 벌어졌다. 공화국의 원칙이 달린 문제였다.

드레퓌스파 정치인 조르주 클레망소는 한 기사에서 드레퓌스의 유명 지지자들을 "앵텔렉튀엘(intellectuels, 지식인)"이라고 지칭했다. 그가 이 개념을 처음 사용한 것은 아니었지만 어쨌든 이후 이 개념에는 부정적인 의미가 붙게 되고 프랑스 민족으로서의 자부심과 애국심이 부족한 인사들을 일컫는 말이 되어버렸다. 반대파가 보기에는 바로 드레퓌스파가 그런 인사들이었다. 어쨌거나 드레퓌스파의 노력으로 1899년 드레퓌스는 사면되었다.

물론 그 사건 전에도 프랑스에는 지식인이 있었다. 다만 그 이름으로 불리지 않았을 뿐이다. 볼테르와 디드로, 루소와 18세기 프랑스 계몽주의 철학자들을 떠올려보라. 하지만 지금도 진정한 의미의 지식인이라고 하면 여전히 시몬, 사르트르, 카뮈를 꼽는다. 돌아보면 많은 것이 미화되는 법, 이런 모델 지식인들도 살아생전에는 논란이 없지 않았다. 아마 "지식인"이라는 개념 자체가 명확하지 않았던 것도 한 가지 원인이었을 것이다.

사르트르는 사회·정치적 사건과 논란에 적극 개입하는 참여 지식인의 상징이었다. 반면《레 탕 모데른》의 창간 멤버였지만 훗날 적이 된 레몽 아롱은 지식인의 역할이 참여하는 관찰자라고 생각했다. 가장 유명하지만 또 논란도 많았던 프랑스 지식인으로는 철학자 베르나르 앙리 레비와 작가 미셸 우엘벡을 꼽을 수 있을 것이다. 레비의 경우 뛰어난 철학 분석보다는 활짝 열어젖힌 셔츠 앞자락이 더 관심을 끌었고, 우엘벡은 입을 꾹 다물고 인상을 쓴 채 담배만 뻑뻑 피워댔다. 하지만 프랑스가 아니라면 세상 어떤 곳에서 이렇게 빛나는 레비와 울적한 우엘벡이, 혹은 열정 넘치는 사르트르가 지금도 국민의 집단 기억에서 그처럼 큰 자리를 차지할 수 있겠는가?

도덕 문제들

전후의 프랑스는 혼란스럽고 감성적이었다. 시몬은 1954년에 나온《레 망다랭》에서 이데올로기와 지성의 어지러운 다툼을 그려냈다. 제4공화국은 불안했고 정부 여당이 계속 바뀌었다. 게다가 현재의 라오스, 캄보디아, 베트남 지역에서 인도차이나 전쟁이 발발했다. 1946년부터 베트남 독립 연맹이 프랑스 식민 정권을 상대로 게릴라전을 펼쳤고 결국 프랑스는 1954년 이 전쟁에서 패했다. 그러니까 전후 프랑스는 '일상적 정치'를 논할 상황이 아니었다.

모두들 시몬과 사르트르에게 온갖 정치 문제에 대한 입장 표명을 기대했다. 시몬은 사르트르만큼은 정치에 관심이 없었지만 칭송받는 "실존주의" 소설(1945년에 나온 《타인의 피》)의 저자이자 지성 잡지의 편집자로 사르트르 못지않은 관심을 받았다. 그런 관심이 편치 않았지만 사르트르의 실존주의 입장이 옳다고 믿었기에 시몬은 운명에 순응했다. 그러나 정치 토론보다는 조용히 글을 써서 사상과 이론을 개진하는 편이 훨씬 마음이 편했다. 물론 정치에서 완전히 발을 빼지는 않았다.

그녀와 사르트르는 조르주 알트만과 다비드 루세가 1947년에 창설한 사회주의 운동 조직 민주혁명 연합Rassemblement Démocratique Révolutionnaire에 동조했다.[30] 하지만 사르트르와 달리 조직 내에서 실질적 임무를 맡지는 않았다. 조직의 남성들이 그녀를 받아준 것은 오직 사르트르의 파트너이기 때문이었다. 아무도 그녀에게 독자적인 정치 견해를 기대하지 않았다.[31] 더구나 사람들 앞에 나서기가 무서웠다. 시몬은 자기 목소리를 좋아하지 않았고 사람들 앞에서 말할 때면 절로 신경이 곤두섰다. 그런 이유에서도 그녀는 사르트르와 같은 정치 참여를 고려하지 않았다.

대신 시몬은 실존주의 도덕에 대해 고민하기 시작했다. 그 고민의 결과가 1947년에 나온 에세이 《애매함의 도덕에 대하여》다. 시몬은 인간이란 "애매한" 존재라는 사실에서 출발했다. 인간에게는 행동의 자유가 있지만 이 자유는 성별 같은 요인들에 의해 제약을 받는다. 이 애매함을 피하지 말고 받아들여야 하며 존재의 기본 특징으로 이해해야만 기존의 것을 초월하여 미래로 나아갈 수 있다.[32]

타인과의 관계에서는 "연대감" 같은 것이 그냥 존재하는 것이 아니라 만들어내야 하는 것임을 강조했다. 그렇기에 "휴머니즘" 정치 역시 실패할 수 있다. 단일한 인류에게 덮어씌울 수 있는 보편 가치나 원칙은 존재하지 않기 때문이다. 우리의 행동이 만인에게 유익할 수는 없으며, 일부에게 손해가 될 결정을 보편 가치나 원칙을 들먹이며 정당화할 수 없다. 그건 너무 단순한 행동이다.

그렇다고 해서 정치가들의 결정이 가치에 바탕을 두어서는 안 된다는 의미는 절대 아니다. 시몬의 말은 가치나 원칙 역시 당연한 것으로 받아들여서는 안 되며 쉬지 않고 그 배후를 캐물어야 한다는 뜻이다. 물론 그러다 보면 정치적 결정을 내리기가 훨씬 어려워질 것이다. 정치에서 백 퍼센트 옳은 결정은 존재하지 않기 때문이다. 그럼에도 결정은 내려야 한다. 시몬은 정치적 결정을 선험적으로, 그러니까 경험과 동떨어진 것으로 내리지는 말라고 요구한다. 따지고 보면 정치가도 인간이고 애매한 존재다. 그들의 결정과 판단 역시 모든 인간의 행동이 그러하듯 애매하고 실수에 취약하다. 따라서 정치적 결정은 특수한 상황에서 특수한 인간이 정보를 모으고 정당성을 따져 내린 추측에 불과하다.[33] 시몬은 (실존주의자로서) 모든 인간에게 요구하는 것 이상을 정치가에게 요구하지 않았다. 즉 보편타당하다고 주장하는 규칙과 규범을 쉼 없이 따져 묻고 자기 성찰에 힘쓰라고 요구했다. 사실 그것은 보기만큼 고단한 일이다.

미국에서 알제리로

전쟁이 끝나자 시몬은 더 넓은 세상을 알고 싶다는 욕망에 사로잡했다. 1946년에는 튀니지와 알제리로 건너가서 몇 차례 강연을 했고 1947년 1월에는 난생처음 미국 땅을 밟았다. 미국은 꿈꾸던 나라였다. 여행은 긍정적 의미에서도 부정적 의미에서도 깊은 인상을 남겼다. 시몬은 미국식 라이프 스타일에 매료되었지만 또 한편 남부에서 자행되던 인종 분리 정책과 흑인 차별에 큰 충격을 받았다. 여행기 《아메리카의 일상》에는 당시의 목격담이 담겨 있다.

"한쪽 화장실 문에는 '백인 여성' '백인 남성'이라고 적혀 있고 다른 쪽 화장실 문에는 '유색 여성' '유색 남성'이라고 적혀 있었다. 대기실로 쓰이는 큰 홀에는 백인들밖에 없었다. 흑인들은 그 옆의 작은 칸막이 방에 우글우글 모여 있었다. … 지금껏 말로만 들었던 이런 철저한 분리를 난생처음 직접 내 눈으로 보았다. 각오를 단단히 했음에도 무거운 짐이 우리 어깨에 떨어져 남부를 여행하는 내내 어깨를 짓눌렀다. 우리의 피부가 무겁고 답답해졌고 그들의 색깔이 우리를 그을렸다."[34]

미국의 인종차별은 생각을 자극했고, 그 고민의 흔적은 그 시기에 이미 집필을 시작해서 2년 후에 나온 《제2의 성》에서도 찾아볼 수 있다. 시몬은 타인에 대한 억압을 철저하게 거부했다. 자신의 신념에 위배되기 때문이었다. 타인의 자유를 강탈하는 짓은 큰 범죄다. 시몬은 그렇게 생각했다.

"그들에게 자리를 배정해주는 사람은 백인들이다. 다수의 백인들이 만든 상황이 그들의 생활 태도를 정한다."[35]

리처드 라이트

눈을 뜨게 해준 작가

반 자전적 소설 《검둥이 소년*Black Boy*》(1945)에서 리처드 라이트는 어린 시절의 독서는 "마약" 같았다고 말했다. 한번 시작하면 멈출 수가 없었으니까. 훗날 그는 말의 힘을 빌려 미국 인종주의와 억압, 비인간성에 항거했다. 아버지는 목화 농장 일꾼이었고 할아버지는 노예였다. 리처드는 미시시피와 아칸소에서 성장하면서 그곳의 인종주의를 몸으로 겪었다. 아버지는 리처드가 일곱 살 때 가족을 버렸다. 몇 번의 이사와 어머니의 뇌졸중으로 학교를 중퇴한 그는 혼자 힘으로 고단한 현실을 헤치고 나아갔다. 열여섯 살에는 첫 단편소설을 써서 지역 흑인 신문에 발표했다. 1927년 가족이 시카고로 이주했다. 리처드는 글을 쓰고 싶었으므로 여러 작가의 문체를 연구하는 한편 돈을 벌기 위해 우체부, 거리 청소부, 접시닦이일을 했다.

공산주의에 매력을 느껴 1933년 입당하지만 채 9년을 넘기지 못하고 도로 탈당했다. 그는 프롤레타리아 시를 써서 좌익 성향 잡지들에 투고하기 시작했고 국민 흑인 회의National Negro Congress에서 활동했으며 에세이를 발표했고 1936년에는 단편소설 《빅 보이 집을 떠나다*Big Boy Leaves Home*》를 출간했다. 그러나 모든 흑인 공산주의자들이 그를 두 팔 벌려 환영했던 것은 아니다. 그가 너무 부르주아적이고 지적이라고 생각한 사람들도 있었다.

1937년 리처드는 뉴욕으로 건너갔고, 1938년에는 처녀 단편집 《톰

아저씨의 아이들*Uncle Tom's Children*》을 발표해 문단의 주목을 끌었다. 그리고 1940년에 나온 장편소설 《미국의 아들*Native Son*》로 마침내 유명세를 얻었다. 소설은 인종주의라는 터부를 건드렸고 그를 위해 롤 모델로는 그리 적합하지 않은 또 한 명의 흑인 주인공을 골랐다. 1945년에는 베스트셀러 《검둥이 소년》이 출간되었다. 리처드는 미국 남부에서 흑인 소년이 겪어야 했던 어린 시절의 경험을 책에 담았다. 흑인 작가이자 시민권 운동가인 제임스 볼드윈은 리처드를 일컬어 "세계에서 가장 위대한 흑인 작가"라고 불렀다.

1946년 리처드는 두 번째 아내 엘렌과 딸 줄리아와 함께 파리로 건너갔다. 처음에는 잠깐 머물 생각이었지만 장기 체류가 되었다. 이유는 일상적인 인종차별과 매카시 시대의 공산주의 박해였다. 파리에서 리처드는 사르트르와 시몬을 만났고 말이 잘 통해서 친구가 되었다. 1947년 처음으로 미국에 갔을 때 시몬은 잠시 뉴욕으로 돌아와 있던 라이트 가족을 자주 만났다. 그 가족에게 쏟아지던 따가운 시선을 함께 견뎠고(엘렌은 백인이다), 리처드와 흑인의 상황에 대해 많은 이야기를 나누었으며 《검둥이 소년》을 재미나게 읽었다. 그때 받은 다양한 인상들은 《제2의 성》에도 담겼다. 시몬이 보기에 흑인의 상황과 여성의 상황은 유사점이 많았다. 따라서 시몬 역시 리처드처럼 말의 힘을 이용해 한 사회 집단의 입지를 개선하려 (적어도 그렇게 되도록) 노력했다.

그랬으니 시몬이 알제리 전쟁에 큰 충격을 받은 것도 놀랄 일은 아니다. 1954년에서 1962년까지는 주로 프랑스 군대와 알제리 독립운동 단체 알제리 민족해방전선Front de Libération Nationale, FLN이 싸웠다. 민족해방전선은 여기에 더해 알제리 독립 반대파와 내전을 벌였다. 1954년 민족해방전선은 공세에 돌입했다. 방법은 주로 게릴라 공격과 테러 행위였다. 프랑스군은 거세게 대응했고 그 과정에서 수많은 인권침해 행위들을 저질렀다. 시몬과 사르트르는 다른 수많은 좌파 지식인처럼 알제리 독립운동 편에 섰다.

두 사람이 정치 활동을 시작한 해는 1960년이었지만 그 전에도 프랑스의 알제리 정책을 비판하는 글을 《레 탕 모데른》에 실었고 지식인, 대학교수, 예술가들이 참가한 〈121명 시국선언〉에도 서명했다. 사르트르와 시몬은 프랑시스 장송과 달리 민족해방전선의 방식에는 동조하지 않았기 때문에 공개적으로 그 운동을 지지하기까지 오랜 시간이 걸렸다. 하지만 결국 그들도 인정하지 않을 수 없었다. "합법적인 방법으로는 목표에 도달할 수 없었기 때문에, 반식민주의에 대한 확신을 지키고 이 전쟁에 공범이 되지 않으려면 좌파들에겐 지하 운동을 택하는 길밖에 다른 방도가 없었다."[36]

그러나 직접 민족해방전선의 전사가 될 엄두는 나지 않았다. 시몬은 솔직히 고백했다. "나는 행동하는 인간이 아니다. 나의 현존 목적은 글쓰기다. 그것을 희생하려면 다른 곳에서 내가 꼭 필요하다고 상상할 수 있어야 한다."[37]

하지만 글쓰기로도 많은 것을 움직일 수 있다. 그사이 시몬은 모두가 그녀의 말에 귀를 기울일 정도의 지위에 있었다. 1960년 한 여성 참여 변호사를 만났다. 그녀 지젤 알리미는 스파이 혐의로 고발당한 젊은 알제리 여성 자밀라 부파차의 변호를 맡고 있었다. 구금 중 부파차는 프랑스 군인들에게 고문을 당했고 술병으로 성폭행을 당했다. 알리미는 시몬에게 그 사건에 대한 기사를 써달라고 부탁했고 시몬은 즉각 수락했다. 시몬은 그 기사를 《르 몽드》에 보냈는데, 그곳 사람들은 시몬이 반복해서 "질"이라는 단어를 사용해서 당황했다. 담당 편집자는 "배"로 표현을 바꾸자고 설득했다. 마치 이 두 단어가 거의 같은 의미라도 되는 것처럼 말이다. 시몬은 거부했지만 인쇄된 글에선 "질"이 "하복부"로 바뀌었다. 문제는 시몬이 기사에서 조서를 그대로 인용했고, 그것이 법적으로 금지된 행위였기 때문에 《르 몽드》지의 해당판이 압류를 당했다는 사실이었다. 시몬과 지젤 알리미는 아랑곳하지 않았다. 사실 그들이 노린 것은 사람들의 관심이었으니까.

두 사람은 자밀라 부파차 보호 위원회를 설립했고 시몬이 회장을 맡았다. 알리미는 그 사건을 요약해 책으로 출간했고 시몬은 추천사로, 파블로 피카소는 표지 그림으로 지원 사격에 나섰다. 《자밀라 부파차》는 1962년에 출간되었고 시몬은 공동 저자로 나서 알리미와 책임을 분담했다. 공식적으로 알제리 독립을 지원하는 일이 위험했기 때문이었다.

사회 분위기는 가열되었고 프랑스 민족주의자들은 소위 "조국의 배반자들"을 공격했다. 사르트르의 집에 폭탄이 날아들었고, 시몬 역시 안전상의 이유로 집을 떠났다. 책이 나오고 하루 뒤에 우편물을 찾으러 집에 들렀더니 경비원 부부가 흥분해 달려왔다. 누가 그녀를 부르며 협박했다고 말이다. "잘 들어! 오늘 밤 시몬 드 보부아르가 폭파될 테니까."[38] 이런 위험에도 노력한 보람이 있어서 부파차는 사면되었다.

시몬은 다른 전선에서도 알제리 독립을 위해 싸웠다. 1961년에는 사르트르와 함께 새 프랑스 대통령 드골과 그의 알제리 민족 자결 정책 국민투표에 반대하는 운동을 펼쳤다. 드골은 알제리를 일부 독립시키되 정치적으로 프랑스에 계속 묶어두려는 방안을 내놓았다. 시몬과 사르트르는 완벽한 독립 외에 다른 대안은 절대 없다고 주장하며 프랑스인들에게 반대에 투표해달라고 호소했다. 그럼에도 드골의 방안은 통과되었지만 결국 1962년 3월 18일에 비앙협정으로 알제리는 독립을 쟁취했다.

그해 5월

그러니까 시몬은 1950년대와 60년대에 이르러 (마침내!라고 말할 수 있을 것이다) 지식인으로서의 책임을 통감했다. 그녀는 적극적으로 활동에 나서 베트남전 반대 시위와 평화 회의에 참가했다. 오히려 외국에서 두 사람을 더 높이 평가해 본받아야 할 지식인으로 추앙했다. 정작 조국에선 인기가 시들했다. 실존주의는 한물가고 푸코, 데리다, 바르트 같은 후기 구조주의자들의 인기가 치솟았다.

시몬은 사르트르와 함께 유럽 각지를 여행했고 각종 작가 회의에 참석했으며 각양각색의 자유 사상가 집단과 대화를 나누거나 여러 나라 정부의 초대에 응했다. 1960년에는 쿠바를 찾아갔다. 당시 많은 지식인이 그랬듯 두 사람도 쿠바를 사회주의의 낙원으로 생각했다. 두 사람은 또 1962년에서 1966년까지 해마다 소련을 방문했고 중국은 이미 1955년에 찾아갔다. 1967년 5월과 11월에는 스톡홀름과 코펜하겐에서 열린 러셀 민간 법정에 참여했다. 러셀 민간 법정은 1966년 노벨상을 받은 영국 철학자이자 수학자인 버트런드 러셀이 시작한 것으로 베트남에서 미국이 저지른 전쟁 범죄를 조사하고 처벌하는 것이 목적이었다.

두 사람은 프랑스 국내 문제에도 개입해 전투적인 급진 좌파 단체 고슈 프롤레타리엔(Gauche prolétarienne, 마오주의 청년 조직)의 기관지 《라 코즈 뒤 쿼플르*La Cause du Peuple*》를 지원했다. 1986년 1월 경찰이 이 잡지의 인쇄소를 포위하고 판매자들을 체포하자 시몬과 사르트르는 다른 사람들과 함께 파리의 거리로 나가 직접 이 잡지를 배포했다.

> "사르트르와 힘을 합치지 않았다면 어디서 내 자리를 찾았겠냐는 질문을 자주 받는다. 분명 공산주의 근처일 것이다. 그들이 무찌르고자 하는 모든 것을 나도 혐오하기 때문이다. 또한 나는 진리를 너무나 사랑하므로 그들을 거침없이 추종할 권리를 요구하지 않을 수가 없다."[39]

그러던 차에 1968년 5월이 찾아왔다. 파리에선 이미 1967년부터 학생 시위가 시작되었다. 대학생들이 학습 여건 개선을 요구하며 보수적인 드골주의를 비판했다. 이 사회 담론은 미국에서 프랑스로 건너온 히피 운동의 영향이 컸다.

시몬은 오래전부터 낭테르 대학교의 학생들과 정기적으로 만났다. 낭테르는 파리 서쪽에 있는 도시로, 파리 대학의 학생 수용 능력이 한계에 봉착하자 급하게 이곳에 대학교를 조성한 것이다. 여학생들이 《제2의 성》에 관심을 보였으므로 시몬은 자주 그들을 만나 토론했다. 따라서 사태 변화와 대학 분위기를 잘 알고 있었다.

1968년 3월 22일 낭테르 대학교에서 폭력 충돌 사태가 벌어졌다. 좌파 대학생 몇몇이 급진 단체 '3월 22일 운동'을 조직했다. 훗날 녹색당 정치인이 된 다니엘 콘벤디트도 이 단체 소속이었다. 5월이 되자 소요는 더욱 심해졌고 낭테르 대학교는 폐쇄되었다. 소르본에서도 학생들이 시위를 시작했다. 라틴 지구에서 시위대와 경찰 사이에 가두전이 벌어졌고 수백 명이 체포되고 소르본 대학이 폐쇄되었다.

시위는 기존 사회 정치 상황에 프랑스 젊은이들이 품었던 불만의 표출이었다. 샤를 드골은 권위적인 보수주의를 대변했고, 젊은이들은 프랑스에 기술 관료제와 물질주의가 만연하다고 보았다. 게다가 프랑스는 제2차 대전 이후 경제 상황이 날로 악화되어 실업자 수가 치솟았다. 젊은이들은 미래를 걱정했기에 대학 시스템을 민주화하고 대학의 문턱을 낮추어 모두가 고등교육을 받을 수 있게 하라고 요구했다. 시몬은 그들과 연대했고 그들의 요구를 지지했으며 사르트르, 콜레트 오드리, 미셸 레리스와 함께 5월 8일 노동자 계급에 보내는 호소문에 서명했다. 지식인들과 함께 대학생들을 지지하자는 호소문이었다.[40] 이렇듯 1968년 5월을 함께 겪었고 학생운동의 목표에 동의했음에도 훗날 시몬은 회고록에 이렇게 적었다.

"솔직히 나는 1968년 5월에 충격받은 지식인은 아니었다. 지식인의 보편적 목표와 그들의 분권주의, 이 둘의 모순은 사르트르도 지적한 바 있었고, 1960년 《나이의 힘》을 끝마쳤을 때 나는 이미 그 모순을 깨달았다."[41]

1968년 5월은 시몬에게 새로운 인식을 선사하지도 충격을 안기지도 않았다. 그럼에도 그녀는 이 시기에 새로운 사람들을 많이 만났고 특히 젊은 여성들과 흔쾌히 접촉했다. 이들에게서 실천의 용기와 힘을 얻었고, 무엇보다 여성 문제에 적극적으로 참여할 용기와 힘을 길어냈다.

하지만 또 다른 시각에서 본다면 1968년은 완전히 새로운 인식의 기회였다. 어쩌면 두 사람이 이미 오래전부터 알고 있었음에도 끝내 인정하지 않으려 했던 사실이었는지도 모르겠다. 8월 소련 정부가 프라하의 봄을 무자비하게 진압하자 두 사람은 마침내 소련과의 관계를 끝냈다. 아니 아직 끝은 아니었나? 그해 11월 시몬과 사르트르는 프라하로 날아가 사르트르의 작품 〈파리떼〉와 〈더러운 손〉을 관람했다. 그리고 다양한 지식인들을 만나 대화를 나누었고 이런 결론에 도달했다. "프라하의 봄은 사회주의에 반대한 것이 아니었다."[42] 러시아 정부와 소련군의 개입을 적극 지지한 피델 카스트로에게는 크게 실망했지만 두 사람은 여전히 사회주의가 아니라 스탈린주의(스탈린이 사망한 지 이미 15년이나 지났지만)가 문제라고 굳게 믿었다. 그러나 소련의 상황을 더는 무시할 수 없었다. 1971년 5월, 각성한 시몬은 이렇게 말했다. "소련 정치가들은 우리의 모든 희망을 무너뜨렸다."[43]

시몬과 사르트르의 정치 여행 다섯 번

쿠바

- 언제: 1960년
- 왜: 쿠바혁명을 체험하기 위해
- 어디: 아바나, 트리니다드, 산티아고
- 시몬의 말: "혁명의 신혼이네요." 사르트르가 말했다. 국가 기구도 관료주의도 없고, 지도부와 인민이 직접 접촉하고 약간 어수선하지만 희망이 가득했다. 이런 상태가 오래가지는 않겠지만 그래도 상큼했다.[44]
- 매력지수: 높음. 시몬은 당시 마르크스주의를 대표하는 인물인 체 게바라와 피델 카스트로를 만났다.

소련

- 언제: 1962년에서 1966년까지 매년
- 왜: 현실 사회주의를 직접 목격하고, 연례 작가 회의에 참석해 동서 작가의 교류를 증진하기 위해
- 어디: 모스크바, 레닌그라드, 소치(러시아), 심페로폴, 얄타(크림), 트빌리시(조지아), 예레반(아르메니아), 키예프와 오데사(우크라이나), 탈린과 타르투(에스토니아), 빌뉴스와 카우나스(리투아니아)
- 시몬의 말: 모스크바를 제외하면 소련 어디서도 수돗물을 마실 수가 없었다. 모스크바의 수돗물은 페퍼민트 맛이 강하지만 불쾌하지는 않았다.[45]

• 매력지수: 낮음. 그래도 니키타 흐루쇼프가 직접 전용 수영장을 안내해주었다. 유리 벽으로 둘러싸여 있었는데 버튼을 누르자 벽이 열렸다.[46]

일본

• 언제: 1966년
• 왜: 시몬과 사르트르의 책을 출간한 일본 출판사와 게이오 대학에서 두 사람에게 강연을 부탁했다.
• 어디: 도쿄, 교토, 오사카, 나가사키, 히로시마
• 시몬의 말: 도쿄에는 가난한 노동자들이 모여 비참하게 사는 집단 수용소가 여러 곳 있다고 말했지만 우리에게 보여줄 생각은 하지 않았다.[47]
• 매력지수: 중간~높음. 친절하고 대접이 융숭했다.

스웨덴과 덴마크

• 언제: 1967년
• 왜: 1차 러셀 민간 법정에 참여하기 위해
• 어디: 스톡홀름과 코펜하겐
• 시몬의 말: 불쾌했지만 우리 임무에 감격했다. 우리는 매일 조금 더 나아갔다. 우리의 추측은 확신이 되었고 확신은 수많은 비극적 증거의 토대를 얻었다.[48]
• 매력지수: 낮음. 민간 법정은 큰 홀에서 열렸는데 조명등이 눈부셔서 불쾌했고[49] 참가자들 사이에 암묵적인 갈등이 심했다.

- 언제: 1967년
- 왜: 이스라엘과 팔레스타인의 갈등을 직접 살펴보기 위해
- 어디: 텔아비브야파, 여러 곳의 키부츠, 나사렛, 갈릴리, 예루살렘
- 시몬의 말: 내가 가장 관심을 가진 문제는 두 가지로, 여성의 상황과 젊은 사람들의 태도였다.[50]
- 매력지수: 중간. 이스라엘에 사는 아랍인의 상황을 두고 열띤 토론을 벌였지만 그 와중에 시간을 내서 소풍도 많이 다녔다.

공적 지식인

1970년대와 80년대에 시몬은 여성운동에 참여했고 자유 사상가들과 여당 정치인들을 지지했으며 탄원서에 서명하고 시위하고 저항했다. 예전과 달리 자신의 유명세를 정치·사회 운동과 관심사에 적극 활용했다. 시몬은 돈 잘 버는 유명 작가로서 자신이 누리는 특권을 누구보다 잘 알았기에 항상 그 특권을 타인을 위해 활용하려 노력했다. 그녀의 말에 무게가 실렸다. 그녀가 말하면 모두가 귀를 기울였다. 그녀 역시 그러기를 바랐다.

제2차 대전 전이나 전쟁 중과는 다르게 시몬은 적극적으로 사회 참여에 나섰다. 과거의 무관심에 대한 죄책감도 한몫했을 것이다. 홀로코스트 문제도 예외는 아니었다. 제2차 대전 중 유대인 친구 비앙카에게 냉담했던 것과 달리 전쟁이 끝나고 예전 파트너 클로드 란즈만이 기념비적인 다큐 영화 〈쇼아〉를 제작할 당시에는 열

정적인 지원을 아끼지 않았다. 란즈만은 당시를 이렇게 회상한다.

"1985년 4월 〈쇼아〉가 개봉한 후 시몬 드 보부아르가 《르 몽드》지 1면에 기사를 썼는데 그 기사가 작품의 성공에 결정적인 역할을 했다. 대단한 글로 지금은 《쇼아》 책에 서론으로 실려 있다."[51]

시몬은 이스라엘로 날아가서 이스라엘과 팔레스타인의 갈등을 목격했다. 쉬지 않고 배우고 공부했고 스스로에게 말했다. "정치 분야의 참여는 그동안 살아오면서 내 안에서 성장했던 이념의 표현이었다."[52]

오랜 시간 시몬은 공공 지식인의 역할을 거부했다. 어디를 가나 사르트르의 "동반자" 취급만 받았던 것도 한 가지 이유였을 것이다. 그와 함께 세계를 돌았지만 늘 사르트르를 보살피고 일정을 조직하고 아프면 간병하는 사람 취급을 받았다. 물론 원칙적으로는 이런 "업무 분담"에 별 거부감이 없었다. 정치에 참여하는 사르트르가 전면에 나서면 그녀는 그를 지원하는 사람으로 후방에 머물렀다. 그럼에도 그런 역할 분담이 조금은 답답했고, 또 무엇보다도 그녀와 사르트르에게 거는 사람들의 기대가 부담스러웠다. "사르트르가 유명해지고 내 이름이 세상에 알려지는 모습을 나는 걱정과 약간의 후회를 안고 지켜보았다. 우리가 공인이 되어 어쩔 수 없이 이런 객관적 역할을 생각해야 하는 그날, 태평세월은 끝났다."[53]

두 사람의 발언과 태도는 적을 만들었다. 알제리 독립을 위해 노력하던 시절에는 "반프랑스"인이라는 낙인과 함께 조롱과 협박이 쏟아졌다. 또 두 사람의 정치적 판단이 항상 옳았던 것은 아니었다. 1955년 두 사람은 중국을 사회주의의 모델 국가라고 생각했다. 시몬의 감격에 겨운 여행기 《대장정: 중국에 관한 에세이》는 그녀의 작품 중 최악으로 꼽힌다. 소련 정부에 대해서도 두 사람은 올바른 평가를 내리지 못했다. 물론 시몬이 소련 정부에 정말로 그렇게 무비판적이었는지 혹은 사르트르의 입장을 지지했을 뿐인지는 명확하지 않다. 그녀 나름의 철학이 있었고 나름의 정치 참여를 보였음에도 공식적으로 사르트르의 입장에 반대하자는 생각은 절대 할 수 없었을 것이다. 두 사람은 하나였다. 시몬은 타고나기를 회의적이고 소극적이었고 특히 정치적인 문제에서는 더욱 그랬다. 쉽게 화르르 타오르는 사르트르와는 극명한 차이를 보였다.

사르트르가 정치철학자로 통했고 시몬보다 대중 앞에 훨씬 더 많이 나섰지만 시대를 넘어 지금까지 살아남은 정치철학 저서는 시몬의 것이다. 기념비적인 작품 《제2의 성》은 말할 것도 없고 도덕에 대한 고민을 담은 《피뤼스와 시네아스》, 《애매함의 도덕에 대하여》, 소설 《타인의 피》와 《레 망다랭》 등에는 지금 보아도 매우 현대적인 도덕과 자유와 책임에 대한 사상이 담겨 있다. 《제2의 성》 한 작품만 해도 지금까지 그 영향력을 느낄 수가 있다.

시몬은 오랜 시간 수동적으로 역사를 좇았고 저항 투사가 아니었으며 정치에 개입하지 않았다. 하지만 언제나 배우려는 마음을 잃지 않았고 실수가 있으면 바로 인정했으며 자신의 유명세를 선을 위해 활용하려 애썼다. 그리고 일단 참여하기로 마음먹은 후에는 단호하게, 있는 힘을 다해 그 의지를 실천했다. 그런 그녀의 실천과 노력이 가장 큰 결실을 거둔 곳은 당연히 여권 투쟁이었다.

6부 ♦ 투쟁

"나는 예외였다. 그리고 그 사실을 받아들였다."[1]

연표

1948년	《제2의 성》 발췌본이 《레 탕 모데른》에 실리다.
1949년 5월	〈성의 입문〉 장이 《레 탕 모데른》 1면에 실리다.
	《제2의 성》이 2부로 나뉘어 각기 5월과 10월에 출간되다.
1953년	《제2의 성》이 미국에서 'The second Sex'라는 제목으로 번역 출간되다.
1970년	신 프랑스 여성운동의 첫 공식 활동을 시작하다.
1971년	낙태권 쟁취를 위한 〈343인 선언문〉에 동참하다.
	슈아지르 라 코즈 데 팜므의 의장이 되다.
1972년	보비니의 낙태 재판에 증인으로 참석하다.
1973년	《레 탕 모데른》에 〈일상의 성차별〉 면을 만들다.
1974년	프랑스 여성인권연맹의 회장이 되다.
1975년	'베유 법'으로 프랑스에서 여성의 낙태가 합법화되다.
1977년	《페미니즘의 질문들》의 발행인이 되다.
1983년	여성과 문화 위원회 위원이 되다.

—

킥킥대고 손가락질하고 보란 듯 크게 웃었다. "저기 봐 저기. 시몬 드 보부아르야."

"여자가 어쩌고저쩌고 썼다며?" "맞아. 그 여자야. 불감증이라더군. 혹시 레즈비언인가?" 시몬은 못 들은 척하려고 애썼다. 그녀를 보러 파리까지 온 사랑하는 애인 넬슨 올그런과 몽파르나스 거리의 카페 노스 프로방스에서 기분 좋게 식사하고 싶었다. 하지만 소용없었다. 올그런을 향해 지은 미소는 긴장으로 일그러졌다. 올그런은 프랑스어를 잘 못했지만 옆 테이블에서 들리는 비난과 조롱을 눈치챘다. 1947년 미국에서 두 사람이 처음 만날 당시 시몬은 프랑스에서 조금 알려진 작가이자 실존주의자였다. 그런데 불과 2년 후인 1949년, 그녀는 유명 인사가 되었다. 이 모든 것이 여성을 주제로 삼은 한 권의 책 때문이었다. 그 책의 제목은 '제2의 성'이었다.

여자라는 것의 의미

이 기념비적 작품은 사실 우연의 산물이었다. 그러니까 《제2의 성》은 실수로 탄생한 작품이다. 1946년 시몬은 막 철학 에세이 《애매함의 도덕에 대하여》를 탈고하고 새 프로젝트를 찾던 중이었다. 딱히 떠오르는 생각도 없어서 레 되 마고에 앉아 빈 종이만 멍하니 쳐다보고 있었다. 그 순간 카페에 들어온 조각가 알베르토 자코메티가 그녀를 발견하고는 다가와서 물었다. "왜 그렇게 얼굴이 어두워요?" 시몬이 대답했다. "글을 쓰고 싶은데 뭘 써야 할지 모르겠어요."[2]

하지만 사실 그녀의 머리엔 오래전부터 가닥이 잡힌 아이디어가 하나 있었다. 자신의 이야기를 쓰고 싶었던 것이다. 미셸 레리스의 자전적 에세이 《성년》이 마음에 쏙 들어서 자신도 자서전을 써보자고 마음먹었다. 그래서 가장 먼저 여자란 것이 자신에게 어떤 의미인지를 자문했고 쉽게 대답할 수 있으리라 믿었다. 그녀의 말마따나 "여자로 태어나서 후회해본 적이 없고 여자라서 오히려 크게 만족했기"[3] 때문이었다. 그녀는 여자라서 불이익당한 적이 없었다. 사르트르에게도 여자란 것이 아무렇지 않다고 말했다. 하지만 매사에 비판적인 사르트르는 그녀의 말에 이렇게 대꾸했다. "그럼에도 당신은 남자들과 같은 교육을 받지 않았어요. 그 점을 조금 더 상세히 살펴봐야 할 겁니다."[4]

그래서 시몬은 조사를 시작했고 놀라운 사실을 발견했다. "이 세상은 남자들의 세상이다. 내 어린 시절은 남자들이 지어낸 신화로 가득했고 나는 단 한 번도 남자아이처럼 반응하지 않았다."[5] 시몬은 이해할 수 없었다. 어떻게 여태까지 이런 사실을 깨닫지 못했단 말인가? 너무 놀랍고 흥미로워서 그녀는 자서전 계획을 접고 여성의 일반적인 상황을 분석하는 에세이를 써보자고 마음먹었다.

시몬은 파리 국립 도서관에서 문학 작품들을 쭉 살펴보았고 신화와 편견과 차별과 불평등을 발견했다. 한 번도 자신의 성별에 관심을 기울여본 적 없던 그녀가 이제 하나둘 획기적인 발견을 하기 시작했다. "지금껏 한 번도 본 적 없는 세상의 단면을 마흔 살이나 먹고서야 갑자기 발견한 것이 이상하고 흥분되었다."[6]

사실 시몬은 주요 활동 무대인 파리에서 남자만큼 인정받았다. 그것은 누구보다 뛰어난 지성 때문이기도 했지만 시몬이 거친 프랑스의 대학 시스템 덕분이기도 했다. 남자 동기들은 시몬을 전혀 깔보지 않았다. 어차피 그녀가 경쟁 상대가 아니었기 때문이었다. 아그레가시옹은 경쟁이 심했고 여성과 남성의 평가 기준도 동일했지만 일정한 숫자의 추가 자리가 남성에게 할당됐다. 여성이 시험에 합격한다고 해도 남성의 자리를 빼앗지 않았으므로 시몬은 애당초 경쟁 상대가 아니었던 것이다.[7]

사르트르와의 관계 역시 서로를 인정하는 파트너 관계였다. 게다가 시몬은 보헤미안의 삶을 살기로 마음먹었다. 아이도 없었고 결혼을 하지도 않았으니 "아내"의 역할을 강요당하지도 않았다.

"내가 여자라는 사실이 한 번도 앞길을 가로막은 적이 없었다."[8]

그러니 시몬이 여성의 상황에 오랫동안 무지한 상태였던 것도 너무나 당연했다. 그런 만큼 그녀는 더욱더 열심히, 여성을 편견 없이 관찰하고 연구하기 위해 노력했다. 올그런에게 그녀는 이런 편지를 썼다.

"예전에도 말씀드렸다시피 저는 한 번도 여자여서 고통받은 적이 없습니다. 당신도 아시겠지만 여자라서 좋을 때도 많았지요. 하지만 주변의 다른 여성들을 돌아보고서 그들이 매우 특수한 문제를 겪고 있다는 사실을 확인했습니다. 얼마나 특수한 문제인지 연구해보면 재미있을 것 같습니다."[9]

여성에 관한 자료가 필요했다. 하지만 파리의 친구와 지인 여성들은 그녀와 마찬가지로 자유분방한 삶을 누리고 있었다. 대부분이 배우이거나 화가였으므로 "의존적 여성"[10]의 원형에 맞지 않았다. 그래서 시몬은 1947년 첫 미국 방문을 현장 조사의 기회로 삼았다. 각계각층의 여성들에게 그들의 상황을 서슴없이 질문했고 그들의 꿈에서부터 피임법까지 시시콜콜 캐물었다. 미국 여성들의 관찰 결과는 미국 여행기《아메리카의 일상》에서도 찾아볼 수 있다. "여성의 사회적 성공은 주로 외모의 사치에 달렸다. 가난한 여성들의 예속 상황은 충격적일 정도다. … 실제로 유럽 여성들의 치장(미용과 의상)이 훨씬 덜 비굴했다."[11] 시몬은 늘 미국을 자유의 나라로 생각했고 미국 여성들을 해방된 여성이라 상상했다. 하지만 그녀가 직접 본 현실은 실망 그 자체였다.

"이곳 여성 잡지엔 남자를 유혹하는 기술을 다룬 기사가 프랑스보다 훨씬 더 많다. 대학에 다니는 여성들도 어떻게 하면 남편감을 찾을까 그 고민밖에 없었고, 독신 여성을 바라보는 시선도 유럽보다 훨씬 삐딱하다."[12]

지금도 크게 다르지 않다.《제2의 성》에는 프랑스와 미국의 비교가 큰 자리를 차지한다. 그 사실은 시몬이 지적한 흑인 상황과 여성 상황의 유사성에서도 잘 드러난다. 미국 여행길에 목격한 노골적인 인종차별은 시몬을 충격에 빠뜨렸다. 친구였던 흑인 작가 리처드 라이트에게서도 "인종 문제"의 수많은 사례와 이론적 자극을 얻었다. 또 1944년 노벨상을 수상한 스웨덴 경제학자 군나르 뮈르달이 집필한《미국의 딜레마: 흑인 문제와 현대 민주주의*An American Dilemma: the Negro Problem and Modern Democracy*》역시 시몬에게 강렬한 인상을 남겼다. 1,500쪽이 넘는 방대한 분량의 책에서 그는 미국 흑인들이 얼마나 다양한 방식으로 차별과 억압을 받는지 분석했다. 그 책을 읽고 시몬은 올그런에게 이런 편지를 썼다. "그가 흑인에 대해 이런 위대한 책을 쓴 것처럼 나도 그 못지않게 중요한 책을 쓰고 싶습니다. 뮈르달을 통해 저는 흑인의 상황과 여성의 상황이 매우 흥미로울 정도로 유사하다는 사실을 알게 되었습니다. 물론 이미 예상하고는 있었지만요."[13]

프랑스 남성의 수치

올그런 앞에서 농담 삼아 "내 자식"이라고 불렸던[14], 그 여성에 관한 책은 불과 2년 만에 완성되었다. 그러나 출산은 순조롭지 못했다. 1948년 5월에서 7월까지 《레 탕 모데른》에 몇 부로 나뉘어 〈여성과 신화〉라는 제목으로 실린 그녀의 글은 예민한 남성들의 영혼을 상당히 흔들어놓았다. 그러나 진짜 스캔들은 1949년 5월에 터졌다. 《레 탕 모데른》 1면에 본래 《제2의 성》 2부에 넣기로 계획했던 장 하나를 미리 발표한 것이다. 제목은 '성의 입문'이었다. 와우!

아직 1부는 나오지도 않았지만 분노가 들끓었다. 시몬은 이렇게 말했다. "너무나 많은 것을 두고 나를 비난했다. 사실상 전부 다였다."[15] 일단 남성들은, 그러니까 "제1의 성의 매우 적극적 구성원들"[16]은 그 글을 자신에 대한 공격으로 받아들였다. 그래서 익명 혹은 실명으로 편지를 보내서 시몬을 성생활에 불만이 있거나 색광녀거나 레즈비언이거나 불감증이라고 비난했다. 증오의 댓글을 달기 위해 꼭 인터넷이 필요한 것은 아니다. 시몬이 자식을 몰래 숨겨두었고 낙태를 수백 번도 더 했다고 쑤군거렸다. 대놓고 불감

증을 치료해주겠다거나 시들어버린 욕망에 불을 지펴주겠다고 제
안하는 이들도 있었다.[17] 그런 유혹적인 서비스를 어떻게 마다할
수 있겠는가? 도덕 지킴이들은 프랑스인의 도덕이 위험에 처했다
고 생각했다. 그만큼 시몬의 글이 상스럽기 그지없다는 것이었다.
시몬은 거리에서 욕을 먹었고 협박당했으며 비웃음과 손가락질을
받았다. 1949년판 악플이었던 셈이다. 한때 시몬의 우상이던 가톨
릭 작가 프랑수아 모리아크는 《레 탕 모데른》의 한 직원에게 편지
를 썼다. "이제 나는 당신 상사의 질에 대해 모르는 것이 없군요."[18]
시몬과 사르트르의 친구인 여성의 영웅 알베르 카뮈 역시 그녀의
글을 "로만어를 쓰는 남성에 대한 모욕"[19]이라고 말했다.

　이런 논란에도, 아니 오히려 이런 논란 때문에 얼마 후 출간
된 《제2의 성》 1부는 엄청난 판매고를 기록했다. 몇 주 만에 2만
2,000부가 팔렸고 11월에 나온 2부 역시 베스트셀러로 등극했다.
시몬은 올그런에게 이런 편지를 썼다. "동성애자들은 '제3의 성'
이라고 부릅니다. 여성이 두 번째 자리이고 남성들과 동등하지 않
다는 사실은 전혀 언급되지 않지요. 그러나 어디를 가나 은연중에
숨어 있습니다."[20]

　프랑스 북부에서는 경찰이 몇몇 서점을 덮쳐 책을 압수하기도
했다. 북프랑스 도덕 연맹이라는 이름의 단체가 이 책을 비도덕
적이라고 했기 때문이다.[21] 바티칸과 프랑코 독재 치하의 스페인,
소련에서 이 책을 금서 목록에 올렸다.[22] 보수주의자들은 너무 논
란이 되고 너무 음란하다는 공식적인 이유를 들어 이 책을 거부했
다. 사회주의 좌파들은 책에 표현된 사회 비판이 만족스럽지 못하

다고 비난했다. 이렇게 저렇게 엄청난 적이 생겼다. 그래도 자크로랑 보스트, 모리스 메를로퐁티, 알베르토 자코메티 같은 동료와 친구들은 여전히 지지를 아끼지 않았다.

콜레트 오드리
작가, 활동가, 정신적 동지

첫인상으로만 판단했다면 콜레트 오드리와 시몬 드 보부아르는 절대 친구가 되지 않았을 것이다. 1932년 두 사람은 루앙의 잔다르크 고등학교에서 근무했고 시몬은 콜레트와 친하게 지내기로 마음먹었다. 폴 니장의 여성 동료가 시몬에게 진심으로 한번 친하게 지내보라고 권했던 것이다. 교무실로 들어간 시몬이 물었다. "어느 분이 콜레트 오드리인가요?" 처음 오드리는 시큰둥했지만 함께 식사하면서 이 열정적인 신참 여교사에게 호감을 느끼기 시작했고, 또 그녀가 자신처럼 안티부르주아라는 사실을 감지했다.[23]
콜레트는 정치인 가문에서 태어났다. 급진 사회주의자이자 제3공화정의 대통령을 역임한(물론 훗날에는 보수 진영으로 갈아탔다) 가스통 두메르그의 조카손녀였다. 그녀는 1928년 세브르의 여자 에콜 노르말 쉬페리외르를 졸업했고 그 후 교사로 일했다. 시몬이 아직 정치에 관심 없던 시절, 콜레트는 이미 마르크스의 저서를 집중적으로 공부하고 공산주의 단체에서 활동했으며 공산당 입당을 계획했다. 하지만 그보다는 노조 활동에 더 적극적이었다. 제2차 대전 중에는 그르노블의 레지스탕스에 합류했다. 콜레트는 평생 정당정치 활동에 적극적이었다. 처음에는 국제 노동자 동맹 프랑스 지부에서, 다음으로는 사회주의 노동자 농민당과 국제 노동자 동맹 프랑스 지부의 후신인 사회주의당에서 활동했다. 또 틈틈이 문학·예술 활동에도 참여했다. 《레 탕 모데른》에 글을 실었고 1962년에 소설 《욕조 뒤에서 *Derrière la baignoire*》를 발표해 유명한 메디치 상을 받았으며 자클린 자매의 영화(특히 1946년 작 〈소피는 말썽꾸러기 Les Malheurs de Sophie〉)에 시나리오를 썼다. 1960년대 초반부터는 여성 권리를 위해 투쟁했다. 여성 민주주의 운동(일종의 페미니즘 싱크 탱크로 1965년 대통령 선거에 출마한 프랑수아 미테랑을 지지했다)의 공동설립자였고 드노엘 출판사에서 발간한 '팜므 Femme' 시리즈를 맡아서 베티 프리단과 엘리너 루스벨트 등의 작품을 출간했다.

그녀는 루앙에 있을 때 시몬과 여성의 상황에 대해 토론해보고는 견해 차이가 크다는 사실을 금방 간파했다. 콜레트는 여성의 상황을 무엇보다 정치적 관점에서 분석했다. 여성해방은 비자본주의 체제에서만 가능하다고 확신했다. 콜레트는 민주적 사회주의자였지 사회 민주주의자가 아니었다. 시몬은 당시만 해도 정치·사회적 관점이 부족해서 자신을 출발점으로 삼았고 여성의 "상황"이란 것은 존재하지 않는다고 보았다. 당시 사르트르는 콜레트의 정치 참여를 비웃었고 정치는 여자가 나설 자리가 아니라고 생각했다. 콜레트는 사르트르에게 언젠가 자신이 여성에 관한, 여성으로서의 경험에 관한 책을 쓸 것이라고 협박했다. "기다려요, 사르트르, 내가 안 쓰면 그땐 다른 여성이 쓸 테니."[24] 그녀의 말이 옳았다.

대체 《제2의 성》의 무엇이 그토록 대단한 악평과 물의를 몰고 왔을까? 외설스럽다고 말이 많았던 문체 탓은 아니었을 것이다. 900쪽이 넘는 시몬의 두꺼운 작품은 《그레이의 50가지 그림자》가 아니었다. 오히려 그 반대였다. 여성의 처녀성을 다룬 그 장에서 뜨거운 논란을 불러일으켰던 구절은 차라리 임상 보고서처럼 읽힌다. 하지만 《제2의 성》은 불쾌감을 조장했다. 시몬의 메시지가 너무나 극단적이었고 그 분석이 너무나 예리하고 광범위하며 가차 없었기 때문이다.

1949년 책이 나올 당시 프랑스 여성들에게는 선거권이 있었고 1946년 프랑스 법에 따라 노동권과 평등, 동일 임금의 권리가 보장되었다(그렇다. 남녀 임금 격차는 당시부터도 문제였다). 하지만 가톨릭의 영향이 큰 데다 전반적인 사회 분위기가 보수적이었고 겉과 속이 달랐다. 레지스탕스에서는 남성과 나란히 동등하게 싸웠지만 이제 여성은 (국익을 위해) 무엇보다 출산에 힘써야 한다고 주장했다. 정부는 출산 장려 정책을 추진했고 전통적 가족과 모성애가 이상화되었다. 낙태와 피임은 불법이었다. 1804년 나폴레옹 보나파르트가 도입한 민법 역시 해방의 법전이라 부를 만한 것은 아니었다. 통합된 적극적 여성운동도 없었다.

《제2의 성》의 가장 놀라운 지점은 이런 시대에 페미니즘 진영이 아닌 한 여성 작가가 책을 집필했으며 그럼에도 당시의 중요한 페미니즘 주제를 논의했다는 사실이었다. 책은 시대를 훨씬 앞서갔다. 프랑스 페미니즘의 주요 저서는 대부분 1970년 이후에야 출간되었다. 그래서 많은 여성이 이 책을 거대한 페미니즘 담론의 일부로서가 아니라 혼자서 개인적으로 읽었다.

생물학적 조건은 운명이 아니다

《제2의 성》은 2부로 구성된다. 1부는 사실과 신화이며 2부는 체험이다. 서론에서 시몬은 이렇게 말한다. "인류는 남성적이다. 남성은 여성을 그 자체로 정의하는 것이 아니라 자신과 비교해 정의한다. 여성은 자율적 존재로 인식되지 않는다."[25] 그러니까 남성은 항상 자신은 절대적인 것으로, 여성은 상대적인 것으로 본다. 실존주의 개념을 사용해보면 "주체는 대립할 때에만 스스로를 규정한다. 즉 주체는 스스로는 본질적인 것이라 주장하고 타자는 비본질적인 것, 객체로 만들 권리를 요구한다."[26] 남성은 주체, 일자이며 여성은 객체, 타자다. 일자는 타자를 정의하지만 거꾸로 타자는 일자를 정의하지 못한다.

여성은 남성에게 종속되어 있었고 시몬은 그 이유를 알고자 했다. 어떻게 한 "인간이 여성 존재로서 자아실현"[27]을 할 수 있는지 알고 싶었다. (실존적) 갈등은 타자 역시 스스로를 본질적인 것으로 규정하고 마주 던짐을 통해 미래로 초월하고자 하기 때문에 발생한다. 한 여성에게는 엄밀히 말하면 "자율적 자유"[28]가 있지만 남성에 의해 객체의 역할을 강요받고 그 결과 내재에, 일종의 마비된 상태에 붙들린다. 왜 여성의 상황이 지금과 같은지 알기 위해 시몬은 유행하는 세 가지 학문을 연구했다. 생물학과 정신분석, 역사 유물론이었다. 하지만 그 학문들이 제공한 대답은 만족스럽지 못했다. 그래서 시몬은 실존주의적 실마리를 이용해 억압의 원인을 역사적 맥락에서 찾았고 남성이 만든 여성의 신화를 분석했다. 2권은 1권을 보완하는 여성들의 구체적 체험 보고서다. 시몬은 여성의 성장과 그 특수한 상황을 연구했다.

> "남자라면 인류 안에서 남자들이 처한 독특한 상황에 대해 책을 쓰자는 생각을 아예 하지 않을 것이다."[29]

시몬은 문학과 문화의 다양한 사례를 분석하고 다양한 학과의 텍스트를 인용한 후 다음과 같은 결론에 도달했다. "여자로 세상에 태어나는 것이 아니라 여자가 되는 것이다."[30] 많이 인용되는 이 문장은 흔히 "여자가 된다"가 아니라 "여자로 만들어진다"로 번역된다. 하지만 그 번역은 시몬의 원래 메시지와 맞지 않다. 여자를 미성년의 상황에 빠뜨리는 것은 사회만이 아니기 때문이다.

여성은 피해자이기도 하지만 공범이기도 해서 자신의 수동성과 객체 상태에 공동 책임이 있다(사르트르라면 자기기만이라고 말했을 것이다). 여성들이 이런 상태를 선택한 데에는 여러 가지 이유가 있다. 이를테면 그것이 득이 되기 때문이며, 독립이 두렵고 독립이 가져올 책임이 두렵기 때문이다. 따지고 보면 변화를 위해 적극 노력해 인생을 바꾸기보다는 있는 그대로 두는 쪽이 늘 훨씬 편하다.

나아가 시몬이 그 유명한 문장으로 말하고자 했던 바는 바로 이것이다. 생물학적 조건은 운명이 아니다. 해부학을 통해 결정된 "여성의 본질" 따위는 존재하지 않는다. 여성에게 정해진 행동 방식과 정해진 삶, 정해진 상황을 부과하는 "여성의 본질"은 없다. 시몬은 생물학적 성을 사회적 역할과 구분함으로써 오늘날의 섹스와 젠더 콘셉트를 정립했다. 시몬의 눈에 비친 여성이라는 범주는 사회 가설 이상은 아닌 것이다.

외워서 써먹기 좋은 《제2의 성》의 구절 여섯 가지

"남성은 절대로 특정 성별의 개체로 보이려 하지 않는다. 그가 남성이라는 것은 자명한 사실이다."[31]

"사회에서 여성이 차지하는 자리는 항상 남성이 지정해준 자리다."[32]

"여성이 신비스럽다는 말은 여성이 침묵한다는 뜻이 아니라 여성의 말이 이해받지 못한다는 뜻이다."[33]

"여자로 세상에 태어나는 것이 아니라 여자가 되는 것이다. 생물학적, 심리적 혹은 경제적 운명이 사회에서 그 여성이 취하는 모습을 정하는 것이 아니다."[34]

"여성이라는 사실은 오늘날 한 자율적 인간에게 매우 특별한 문제를 던진다."[35]

"인간이라는 사실은 인간을 구분하는 그 어떤 개별성보다도 훨씬 더 중요하다."[36]

이처럼 여성이 타자이고 객체인 상황은 여성의 신체 탓도 크다. 시몬은 "체화", 그러니까 이 세상에 존재하는 하나의 신체라는 사실이 여성에게 어떤 의미인지를 분석했다. 시몬이 보기에 신체는 물리적 여건일 뿐 아니라 철학적 상황, 윤리적 차원이기도 하다. 그리고 그 몸은 특히 재생산과 모성애가 보여주듯 해방으로 가는 길을 막는 장애물이다. 왜냐하면 임신을 해서 엄마가 되는 쪽은 여성이고, 그로 인해 여성에게는 특정 역할을 수행하리라는 기대가 주어지기 때문이다. 시몬은 소위 모성 본능이라는 것이 존재한다는 이론에 열정적으로 반대했다. "엄마의 태도는 그 엄마의 전체 상황과 그녀가 그 상황을 받아들이는 방식에서 나온다. 우리도 보았듯 그 결과는 극도로 가변적이다."[37]

임신과 모성애의 부정적 묘사(특히 태아를 "기생생물"로 지칭한 점) 때문에 시몬은 비판을 많이 받았다. 하지만 당시 프랑스의 지배적인 가정 숭배 및 모성 숭배를 제대로 파악한다면 그녀의 태도는 충분히 이해할 수 있다. 물론 자식이 없었던 시몬이 임신과 육아와 관련된 모든 것에 어느 정도 거부감을 키운 것도 사실이다. 하지만 결국 그녀가 말하고자 한 것은 적어도 프랑스에선 모성애가 여성이 직접 선택한 것이 아니라는 사실이었다. 피임약도 낙태도 불법이었다. 시몬 자신은 낙태를 한 적이 없었지만 친구 올가의 불법 낙태 현장을 직접 목격했다(이 경험은 《타인의 피》에서 문학적으로 가공되었다). 그런 만큼 그 문제가 늘 마음에 걸렸다.[38]

터부를 깬 여자, 시몬

《제2의 성》은 실존주의 윤리학을 기틀로 삼는다. 그 사실은 주체와 객체의 이분법뿐 아니라 여성 상황에 대한 시몬의 분석에서도 잘 드러난다. 개인의 자유는 항상 개인의 상황에 따라 제약을 받는다. 모든 상황은 다양한 요인들, 특히 사회·문화적 요인이 결정하기 때문이다. 그러나 실존주의자라면 당연히 개인의 자유를 제약하는 모든 요인을 거부해야 한다. 실존주의에서 우리는 그저 존재하지 않는다. 우리가 먼저 적극적으로 스스로를 무엇인가로 만들어야 한다.

따라서 그 누구도 여성으로 세상에 태어날 수 없다. 만일 그렇다면 태어나면서부터 정해진 특성이나 성격, 정해진 미래가 존재한다는 뜻일 테니 말이다. "다시 한번 강조하지만 인간 집단에서 자연적인 것이란 없다. 여성도 문명의 산물이다."[39] 개인의 결정, 습관, 외부 영향이 구조의 탄생에 기여하며, 그 구조를 부수기란 쉽지 않다. 하지만 불가능한 일도 아니다. 이론적으로 보면 여성의 상황은 극복될 수 있기 때문이다.

마지막 장 〈해방〉에서 시몬은 그에 대해 다양한 관점을 제시한다. 여성이 시민적 자유(예를 들어 선거권)에 만족하지 말고 경제적 자유를 가져야 한다고 요구한다. 직접 돈을 번다는 것은 타자의 역할에서, 종속에서 벗어나는 한 걸음이다. "여성이 기생충으로 살기를 멈춘다면 곧바로 그 종속을 기틀로 삼은 체제는 무너질 것이다. 여성과 우주 사이에 더는 남성 중개인이 필요하지 않을 것이다."[40]

하지만 경제적 독립도 반드시 해방을 낳지는 못한다. 경제적 독립을 이루었다고 해서 자동적으로 여성이 남성과 동등해지는 것은 아니다. 여성은 아직 "자신의 피투성과 초월성의 획득"[41]을 더 배워야 하기 때문이다. 진실로 자유롭기 위해서는 스스로를 (인간으로서) 남성과 대등하게 취급해야 한다. 그러나 그걸 방해하려는 남성이 적지 않다. 특권적 지위를 포기하고 싶지 않기 때문이다.

시몬에 따르면 여성의 "인간화"가 결단코 모든 성의 차이를 없애는 것은 아니다. 오히려 그 반대다. 시몬은 "남성과 여성의 특정한 차이는 앞으로도 계속 존재할 것"[42]이라고 말한다. 지금도 뜨거운 논의의 대상인 이 문제를 시몬은 이미 1949년에 거론했다.

양성평등은 섹슈얼리티를 위협하는가? 두 사람이 동등해도 그들 사이에 열정 같은 것이 존재할 수 있을까? 해방은 섹스를 죽일까? 시몬은 단호하게 아니라고 대답한다. "실존의 긴장, 분열, 기쁨, 실패, 승리는 항상 섹슈얼리티에서 물질화된다."[43]

남자와 여자는 여전히 서로에게 "타자"로 남을 것이며, 서로에게 관심과 욕망을 느낄 것이다. 안심되는 소식이기는 하지만, 어차피 인류의 평등은 아직 요원한 길이다. 그래서 시몬은 말한다.

"경제적 조건만 변하면 여성의 변화가 가능하다고 믿어서는 안 된다. 경제적 요인은 여성 진화의 가장 중요한 동력이고 앞으로도 그러할 테지만 그 요인이 지시하고 요구하는 윤리, 사회, 문화 및 그 밖의 결과들이 동반되지 않는 한 새로운 여성은 등장할 수 없다. 지금껏 이 조건은 어디에서도 실현되지 않았다. 소련에서도, 프랑스에서도, 미국에서도."[44]

용감하고 지적이며 독창적으로 (그리고 아주 아주 가끔이지만 재미도 있게) 시몬은 여성의 차별적 지위를 정당화하는 특수한 여성의 특성이 존재한다는 사상을 해체했다. 대신 인간은 주어진 상황에 처한 자유로운 의식의 존재라는 실존주의 사상을 여성에게 적용했다. 그녀의 방법은 때로 매우 독창적이고 출처를 알 수 없는 구절도 있지만 애당초 시몬은 학술서를 집필하려던 것이 아니었다. 《제2의 성》은 처음부터 일반 대중을 목표로 삼았다. 그 사실은 군데군데 유쾌한 농담을 곁들인 이해하기 쉬운 문체("커다랗고 둥근 난자가 움직이는 정자를 덥석 깨물어 거세시킨다")[45]에서도 잘 드러난다.

시몬은 낙태와 매춘, 섹스처럼 당시 프랑스에서 터부로 통하던 문제들을 거침없이 끄집어내어 토론이 가능하고 협상이 가능한 주제로 만들었다. 개인적인 것이 정치적이다. 그 사실은 독자들도 감지했다. 시몬은 엄청난 독자 편지를 받았고 《레 탕 모데른》에는 낙태가 필요해 시몬에게 도움을 청하는 여성들의 연락이 줄을 이었다.

《제2의 성》은 여성에게 적극성을 가지라고, 자기 인생을 책임지라고 요구했다. 여성 차별을 이해하고 토론할 수 있도록 여성들에게 탄약과 배경지식을 제공했다. 자신의 책은 그저 보조 역할일 뿐이라고 시몬은 겸손하게 말했다. "나의 책이 여성들에게 도움이 되었다면 그건 그저 그들에게 표현을 빌려주었기 때문입니다. 그 보상으로 그들은 책에 진실한 내용을 불어넣어 주었지요."[46]

번역에서 길을 잃다

1953년 미국에서 《제2의 성》이 번역 출간되자 곧바로 베스트셀러가 되었다. 하지만 프랑스에서와 달리 물의를 빚지는 않았다. 시몬은 책의 성공을 해맑게 기뻐했다. 하지만 지금 우리는 동물학과 교수 하워드 M. 파슐리가 번역을 하면서 자기 마음대로 내용을 축약해버렸다는 사실을 잘 안다. 물론 시몬도 그 사실을 알았지만 어느 정도나 손을 댔는지는 몰랐다.

축약과 삭제(책에 사실을 공지하거나 설명하지도 않았다)도 문제였지만 철학 개념의 오역도 문제였다. 대자(對自, 존재함에 대한 의식)는 '그녀의 진정한 본성 그 자체'로, 그러니까 정반대의 의미로 번역되었다. 그 결과 영어판에서는 책이 가진 실존주의적 차원이 은폐되어 버렸다.[47] 서문에서 미국 독자들에게 실존주의를 설명해야 마땅한데도 오히려 출판사는 최대한 실존주의를 덜어내려고 애썼다. 이 복잡한 프랑스 철학을 미국인들이 과연 이해했는지 의심스러운 대목이다.

그 사이 무엇보다 페미니스트들의 재촉으로 새 번역판이 선을 보였다. 1953년 파슐리가 세상을 떴다는 소식을 들은 시몬은 올그런에게 이런 편지를 보냈다. "불쌍한 내 번역자가 세상을 떴습니다. 아셨나요? 심장마비였답니다. 《제2의 성》을 더는 번역하지 못하게 되자 견딜 수가 없었던 것이지요. 삶의 의미를 잃어버렸고 그래서 눈을 감았을 겁니다."[48]

사회주의자에서 페미니스트로

《제2의 성》은 페미니즘의 고전으로 꼽히지만 사실 1949년만 해도 시몬은 아직 페미니스트가 아니었다. 여성운동이라고 부를만한 실질적인 운동이 없기도 했거니와 있었다고 해도 시몬이 함께 후일을 도모하고픈 단체가 없었다. 게다가 그녀는 사회주의자였기에 자본주의 체제의 이행, 즉 계급 모순의 해체가 자동적으로 여성의 해방을 동반할 것이라고 믿었다. 1950~70년대 수많은 좌파 지식인들도 같은 생각이었다. "《제2의 성》이 전투적 페미니스트들에게 유익할지는 모르겠으나 사실 이 책은 전투적인 책이 아니다. 나는 여성의 상황이 사회와 함께 변할 것이라고 믿는다."[49]

하지만 시간이 흐르면서 그렇지 않다는 것을 그녀도 깨닫게 된다. 수많은 서유럽 지식인들이 그러했듯 그녀도 소련 정부에 실망했고 더는 사회주의를 구원의 약속으로 보지 않았다. 이제야 명확해졌다. 사회주의 사회 형태가 자동적으로 남녀평등을 가져다주지는 않는다. 공산주의에서도 여성해방은 우선 과제가 아니었다. 1966년 시몬은 프랑스 철학자 프랑시스 장송과의 인터뷰에서 스스로를 페미니스트라고 칭했다. "페미니즘은 개별적으로 살면서 집단으로 투쟁하는 방식입니다."[50] 그러면서 그녀는 자신은 흔히 주어졌다고 생각하는 여성의 본성을 거부하기 때문에 "급진" 페미니스트라고 주장했다.[51]

"분명 인간의 여성 표본과 남성 표본 사이에는 유전, 내분비, 해부학의 차이가 존재한다. 하지만 그 차이가 '여성임'을 결정할 만큼 크지는 않다."[52]

시몬이 최종적으로, 공식적으로 페미니스트가 된 때는 1960년 대 말, 1970년대 초였다. 1967년 파리에서 여성운동 단체 여성 남성 미래Féminin, Masculin, Avenir가 탄생했다. 1962년에 만들어 진 사회주의 여성조직 여성 민주주의 운동Mouvement Démocratique Féminin, MDF이 그 전신이었다. 곧이어 전위주의적인 파리 뱅센 대 학에서 앙투아네트 푸크, 모니크 위티그, 뤼스 이리가레를 중심으 로 새로운 그룹 정신분석과 정치학Psychoanalyse & Politik, Psy&Po이 생겨났다. 회원들은 마르크스와 프로이트의 저서를 주로 읽었지 만 라캉 같은 현대 프랑스 사상가들의 책에도 큰 관심을 보였다.

1968년 5월 낭테르 대학교에서 학생 시위가 시작되었다. 대학 생들은 프랑스 대학 시스템의 민주화와 프랑스 사회의 급진적 변 화를 원했다. 시위대 중에는 여학생들도 많았는데 얼마 안 가 남 성들이 68운동의 주도권을 독점하고 있다는 사실을 깨달았다. 시 몬의 표현을 빌리면 "이 사이비 혁명 집단들에서 여성은 커피를 타다 바치는 비서에 불과했다."[53] 그러니까 현대 프랑스 여성운동 은 1968년 5월이 낳은 간접적 결과였다. 그곳에서 군림하던 좌파 마초들에 대한 여성들의 대응이었던 것이다.

1970년 8월에는 신 프랑스 여성운동 단체, 여성해방 운동 Mouvement de Libération de la Femmes, MLF이 공식 활동을 개시했다. 아 홉 명의 페미니스트가 파리 개선문 무명용사의 묘에 화환을 놓았 다. 그 전에 그들은 "무명용사보다 더 무명인 자가 있다. 그의 아내다!"라고 적힌 플래카드를 높이 쳐들었다. 시몬은 이 시점에 이미 《제2의 성》에 관심을 보이는 낭테르 대학교 여학생들과 접촉하고 있었다. 하지만 본격적으로 페미니즘 활동에 나선 것은 1970년대 초반부터다. 당시 프랑스 여성운동은 작은 분파로 쪼개져 있었다 (Psy&Po와 페미니스트 혁명가들Feministes Revolutionnaires도 여기에 포함되었다). 분파마다 중점을 둔 부분이 달랐으므로 이해관계가 같을 수 없었다.

그런데 1970년에 이 모든 그룹을 규합할 주제가 등장했다. 바로 낙태 금지였다. 여성해방 운동은 해당 법 조항 폐지를 목적으로 대규모 캠페인을 출범시켰다. 젊은 페미니스트 몇몇이 유명인의 지원 사격이 나쁠 것 없다고 생각했고 유명한 시몬 드 보부아르에게 도움을 청하기로 결심했다. 시몬은 이미 1949년에 《제2의 성》에서 왜 여성에게 낙태 권리가 있어야 하는지를 역설한 바 있다. 독일 작가이자 잡지 《엠마》의 발행인인 알리스 슈바르처도 시몬과 접촉한 여성해방 운동 회원 중 하나였다. 당시 이십대 후반이던 슈바르처는 열심히 기자 활동을 하면서 파리 뱅센 대학교에서 강의를 듣고 있었다. 그녀의 추억담을 들어보자.

"1970년 가을에 우리 단체 회원 몇몇이 쉘세르 거리 11번지로 가서 시몬 드 보부아르의 집 초인종을 눌렀다. 사르트르가 마오주의자의 길동무를 자처하던 시기였다. 그리고 우리는 《제2의 성》으로 우리를 눈 뜨게 해주었던 시몬 드 보부아르가 우리 편임을 알았다. 그 대단한 저서가 없었다면 뉴 페미니즘은 이처럼 빠르게 진전할 수 없었을 것이다. 시몬도 우리와 같은 생각이었다. 우리 젊은 페미니스트들은 그녀가 열어준 문으로 달려 들어갔다. 그 후에도 우리는 당시 예순세 살이던 그녀와 당연한 듯 만나 식사를 했다. 당시 우리는 대부분이 서른에서 마흔 사이였다."[54]

신세대

그러나 여성해방 운동에서 활동하던 모든 페미니스트들이 슈바르처처럼 시몬과 《제2의 성》에 열광했던 것은 아니다. 시몬은 과거 세대였고 그녀의 책이 나온 지는 이미 20년이 넘었다. 더구나 논란이 많은 책이었다. 《제2의 성》이 기초로 삼은 실존주의 윤리도 문제였다. 실존주의는 이미 철학으로서 생명을 다했고 뒤를 이어 라캉, 푸코, 바르트 같은 후기 구조주의자들이 한창 인기였다. 정신분석과 해체에 관심을 가진 젊은 페미니스트들이 보기에 시몬은 그저 과거의 화석 같은 인물이었다.

하지만 실존주의 틀만 문제였던 것은 아니다. 모성애와 여성의 신체를 바라보는 시몬의 부정적 시선과 "남성적 사고"도 도마에 올랐다. 시몬이 실존주의 남성 철학에 근거해 책을 썼고 여성의 억압을 분석하기 위해 남성적 사고방식을 이용했다고 말이다. 지금도 많은 사람들이 그렇게 생각한다. 나아가 시몬이 여성에게 남성적 특성과 행동 방식에 적응하라고 요구했다는 비판도 적지 않다.

페미니스트들이 이런 인상을 받게 된 데에는 시몬이 스스로를 예외적인 여성으로, 개별적 사례로 소개함으로써 앞선 여성들의 성취를 홀대한 것도 원인이었다. 시몬은 계획한 모든 것을 이루었기 때문에 이런 단호한 태도를 다른 여성들에게도 기대했고 수동적이거나 약한 여성들을 가차 없이 비판했다. 그때나 지금이나 일반적으로 많은 페미니스트들이 시몬의 여성상을 부정적이라고 느낀다. 시몬이 여성들에게 이런저런 것들을 요구한 이유는 억압을 인간 관계에 비추어 분석함으로써 사회, 경제, 문화적 요인을 너무 무시했기 때문이기도 하다고 말이다. 이 모든 비판은 정당하다. 실제로 시몬은 이런 비판들을 항상 수용하고 인정했다.

하지만 따지고 보면《제2의 성》이 1970년대에 와서 맞닥뜨렸던 가장 큰 문제는 한때는 획기적이었으나 이제는 구닥다리라는 (부당한) 평가였다. 1949년 당시 그 작품은 시대를 훨씬 앞서 낙태의 권리와 피임법과 경제적 자유를 요구했고 모성애와 동성애 같은 많은 신화와 터부를 깨뜨렸다. 그런데 1970년에 들어서 이런 요구와 주제가 페미니즘의 주류가 되어버렸다. 더는 논쟁거리도 아니었다. 무엇보다 시몬과《제2의 성》과는 전혀 상관없는 주제가 되어버렸다. 사실 그 책이 프랑스 여성운동에 얼마나 지속적 영향을 미쳤는지도 불확실하다. 그에 대한 의견은 심하게 엇갈린다.

시몬의 인성이나 (자식이 없고 결혼하지 않았으며 자유롭게 살았던) 생활 방식이《제2의 성》보다 더 많은 영향을 (프랑스) 여성들에게 미쳤을 가능성이 높다. 그러니까 시몬은 여성들에게 영감을 주는 삶의 모델이었던 것이다. 하지만 훗날 베티 프리단과 케이트 밀레트 같은 미국 페미니스트들이 시몬의 많은 사상을 계승했으면서도 그 사실을 밝히지 않았던 것 또한 사실이다.

시몬에게 영감을 받은 페미니즘 사상

일반적으로 요즘 사람들은 《제2의 성》을 현대적이지 않은 작품, 역사적 유물로 취급한다. 하지만 사실 그 책은 현대 페미니즘 사상에 많은 영감을 주었고 많건 적건 영향을 미쳤다. 제일 먼저 젠더 이론을 꼽을 수 있다. "여자로 태어나는 것이 아니라 여자가 되는 것이다"라는 시몬의 유명한 말은 성별이 생물학적 여건에 불과하다는 가정을 완전히 뒤집었다. 그녀는 여성이 되는 과정에서 작용하는 사회적·문화적 요인의 역할을 강조했다. 여성성은 자연적인 것이 아니라 길러지는 것이라고 말이다. 오늘날 특히 젠더 연구에 기초한 섹스(생물학적 성)와 젠더(사회적 성)의 구분에서 재확인할 수 있는 사상이다.

"남성의" 언어를 사용한다는 비난을 받기도 했지만 시몬은 《제2의 성》에서 성별에 따른 언어에 대해 고민했다. 시몬은 인간을 지칭하는 프랑스어 '옴므homme'는 인간뿐 아니라 남성을 의미하기도 한다는 사실을 지적했다. 그러니까 남성은 자동적으로 인간적이다. 언어는 권력을 갖는다. 언어에서부터 여성이 인간됨에서 배제당한다면 그런 현실은 과연 한 사회의 권력 관계에 대해 어떤 말을 할 것인가?

또 하나 시몬은 개인적인 것이 정치적이라고 말했다. 이 말이 1970년대 여성운동의 슬로건이 되기 수십 년 전에 말이다. 시몬은 다양한 여성의 말을 듣고 그들의 개인적 경험을 기록했으며 이를 통해 그들에게 목소리를 선사하고 그들의 경험이 결코 개인적인 것이 아니라 사회의 표본임을 입증했다.

낙태권 투쟁

그들이 아무리 《제2의 성》을 비판하고 그 책의 영향력을 의심했어도 시몬은 젊은 페미니스트들과의 만남을 반겼고 적극적으로 활동하리라 마음먹었다. 시몬은 1971년 4월 5일 잡지 《르 누벨 옵세르바퇴르》에 실린 〈343인 선언문〉에도 참여했다. 배우 잔 모로와 작가 마르그리트 뒤라스를 포함해 낙태 경험이 있는 343인의 여성이 참여한 선언문이었다. 시몬은 낙태 경험이 없었지만 연대에 의미를 두었다.

이 시기 그녀는 사회주의 혁명이 여성 문제를 자동적으로 해결할 것이라는 생각을 완전히 버렸고 텔레비전에 출연해서도 그런 심경을 명확히 밝혔다. 1975년 4월 6일 TV 프로그램 〈케스티오네르Questionnaires〉(타이틀: 나는 왜 페미니스트인가)에 출연한 그녀는 밝은 청색 두건을 두르고 양손을 깍지 낀 채 누가 봐도 긴장한 듯 연신 몸을 움직였다. 그리고 사회자 장 루이 세르방 슈레베르에게 이렇게 설명했다. "공산주의와 여성의 역사는 복잡합니다. 공산주의는 여성의 문제, 성별 갈등을 일차적 문제인 계급 갈등과 비교해 이차적으로 보았지요." 체코슬로바키아 같은 공산 국가에서도 여성의 운명은 남성과 같지 않으므로 그녀는 이제 자신을 페미니스트라고 부를 것이라고 말했다.

《제2의 성》은 주로 분석에 초점을 맞추었을 뿐 여성해방의 정교한 전술이나 방법을 개진한 적은 없다. 따라서 시몬은 젊은 페미니스트들이 의식적이건 무의식적이건 《제2의 성》을 실마리로 삼아 나름의 전략을 발전시키는 광경을 기쁜 마음으로 지켜보았다. 여성운동에서 자신이 해야 할 역할은 분석의 발전보다는 활동 지원이라고 시몬은 생각했다. 유명 지식인이라는 특권을 이용해 페미니즘의 요구와 관심사를 널리 알리는 것이라고 말이다. 그녀의 말마따나 그녀는 운동에 "처분"[55]을 맡겼다.

시몬은 사르트르와 정치 여행을 갈 때마다 현지 여성들을 만나 그들의 상황에 귀를 기울였다. 여성들의 하소연을 듣고 성차별 사례를 수집했으며 강연 때마다 여성의 권리를 들먹여 주최 측을 곤란하게 만들기도 했다. 한 번은 이집트에서 한 중년 남성이 이렇게 말했다. "마담, 그렇지만 여성의 불평등은 종교입니다. 코란에 그렇게 써 있답니다."[56] 프랑스에서도 시몬은 뜻을 같이 하는 사람들과 대화를 나누었고 여성해방 운동 여성들이 들려주는 이야기를 하나도 놓치지 않고 경청했다. 그리고 그들에게서 많은 영감을 얻었다. 1976년 인터뷰에서 알리스 슈바르처가 젊은 페미니스트들에게 배운 점이 있냐고 묻자 시몬은 이렇게 대답했다.

"네, 정말 많이 배운답니다. 그들 덕분에 저의 많은 견해가 급진적으로 변했거든요. … 투쟁해야 합니다. 젊은 페미니스트들이 내게 가르쳐준 것 중에 특히 경계심을 꼽을 수 있을 것 같아요. 그무엇도 그냥 넘어가지 않습니다. 우리가 예사로 생각하는 아주 사소한 것도, 일상적 성차별도. 그건 언어에서부터 시작되거든요."[57]

"좁은 의미의 투사"[58]는 아니었지만 시몬은 많은 페미니즘 활동에 참여했다. 1971년에는 변호사 지젤 알리미가 설립했고 주로 낙태권 투쟁에 매진했던 단체 슈아지르 라 코즈 데 팜프Choisir la cause des femmes의 회장이 되었다. 1972년에는 보비니 낙태 재판에 증인으로 출석했다. 법정에서는 불법으로 낙태한 여성 여러 명이 재판을 받았는데 그중에는 성폭행을 당해 임신한 미성년자도 있었다. 낙태권 투쟁은 결실을 맺었다. 당시 보건부 장관 시몬 베유의 이름을 딴 "베유 법"이 통과됨으로써 1975년 프랑스에서는 낙태가 합법화되었다. 목표는 이루었지만 시몬은 멈추지 않았다. 페미니즘 행사와 토론회에 참석했고 잠시 여성 인권 연맹La Ligue du Droit des Femmes의 회장직도 맡았으며 일터의 여성 차별에 저항하는 운동에도 참여했고 여러 여성의 집을 (경제적 지원을 포함해) 지원했다. 1973년에는 《레 탕 모데른》에 〈일상의 성차별〉 면을 신설해 독자들에게 일상의 성차별 경험을 투고하라고 권했다. 1977년에는 크리스틴 델피 등이 창간한 잡지 《페미니즘의 질문들Questions féministes》(훗날 페미니즘의 새로운 질문들Nouvelles questions féministes로 이름을 바꾸었다)의 발행을 맡았다. 하지만 편집부가 분열되었다. 시몬과 델피는 좌파 정치를 지향하자고 요구했지만 (모니크 비디크를 중심으로 한) 반대쪽에서는 자율적 여성운동을 옹호했다.[59]

지젤 알리미
변호사, 활동가, 동지

지젤 알리미는 십대 때부터 반항심이 대단했다. 열네 살 때는 오빠의 잠자리를 봐주지 않겠다고 단식투쟁을 했다. 지젤은 튀니지에 사는 보수적인 유대인 가정에서 태어났다. 여자는 당연히 남자의 뒤치다꺼리를 해야 한다고 생각하는 곳이었다. 이처럼 어릴 때부터 투쟁심이 남달랐던 그녀였기에 커서 여성의 권리를 위해 투쟁하는 변호사가 된 것도 어쩌면 당연한 일이다.

1960년대 초 지젤은 자밀라 부파차 사건 덕분에 시몬을 처음 만났고 그 이후 두 사람은 낙태 합법화를 위해 함께 투쟁했다. 1971년 두 사람은 〈343인 선언문〉에 서명했고 알리미가 설립한 페미니즘 운동 단체 슈아지르 라 코즈 데 팜므에서 함께 활동했다. 하지만 의지가 강하고 고집 센 두 여성이 오래 함께하기란 쉬운 일이 아니었다. 지젤도 시몬도 뜻을 꺾지 않았고 타협을 원치 않았다. 결국 시몬이 조금씩 걸음을 물렸고 한때의 동지는 결별해 각자의 길을 걸었다.

그래도 한동안은 계속해서 협력했다. 1972년 보비니 낙태 재판에서 지젤은 성폭행당한 딸의 낙태를 도운 한 어머니를 변호했고 시몬은 증인으로 출석했다. 여론에 호소했던 재판 덕분에 1975년 마침내 프랑스에서 낙태가 합법화되었다. 하지만 지젤의 투쟁은 거기서 끝나지 않았다. 1978년 성폭행 피해를 입은 두 젊은 여성을 변호해 2년 후 성범죄를 명백한 범죄로 규정하는 법안이 가결되는 데 크게 일조했다. 재판을 공개하고 언론에 널리 알린 지젤의 전략이 통한 것이다.

지젤의 투쟁은 여성의 권리에만 국한되지 않았다. 그녀는 시몬과 사르트르처럼 1967년에 열린 러셀 민간 재판에도 참여했다. 또 1981년에서 1984년까지 이제르 주 사회주의당 의원으로 국회에까지 진출했다. 하지만 정치권에서는 큰 활약을 하지 못했다. 지젤은 그 이유로 무엇보다 의회에 만연한 여성 적대적 분위기를 꼽았다. 환멸을 느낀 그녀는 정당정치를 뒤로 하고 다른 프로젝트에 힘을 쏟았다.

1985년부터 1986년까지 그녀는 프랑수아 미테랑 대통령에게 임명받아 프랑스 유네스코 대사직을 역임했다. 지젤은 1965년 선거에서 미테랑을 지지했지만 (콜레트 오드리처럼 그녀도 여성 민주주의 운동 소속이었다) 1981년 미테랑이 당선된 후에는 그에게 실망해 그의 정치 스타일을 비판했다. 1998년에는 세계화를 비판하는 비정부기구 국제 금융 관세 연대Association for a Taxation of financial Transactions in Assistance to the Citizens, TTAC의 공동 설립자로 활동했다. 그래도 그녀의 관심 주제는 역시 양성평등이다. 2008년에도 지젤은 프랑스의 성평등 상황이 만족스럽지 않다고 단언했다. "그 문제가 나를 놓아주지 않아요. 괴벽처럼 나를 쫓아다니죠."[60]

평등의 페미니즘 대 차이의 페미니즘

여성운동의 자율성을 둘러싼 다툼은 여성해방 운동 내부의 분열에서 상징적으로 드러난다. 한쪽에는 시몬이 대변한 평등의 페미니즘이, 다른 쪽에는 차이의 페미니즘이 있다. 뭐가 다를까?

평등의 페미니즘 혹은 이퀄리티 페미니즘은 남녀의 차이가 문화·사회적으로 만들어진다고 본다. 권력 상황이 남성에게 유리하도록 정한 역할들을 소위 "남성적" 혹은 "여성적" 특성을 근거로 삼아 남녀에게 지정한다는 것이다. 평등의 페미니즘을 비판하며 등장한 차이의 페미니즘은 남성과 여성의 본성과 성역할이 다르다고 주장하며, 특히 남성과 다른 여성만의 특수한 것을 가시화하는 데 중점을 두었다. 대표적인 것이 뤼스 이리가레와 줄리아 크리스테바, 엘렌 식수가 주장한 소위 '여성적 글쓰기'다. 이들은 여성적 주체에서 출발해 "상징적 남성 질서"를 부수고자 했다. 이때 언어와 문학이 중요한 역할을 맡는다. 여성이 자기 자신의 이야기를 털어놓고 글로 옮기면서 여성의 관점을 투입해야 하는 것이다.

시몬은 여성적 실존 같은 것을 믿지 않았기 때문에 여성적 글쓰기도 차이의 페미니즘도 전반적으로는 거부했다. 시몬의 페미니즘이 실존주의, 보편주의, 반 생물학적이라면 차이의 페미니즘은 정신분석, 해체주의, 포스트모던이었다. 평등의 의미와 쟁취 방법을 바라보는 이런 견해 차이는 당연히 갈등을 불러왔다. 지금까지도 프랑스뿐 아니라 여러 나라에서 페미니스트들이 겪는 갈등이다. 당시 1970년대의 젊은 프랑스 페미니스트들은 이런 갈등을 《제2의 성》의 이론과 주장을 수긍하고 그것을 더욱 발전시키려 하거나 아니면 확실히 선을 긋고 거부하는 식으로 표현했다.

페미니스트 운동권 내부의 갈등과 노선 싸움을 목격한 시몬은 실망을 금치 못했다. 하지만 어차피 그녀는 이론 논쟁보다 실천적 참여에 더 관심이 많았다. 1981년 시몬은 사회주의자 프랑수아 미셸의 대통령 선거를 지지했고, 1983년 신설 여권부 장관 이베트 루디의 청을 받아들여 여성과 문화 위원회Commission Femme et Culture에서 활동했다. 이베트 루디를 높이 평가했던 시몬은 위원회의 명예 회장직을 맡아 열심히 일했다. 한 달에 한 번 루디의 대변인이 집까지 와서 시몬을 여권부로 데려가면 거기서 위원회 위원들과 함께 회의를 했다.

하지만 그 일을 제외하면 그녀도 점차 페미니즘 활동에서 손을 떼고 물러앉았다. 어느덧 일흔여섯, 이제는 직접 나서기보다 이름만 빌려주는 형태여서 그녀의 지원 활동 대부분이 상징적인 차원이었다.[61] 젊은 여성 활동가들이 충분하기도 했거니와 1980년 사르트르가 세상을 뜬 후 시몬의 건강 상태가 급속도로 나빠진 데에도 원인이 있었다. 술과 약에 너무 의존했다. 제아무리 시몬 드 보부아르라도 체력의 한계는 있는 법이니까.

창의적 직업군의 여성들

시몬은 작가였으므로 이런 창의적 직업군의 여성들이 어떤 장애를 이겨내야 하는지 누구보다 잘 알았다. 여성들을 괴롭히는 전형적인 논리를 그녀라고 듣지 않았을 리 없다. "뭐, 여자가 남자보다 능력이 떨어지는 게 사실이잖아요. 재능이 없으니까 성공을 못 하는 거죠." 1996년 일본 강연 중에 그런 말을 들은 시몬은 확실하고 단호하게 대답했다. "여성 스스로가 어떤 일을 시도할 때 남성과 똑같은 용기를 내고 똑같은 희망을 품지 않습니다. 시작하기도 전에 낙담하지요. 사회가 기회를 주지 않을 것이라는 사실을 알기 때문이죠."[62]

《제2의 성》에서 시몬은 여성들은 중간 정도밖에 못 간다는 비난을 많이 듣는데 그런 식의 비난은 "여성들에겐 지평선이 막혀 있다"[63]는 사실의 표현에 불과하다고 주장했다. 여성이 능력이 떨어지거나 창의적이지 않거나 우수하지 않아서가 아니라 여성의 출발점이, 주어진 상황이 남성과 다르다고 말이다. 여성은 다른 시선을 받고 다른 평가를 받는다. 창의적인 여성들이라 해도 어찌 그런 사회 분위기의 영향을 전혀 받지 않을 수 있겠는가?

해방을 삶으로 실천하다

1986년 4월 14일 시몬이 세상을 떠났다. 좌파 언론은 부고에서 그녀를 페미니즘의 모범으로 추앙했다. "여자로 태어나는 것이 아니라 여자가 되는 것이다"라는 그 유명한 문장도 곳곳에서 인용되었다. 하지만 《제2의 성》의 파급력을 비판적으로 조명하면서 지금의 (프랑스) 페미니즘에 미친 책의 영향력에 의문을 제기한 글들도 있었다. 여전히 시몬의 이론보다 그녀의 생활 방식이 파급효과가 훨씬 크다고 말이다.[64] 그래서인지 프랑스뿐 아니라 다른 나라 여성들도 시몬의 회고록을 좋아한다. 자타공인 페미니즘 작품은 아닐지 몰라도 시몬을 매력적인 여성으로 만든 모든 것이 그 안에 담겨 있기 때문이다. 무엇이든 이루고자 했던 그녀의 바람과 자유를 향한 갈망은 해방의 역사를 기록했다.

그와 달리 《제2의 성》은 계모 같은 신세가 되어버렸다. 페미니즘 맥락에서 자주 인용되기는 하지만 이제 아무도 그 책을 읽지 않는다. 실제로 《제2의 성》은 가장 많이 인용되지만 가장 적게 읽히는 페미니즘 저서인 것 같다. 아무리 그래도 책의 현실성을 부인할 수는 없다. 예를 들어 아래의 구절은 백인 여성 대다수가 (누가 봐도 성차별적이고 여성에 적대적인) 도널드 트럼프 후보를 뽑았던 2016년의 미국 대선에 대한 해설처럼 읽힌다.

"그들은 남자들 틈에 뿔뿔이 흩어져 살며, 집과 일과 경제적 이익과 사회적 지위를 통해 (아버지건 남편이건) 특정 남자들과 더 긴밀한 관계를 맺고 있다. 시민 계급 여성으로서 노동자 계급 여성이 아니라 시민 계급 남성들과 연대하며 백인 여성으로서 흑인 여성이 아니라 백인 남성들과 연대한다."[65]

성은 사회 구조물이라는 시몬의 생각 역시 여전히 현실성을 잃지 않는다. 그녀가 1949년에 이미 개진한 이런 주장은 젠더 연구의 주춧돌을 놓았다.

"아니다. 우리는 배역을 맡지 못했다. 50년대 이후 실제로 아무것도 달성하지 못한 것이나 진배없다."[66]

《제2의 성》의 후속작이라고도 볼 수 있을 《노년》은 더 잊힌 작품이다. 1970년에 나온 이 저서는 《제2의 성》과 비슷하게 특정 상황을 매우 비판적으로 조명한다. 바로 노년이라는 상황이다. 시몬은 노년이 성별과 똑같은 "문화적 사실"[67]이라고 주장한다. 이번에도 다양한 텍스트를 연구해 신화와 편견을 밝혀냈고, 2부에서는 구체적이고 개인적인 사례를 첨부했다. 여성은 나이가 들면 남성보다 더 불이익을 당한다. 그 사실은 여성이 처한 일반적 상황, 부당한 대우, 신화화와 관련이 있다.

시몬에게 노년은 지극히 개인적인 주제였다. 그녀도 노화의 문제를 겪었고 쉰 살도 되지 않아 할머니가 된 것 같은 기분에 빠졌다. 실제로는 그렇지 않았지만 신체 변화를 받아들이기 쉽지 않았던 것이다. 따라서 그녀가 노화에 관심을 가질 때마다 항상 약간의 우수가 동반됐다. 그 사실은 1967년에 나온 단편 모음집《위기의 여자》에서도 확인된다. 주인공들은 모두 이제는 젊지 않은 여성들이다. 그녀들은 온갖 위기를 겪고 외로움을 느끼며 암울한 눈으로 미래를 바라본다.

책이 나오자 시몬은 페미니스트들에게서 비난의 편지를 많이 받았다. "투쟁적인 내용이 들어 있지 않아"[68] 실망했다는 것이었다. 불행한 여성 주인공 대신 강한 페미니즘 모델들을 보여주어야 한다고 말이다. 시몬의 소설 속 여성들은 호감 가는 인물들이 아니다. 모두가 나름의 결점과 특성이 있다. 하지만 과연 그렇다고 해서 그들이 "페미니즘적"이지 않을까? 시몬이 페미니즘의 이상을 배반했을까? 시몬은 그렇지 않다고 말한다. "무엇보다도 나는 모범적인 주인공을 택해야 한다는 압박감을 느끼지 않는다. 실패와 오류와 자기기만을 묘사한다고 해서 누군가를 배신하는 것은 아니다."[69] 달리 말하면 여성은, 인간은 실수투성이다. 그래서 시몬은 그들을 그렇게 묘사했다. 그것을 두고 페미니즘적이지 않다고 한다면, 그건 페미니즘적이지 않은 것이다.

분명 시몬은 완벽한 페미니즘 모델은 아니다. 그녀의 말과 행동이 모두 옳은 것도 아니다. 하지만 그녀는 언제나 배울 자세가 돼 있었고 언제라도 젊은 페미니스트들에게 자리를 내어줄 준비가 돼 있었으며 그들에게 "올바른" 페미니즘이 무엇인지 함부로 지시하지 않았다. 여성운동을 위해서라면 언제든 자신의 유명세를 내 쳤지만 결코 떠밀려 억지 놀음을 하지는 않았다. 그녀는 열정적으 로, 급진적으로 해방을 실천했고 투명하고 당당하게 평등(과 부족한 점)에 대한 자신의 깨달음을 기록으로 남겼다. 그리고 페미니즘은 늘 회의에 부딪힐 것이며 필연성을 의심을 받을 것이라는 사실을 일찍부터 깨달았다.

페미니즘이 왜 필요한가? 여성은 이미 모든 것을 이루었다. 1966년의 한 연설에서 시몬은 그 질문에 이렇게 대답했다. 그녀의 대답은 지금의 우리에게도 너무나 유익하고 지당하다.

"이 말을 끝으로 연설을 맺을까 합니다. 제가 보기에 페미니즘은 결코 시대에 뒤떨어진 것이 아닙니다. 우리는 페미니즘의 생명을 지켜야 합니다. 대립이나 부인은 극복이 아니라 후퇴입니다. 페미 니즘은 남성과 여성의 공통사이며 여성이 지금보다 더 공정하고 적절한 지위를 얻어야만 남성들도 더 정의롭고 질서 정연한 세상 에서 살게 될 것입니다. 남녀평등은 남녀 모두의 과제입니다."[70]

시몬과 《제2의 성》을 둘러싼 가장 흔한 오해 세 가지

1. 시몬은 아이들과 모성애를 싫어한다.

솔직히 가정을 바라보는 시몬의 태도는 그리 긍정적이지 않고 그 점 때문에 페미니스트들에게도 적지 않은 비판을 받았다. 시몬에 게 아이가 없었고 아이를 원하지도 않았기 때문에 모성애를 거부했다는 말도 많았다. 하지만 그것은 이유의 일부에 불과하다. 나머지 이유는 역사적 배경이다. 《제2의 성》을 집필할 당시 프랑스에선 낙태가 불법이었고 피임약은 금지였다. 원치 않은 임신이 얼마나 불행한지 그녀는 자기 눈으로 목격했다. 여성은 엄마가 될지 말지를 스스로 선택할 수 없었다. 국가가 선택권을 앗아가 버렸다. 아이를 낳지 않겠다고 선택한 시몬에게 그런 말도 안 되는 부당한 현실은 끝없는 분노를 불러일으켰다. 《제2의 성》에는 이런 분노가 담겨 있다. 시몬은 모성애가 여성을 가정과 남성에게 더욱 붙들어맨다고 보았다. 실제로 1940~50년대 프랑스의 현실 역시 그랬다. 하지만 훗날 시몬은 기회 있을 때마다 엄마가 된다는 것이 긍정적일 수 있음을 거듭 강조했다.[71]

2. 시몬은 성별 차이를 부정한다.

말도 안 된다. 시몬은 남녀의 "자연적" 차이는 생물학적 조건보다는 교육과 사회·문화적 영향과 더 관련이 많다는 사실을 지적했을 뿐이다. 시몬은 성별 차이를 부정하지 않는다. 심지어 일정 정도의 차이가 앞으로도 유지될 것이라고 강조했다.[72] 하지만 이 차이가 불평등과 부정의 기틀이 되어서는 안 된다고 주장했다.

3. 시몬은 자신의 여성성을 부정한다.

시몬이 사춘기 시절 아버지 조르주 드 보부아르에게 못생겼다는 말을 듣고 외모 대신 지성에 전념하기로 결심하고서 외모에는 전혀 신경 쓰지 않았다는 전설이 있다. 그런 여자라서 엄마가 되기를 거부했고(1번), 남녀의 차이를 없애자(2번)고 요구했다는 것이다. 너무 간단한 설명이지만 당연히 틀렸다.

시몬은 학교에 출근할 때 화장을 하고 예쁜 옷을 입어서 매력적인 외모로 여학생들의 감탄을 자아냈다. 시몬은 여성성을 부정하지 않았지만("분명 나는 내가 여자라고 느낀다")[73] 여성성에 고착되기를 원치는 않았다. 《제2의 성》에도 그런 내용이 발견된다. 시몬은 "여성"의 가치와 특성을 거부하지 않았고 심지어 이렇게 강조했다. "여성성을 포기하는 것은 여성의 인간성 일부를 포기하는 것이다."[74] 인간은 항상 "성별적인 인간"[75]이다. 하지만 여성에 대한 많은 관념이 신비화되고 인위적으로 규정되며 많건 적건 여성은 그런 관념의 강요를 받는다는 사실도 빼놓지 않고 지적했다. 그러나 "여성의 무기"로 투쟁하고 "남성의 가치"에 대항해 소위 여성의 가치를 제시해야 한다는 주장에는 찬성하지 않았다. 여성이 남성의 가치를 수용하는 것도 목표에 도움이 되지는 않는다고 보았다. 그렇다면 무엇이 남는가? 시몬은 여성이 스스로를 인간으로 이해하고 남성과 "동등"해져야 한다고 요구했다. 그러니까 한마디로 관건은 '인간됨Menschwedung'인 것이다.

에필로그

우리 집 서가 맨 위쪽에는 보라색 상자 하나가 얹혀 있다. 그 안에는 일기장으로 썼던 소박한 검은 모조 가죽 수첩이 가득한데 수첩 곳곳에서 시몬의 이름이 발견된다. 맨 처음 그녀의 이름을 적었던 때는 대학 입학 자격시험을 마친 2007년 1월이었다. 빨간 글씨로 맨 위에 '시몬 드 보부아르(1908~86)'라고 쓰고는 그 밑에 인터넷에서 프린트한 글귀를 붙였다. "장 폴 사르트르와 시몬 드 보부아르는 자유, 자결, 평등을 모든 가치의 기본이라고 보았다. 또 개인은 행동을 통해서만 결정된다고 주장했다. 전통과 종교, 사상과 이데올로기 뒤로 숨지 말고 스스로 결정해야 한다. 비록 자유롭도록 저주받은 운명이 불안을 불러온다고 해도 말이다."

그때로부터 채 100년도 거슬러 오르기 전인 1929년 7월, 시몬은 일기장에 이렇게 적었다. "나는 내가 되려는 위대한 모험에 뛰어든다."[1] 그녀는 겨우 스물두 살이었고 아직 시작도 하지 않은 완벽한 삶을 앞두고 있었다. 하지만 그녀는 이미 많은 것을 경험했고 무엇보다 힘겨운 걸음을 떼어놓았다. 부르주아지 집안의 가치와 기대를 저버리고 뛰쳐나온 것이다. 그러나 시몬은 저항의 투사가 아니었고, 그녀가 걸었던 길 역시 사회 상황의 영향을 많이 받았다. 시몬은 이 상황을 적극 활용하여 새 인생을 향해 떠났다. 스스로 선택한 인생, 자유를 원칙으로 삼았던 인생을 향해서.

시몬의 삶은 그의 작품이요, 그의 작품은 그의 삶이다. 자신이 되려는 "위대한 모험"의 길에서 실수도 저질렀고 그릇된 판단도 내렸다. 그러나 사르트르를 비롯한 다른 사상가들과 달리 시몬은 늘 눈을 크게 뜨고 세상을 헤쳐나갔고 환경은 물론 자기 자신도 가차 없이 비판했다. 그녀의 시선은 항상 영롱하고 침착했다. 자신에게도 타인에게도 핑계는 통하지 않았다. 그녀는 언제 어디서나 자아비판 능력을 입증했다. 평생 호기심을 잃지 않고 열심히 배우고자 했고 새로운 것을 경험하고자 했다.

2007년 처음으로 그녀의 책을 손에 쥔 이후 내 마음을 사로잡았던 것은 그녀의 용기와 호기심과 자유를 향한 무조건적인 의지였다. 나는 지금도 의도적으로 시몬을 찾는다. 그녀가 필요한 순간이 있다. 지쳐서 의욕이 없을 때는 사르트르에게 보낸 그녀의 편지를 읽는다. 거의 한 페이지도 빼놓지 않고 곳곳에서 넘쳐나는 일을 향한 시몬의 열정에 물들어 어느새 다시 활동하고픈 욕망이 불끈 솟구친다. 사랑과 파트너 관계를 생각할 때면 《초대받은 여자》를 읽는다. 무엇이 나를 채근하고 나를 움직이는지 고민할 때는 《피뤼스와 시네아스》를 읽는다. 페미니즘이 무엇을 달성했는지 떠올리고 싶을 때는 《제2의 성》을 읽는다. 무엇보다 페미니즘이 아직도 이루지 못한 것을 상기하고 싶을 때, 페미니즘 투쟁에 필요한 탄환과 독창적 사고가 필요할 때는 더욱더 그 책에 의지한다.

"왜냐하면 그것은 나의 인생이다. 그 누구도 내가 존재하도록 도울 수는 없다."² 1929년 5월 시몬은 일기에 이렇게 적었다. 그러나 그녀의 책과 에세이, 편지와 일기를 읽는 사람이라면 확인하게 될 것이다. 시몬이 우리가 존재하도록 도울 수 있다는 것을. 자신의 생을 결코 끝나지 않는 모험으로 이해하고 그 모험에 호기심과 용기를 갖고 자유롭게 뛰어들도록 도울 수 있다는 것을.

감사의 글

글쓰기는 혼자만의 작업이다. 하지만 곁에서 도움을 준 사람들이 없었다면 이 책은 절대 완성되지 못했을 것이다. 항상 그 도움의 첫 자리는 나의 가족이다. 요한나와 토레, 항상 나를 믿어주는 그대들에게 감사를 드리고 싶다. 최고의 독자들 피아, 카롤리네, 코라, 마델라이네, 카타, 레오니, 클라라. 들어주고 물어주고 함께 토론해주고 끝없이 감탄해주는 그대들에게 깊은 감사를 드린다. 세계 최고의 에이전시 노라 뵈클, 우리 둘을 연결해준 이다 티만에게도 감사드리며 꼼꼼하게 편집해주시고 어떤 질문에도 선선히 대답해주셨던 주잔네 프랑크에게도 감사드린다. 마지막으로 '오, 시몬' 블로그를 읽어주시고 댓글을 달아주시는 모든 분들께 큰 절을 올린다. 인터넷은 참 대단한 물건이다.

시몬 드 보부아르의 작품

장편소설

《초대받은 여자L'Invitée》(1943)

《타인의 피Le sang des autres》(1945)

《모든 인간은 죽는다Tous les hommes sont mortels》(1946)

《레 망다랭Les Mandarins》(1954)

《아름다운 영상Les belles images》(1966)

단편소설집

《창백한 정신의 계절Quand prime le spirituel》(Paris 1979)

《위기의 여자La femme rompue》(1968)

에세이와 논문

《피뤼스와 시네아스Pyrrhus et Cinéas》(1944)

《도덕적 이상주의와 정치적 현실주의Idéalisme moral et réalisme politique》(1945)

《문학과 형이상학Littérature et métaphysique》(1946)

《눈에는 눈 Œil pour œil》(1946)

《애매함의 도덕에 대하여Pour une morale de l'ambiguïté》(1947)

《실존주의와 민중의 지혜L'existentialisme et la sagesse des nations》(1945)

《제2의 성Le deuxième sexe》(1949)

《우파의 사상, 오늘날La pensée de droite, aujourd'hui》(1955)

《자밀라 부파차Djamila Boupacha》(1962)

《노년La vieillesse》(1970)

《사드를 불태워야 하는가Fautil brûler Sade?》(1972)

회고록

《얌전한 처녀의 회상 *Mémoires d'une jeune fille rangée*》(1958)

《나이의 힘 *La force de l'âge*》(1960)

《사물의 힘 *La force des choses*》(1963)

《아주 편안한 죽음 *Une mort très douce*》(1964)

《총결산 *Tout compte fait*》(1972)

《작별의 의식 *La cérémonie des adieux*》(1981)

여행기

《아메리카의 일상 *L'Amérique au jour le jour*》(1950)

《대장정 *La longue marche*》(1957)

희곡

《불필요한 입들 *Les bouches inutiles*》(1945)

사후에 출간된 작품

《사르트르에게 보내는 편지 1930~63 1 *Lettres à Sartre, 1930~63 1*》(1990)

《사르트르에게 보내는 편지 1930~63 2 *Lettres à Sartre, 1930~63 2*》(1990)

《전쟁 일기, 1939년 9월에서 1941년 1월까지 *Journal de guerre, Septembre 1939~Janvier 1941*》(1990)

《모스크바에 대한 오해 *Malentendu à Moscou*》(2013)

《대서양을 오간 사랑: 넬슨 올그런에게 보내는 편지 1947~64 *Lettres à Nelson Algren: un amour transatlantique 1947~64*》(1997)

《자크로랑 보스트와 주고받은 편지 *Correspondances croisée avec JacquesLaurent Bost*》(2004)

《청춘의 노트 1926~30 *Cahiers de jeunesse 1926~30*》(2008)

이 책에 나오는 사람들

가브리엘 마르셀(Gabriel Marcel, 1889~1973)
　　프랑스 철학자. 기독교 실존주의의 대표.

게오르크 빌헬름 프리드리히 헤겔(Georg Wilhelm Friedrich Hegel, 1770~1831)
　　독일 철학자. 독일 이상주의의 대표.

고트프리트 빌헬름 라이프니츠(Gottfried Wilhelm Leibniz, 1646~1716)
　　독일 철학자. 계몽주의 사상가.

나탈리 사로트(Nathalie Sarraute, 1900~99)
　　프랑스 작가. 누보로망의 대표.

나탈리 소로킨(Nathalie Sorokine, 1926~67)
　　시몬의 제자이자 애인. 러시아에서 태어나 프랑스에서 살았다.

넬슨 올그런(Nelson Algren, 1909~81)
　　미국 작가. 시몬의 애인.

니키타 흐루쇼프(Nikita Chruschtschow, 1894~1971)
소련 정치가. 소련 공산당 의장이자 정부 수반.

다비드 루세(David Rousset, 1912~97)
　　프랑스 작가이자 정치 활동가. 1948년 사회주의 단체 민주혁명연합을 공동 설립했다.

대실 해밋(Dashiell Hammett, 1894~1961)
　　미국 작가. 미국 범죄소설의 기초를 닦았다.

데이비드 허버트 로런스(David Herbert Lawrence, 1885~1930)
　　영국의 시인, 희곡 작가.

돌로레스 바네티(Dolorès Vanetti Ehrenreich, 생몰년 미상)
　　프랑스 기자이자 번역가. 사르트르의 애인이었다.

레옹틴 잔타(Léontine Zanta, 1872~1942)
　　프랑스 철학자, 교사, 작가, 페미니스트.

레몽 라디게(Raymond Radiguet, 1903~23)
　　프랑스 시인, 작가, 기자.

레몽 아롱(Raymon Aron, 1905~83)

프랑스 철학자, 사회학자, 정치학자. 한때 사르트르의 학우였다. 《레 탕 모데른》의 초기 편집 팀원이었다.

로베르 가릭(Robert Garric, 1896~1967)
프랑스 작가로 에키프 소시알을 설립했다. 시몬의 철학 교수였다.

로베르 브라지야크(Robert Brasillach, 1909~45)
프랑스 작가, 기자, 영화비평가. 제2차 대전 중 독일에 부역했다.

롤랑 바르트(Roland Barthes, 1915~80)
프랑스 철학자, 작가, 문학비평가.

루이 아라공(Louis Aragon, 1897~1982)
프랑스 초현실주의 시인이자 작가.

루이자 메이 올컷(Louisa May Alcott, 1832~88)
미국 여성 작가.

루이즈 "제티" 레리스(Louise "Zette" Leiris, 1902~88)
프랑스 화랑 주인, 미셸 레리스의 아내.

뤼스 이리가레(Luce Irigaray, 1930년생)
프랑스 정신분석학자이자 철학자, 언어학자. 여성적 글쓰기를 주장한 페미니스트.

르네 마외(René Maheu, 1905~75)
프랑스 철학 교수이자 유네스코 대사. 시몬의 애인이었고 사르트르의 대학친구였다.

리오넬 드 룰레(Lionel de Roulet, ?~1990)
프랑스 외교관, 사르트르의 제자였고 엘렌 보부아르의 남편이다.

리처드 라이트(Richard Wright, 1908~60)
미국 작가. 엘런 라이트의 남편.

마르셀 프루스트(Marcel Proust, 1871~1922)
프랑스 작가, 비평가, 에세이 작가.

마르틴 부버(Martin Buber, 1878~1965)
오스트리아에서 태어나 이스라엘에서 살았던 유대 종교철학자.

마르틴 하이데거(Martin Heidegger, 1889~1976)
독일 철학자, 현상학과 실존 철학의 대표.

모니크 위티그(Monique Wittig, 1935~2003)
프랑스 작가이자 페미니스트.

모리스 드 강디악(Maurice de Gandillac, 1906~2006)

프랑스 철학자. 한때 시몬이 존경하던 대학 친구였다.

모리스 메를로퐁티(Maurice MerleauPonty, 1908~61)
　프랑스 철학자. 현상주의의 대표. 시몬의 대학 친구였고 《레 탕 모데른》의 초기 편집
팀원이었다.

미셸 푸코(Michel Foucault, 1926~84)
　프랑스 철학자. 후기 구조주의의 대표.

미셸 레리스(Michel Leiris, 1901~90)
　프랑스 작가이자 민속학자. 《레 탕 모데른》의 초기 편집 팀원이었다.

버지니아 울프(Virginia Woolf, 1882~1941)
　영국 작가이자 출판업자.

버트런드 러셀(Bertrand Russell, 1872~1970)
　영국 철학자, 수학자, 사학자, 정치 활동가, 노벨문학상 수상자로 1966년 러셀 민
간 법정을 출범시켰다.

베르나르 앙리 레비(Bernard Henri Lévy, 1948년생)
　프랑스 철학자, 기자, 출판업자.

브리스 파랭(Brice Parain, 1897~1971)
　프랑스 철학자, 에세이 작가, 번역가. 갈리마르 출판사 직원.

비앙카 비넨펠트(Bianka Bienenfeld, 1921~2011)
　프랑스 작가이자 교사. 한때 시몬의 제자이자 애인이었다.

비올레트 르딕(Violette Leduc, 1970~72)
　프랑스 작가. 시몬의 지원을 받았다.

샤를 드골(Charles de Gaulle, 1890~1970)
　프랑스 보수 정치인. 프랑스 대통령을 역임했다.

쇠렌 키르케고르(Søren Aabye Kierkegaard, 1813~1855)
　덴마크 철학자이자 신학자. 실존 철학의 대표.

스탕달(Stendhal, 1783~1842)
　프랑스 작가, 군인, 정치가. 리얼리즘 문학의 대표.

스테파니아 "스테파" 제라시(Stephania "Stépha" Gerassi, 생몰년 미상)
　우크라이나 출신으로 시몬의 친구이며 페르난도 제라시의 아내.

시도니 가브리엘 클로딘 콜레트(Sidonie Gabrielle Claudine Colette, 1873~1954)
　프랑스 작가.

시몬 베유(Simone Weil, 1909~43)
프랑스 철학자, 신비학자, 정치 활동가. 시몬의 학교 친구.

시몬 베이(Simone Veil, 1927~2017)
프랑스 자유주의 정치가. 프랑스 복지부 장관을 역임했다.

실비 르 봉(Sylvie Le Bon de Beauvoir, 1941년생)
프랑스 철학교수이자 발행인. 시몬의 양딸이자 유산 관리인.

실비아 비치(Sylvia Beach, 1887~1962)
미국 서점 주인이자 출판업자. 파리 서점 셰익스피어 앤드 컴퍼니의 소유주.

아드리엔 모니에(Adrienne Monnier, 1892~1955)
프랑스 서적 상인이자 출판업자. 파리 책방 라 메종 데자미 데리브르의 주인.

아를레트 엘카임 사르트르(Arlette ElkaimSartre, 1935~2016)
알제리에서 태어나서 프랑스에서 살았던 번역가 겸 발행인. 사르트르의 양딸이자 유산 관리인.

아서 쾨슬러(Arthur Koestler, 1905~83)
오스트리아에서 태어난 헝가리 작가이자 기자.

알랭푸르니에(AlainFournier, 1886~1914)
프랑스 작가.

알리스 슈바르처(Alice Schwarzer, 1942년생)
독일 기자, 출판업자, 페미니스트. 잡지 《엠마_EMMA_》를 창간했다.

알베르 르브룅(Albert Lebrun, 1871~1950)
프랑스 자유주의 정치가. 프랑스 대통령을 역임했다.

알베르 올리비에(Albert Ollivier, 1915~64)
프랑스 사학자, 작가. 드골주의 정치인, 레지스탕스 투사. 《레 탕 모데른》의 초기 편집 팀원이었다.

알베르 카뮈(Albert Camus, 1913~60)
알제리에서 태어나 프랑스에서 살았던 작가, 기자, 철학자. 노벨문학상을 수상했고 레지스탕스 투사로도 활동했다.

알베르토 자코메티(Alberto Giacometti, 1901~66)
스위스 조각가, 화가, 그래픽 화가.

앙드레 말로(André Malraux, 1901~76)
프랑스 작가, 영화 제작자. 좌파 정치인. 실존주의의 기초를 닦았다.

앙드레 브르통(André Breton, 1896~1966) ,
프랑스 시인이자 작가. 초현실주의의 대표.

앙드레 지드(André Gide, 1869~1951)
프랑스 작가. 노벨 문학상을 수상했다.

앙리에트 니장(Henriette Nizan, 1907~93)
프랑스 기자이자 번역가. 폴 니장의 아내.

앙투아네트 푸크(Antoinette Fouque, 1936~2014)
프랑스 정신분석 학자, 정치가, 정치학자, 페미니스트.

어니스트 헤밍웨이(Ernest Hemingway, 1899~1961)
노벨 문학상을 수상한 미국 작가, 기자. 모던 클래식의 대표.

에드문트 후설(Edmund Husserl, 1859~1938)
오스트리아에서 태어난 독일 철학자이자 수학자. 현상학의 대표.

엘런 라이트(Ellen Wright, 1912~2004)
미국 문학 에이전트, 리처드 라이트의 아내.

엘렌 드 보부아르(Hélène de Beauvoir, 1910~2001)
프랑스 화가. 시몬의 여동생. 리오넬 드 룰레의 아내.

엘렌 식수(Hélène Cixous, 1937년생)
프랑스 작가이자 페미니스트. 후기 구조주의의 대표.

엘리자베트 "자자" 라쿠앵(Élisabeth "Zaza" Lacoin, 1907~29)
시몬의 어린 시절 친구.

에마뉘엘 레비나스(Emmanuel Levinas, 1906~95)
라투아니아 출신의 프랑스 철학자, 작가.

올가 코사키에비치(Olga Kosakiewicz, 1915~83)
러시아 출신으로 시몬의 제자이자 애인이었다. 자크로랑 보스트의 아내이자 완다
코사키에비치의 언니.

완다 코사키에비치(Wanda Kosakiewicz, 1917~89)
러시아에서 태어난 프랑스 배우로 사르트르의 애인이었고 올가 코사키에비치의
여동생이다.

이베트 루디(Yvette Roudy, 1929년생)
프랑스 사회주의 정치가. 프랑스 여성권부 장관을 역임했고 유럽 의회와 프랑스
의회 의원을 지냈다.

이마누엘 칸트(Immanuel Kant, 1724~1804)
독일 철학자. 계몽주의의 대표 :

자밀라 부파차(Djamila Boupacha, 1938년생)
알제리 독립투사.

자크 데리다(Jacques Derrida, 1930~2004)
프랑스 철학자. 해체주의와 후기 구조주의의 기틀을 다졌다.

자크 라캉(Jacques Lacan, 1901~81)
프랑스 정신분석학자이자 정신과 의사. 후기 구조주의의 대표.

자크로랑 보스트(JacquesLaurent Bost, 1916~90)
프랑스 기자이자 작가. 사르트르의 제자였고 시몬의 애인이었다. 올가 코사키에비
치와 결혼했다.

자크 상피뇔(Jacques Champigneulle, 1907~55)
시몬의 친척이자 첫사랑.

장 그르니에(Jean Grenier, 1898~1971)
프랑스 작가이자 철학자. 알베르 카뮈의 스승이었다.

장 루이 세르방 슈레베르(Jean-Louis Servan Schreiber, 1902~72)
독일 작가, 바이마르 공화국 시절 반 유대 극우 단체 콘줄Consul의 회원이었다.

장 주네(Jean Genet, 1910~86)
프랑스 시인, 희곡 작가.

장 코(Jean Cau, 1925~93)
프랑스 기자이자 작가. 사르트르의 비서로 일하기도 했다.

장 콕토(Jean Cocteau, 1889~1963)
프랑스 작가. 시인, 화가, 영화 제작자. 상징주의의 대표.

장 폴 사르트르(JeanPaul Sartre, 1905~80)
프랑스 철학자. 작가, 드라마 작가. 출판업자. 실존주의 대표.

장 풀랑(Jean Paulhan, 1884~1968)
프랑스 작가이자 출판업자, 문학 비평가. 잡지 《라 누벨 르뷔 프랑세즈》의 편집장
이었고 《레 탕 모데른》의 첫 편집 팀원이었다.

제랄딘 "제제" 파르도(Géraldine "Gégé" Pardo, 생몰년 미상)
프랑스 화가. 시몬과 엘렌의 친구.

조르주 드 보부아르(Georges de Beauvoir, 1878~1941)

시몬과 엘렌의 아버지.

조르주 알트만(Georges Altman, 1901~60)
  프랑스 기자, 정치가, 레지스탕스 투사. 1948년 사회주의 운동 조직 민주혁명 연합
  을 공동 창설했다.

조지 엘리엇(George Eliot, 1819~80)
  영국 작가, 기자, 번역가.

존 더스패서스(John Dos Passos, 1896~1970)
  미국 작가. 미국 현대문학의 대표.

줄리아 크리스테바(Julia Kristeva, 1941년생)
  불가리아에서 태어난 프랑스 언어학자, 정신분석 학자, 작가.

지젤 알리미(Gisèle Halimi, 1927년생)
  튀니지에서 태어나 프랑스에서 살았던 변호사, 페미니스트, 정치가. 여성단체 슈
  아지르 라 코즈 데 팜므를 설립했다.

체 게바라(Che Guevara, 본명은 에르네스토 라파엘 게바라 데 라 세르나Ernesto
Rafael Guevara de la Serna, 1928~67)
  아르헨티나에서 태어난 쿠바 혁명가이자 게릴라 대장.

카를 야스퍼스(Karl Jaspers, 1883~1969)
  독일 정신과 의사이자 철학자. 실존철학의 대표.

캐서린 맨스필드(Katherine Mansfield, 1888~1923)
  뉴질랜드에서 태어난 영국 작가.

콜레트 오드리(Colette Audry, 1906~90)
  프랑스 작가, 사회주의자, 페미니스트. 루앙에서 시몬과 같은 학교에서 근무했다.

크리스틴 델피(Christine Delphy, 1941년생)
  프랑스 사회학자이자 페미니스트. 잡지《페미니즘의 새로운 질문들》을 공동 창간
  했다.

클로드 란즈만(Claude Lanzmann, 1925년생)
  프랑스 기자, 작가, 영화 제작자. 시몬의 애인이었다.

클로드 레비스트로스(Claude LéviStrauss, 1908~2009)
  프랑스 민속학자이자 인류학자. 구조주의의 기초를 닦았다.

파블로 피카소(Pablo Picasso, 1881~1973)
  스페인 화가, 조각가.

페르난도 제라시(Fernando Gerassi, 1899~1974)

터키에서 태어난 화가. 시몬의 친구이자 스테파니아 "스테파" 제라시의 남편.

폴 니장(Paul Nizan, 1905~40)

프랑스 작가, 기자, 비평가, 마르크스주의 활동가. 사르트르의 친구.

폴 레노(Paul Reynaud, 1878~1966)

프랑스 자유주의 정치가.

폴 발레리(Paul Valéry, 1871~1945)

프랑스 시인, 철학자, 에세이 작가.

표트르 도스토옙스키(Fjodor Dostojewski, 1821~81)

러시아 작가.

프란츠 카프카(Franz Kafka, 1883~1924)

독일 작가.

프랑수아 모리아크(François Mauriac, 1885~1970)

노벨문학상을 수상한 프랑스 작가이자 출판업자.

프랑수아 미테랑(François Mitterrand, 1916~66)

프랑스 사회주의 정치가이며 프랑스 대통령을 역임했다.

프랑수아즈 드 보부아르(Françoise de Beauvoir, 1887~1963)

시몬과 엘렌의 어머니.

프랑시스 장송(Francis Jeanson, 1922~2009)

프랑스 철학자이자 발행인.

프리드리히 니체(Friedrich Nietzsche, 1844~1900)

독일 문헌학자이자 철학자.

피델 카스트로(Fidel Castro, 1926~2016)

쿠바 혁명가이자 정치가. 쿠바 정부 수반, 대통령, 공산당 당수를 역임했다.

피에르 기유(Pierre Guille, ?~1971)

사르트르의 학교 친구.

필리프 페탱(Philippe Pétain, 1856~1951)

프랑스 군인, 보수 정치가이자 독일 부역자. 비시 정부의 수장.

하워드 파슐리(Howard M. Parshley, 1884~1953)

미국 동물학자이자 《제2의 성》의 번역자.

주

1 Motto, S. 7: de Beauvoir, Simone(1999), *Eine transatlantische Liebe. Briefe an Nelson Algren. 1947~1964,* Rowohlt, Reinbek bei Hamburg, S. 59.

1부◆성장

1 De Beauvoir, Simone(1966), *Der Lauf der Dinge,* Rowohlt, Reinbek bei Hamburg, S. 614.

2 위의 책, S. 357.

3 De Beauvoir, Hélène(2014), *Souvenirs. Ich habe immer getan, was ich wollte,* Elisabeth Sandmann Verlag, München, S. 31.

4 De Beauvoir, Simone(1958), *Memoiren einer Tochter aus gutem Hause,* Rowohlt, Reinbek bei Hamburg, S. 64.

5 De Beauvoir, Hélène(2014), *Souvenirs. Ich habe immer getan, was ich wollte,* Elisabeth Sandmann Verlag, München, S. 67.

6 http://www.faz.net/aktuell/feuilleton/kunstmarkt/ galerien/helenedebeauvoirdie-anderebeauvoir1716521. html?printPagedArticle=true#pageIndex_2(2017년 6월 26일에 마지막으로 엑세스함)를 참조할 것.

7 De Beauvoir, Hélène(2014), *Souvenirs. Ich habe immer getan, was ich wollte,* Elisabeth Sandmann Verlag, München, S. 81.

8 De Beauvoir, Simone(1958), *Memoiren einer Tochter aus gutem Hause*, Rowohlt, Reinbek bei Hamburg, S. 38.

9 위의 책, S. 52.

10 위의 책, S. 117 f.

11 위의 책, S. 56.

12 De Beauvoir, Simone(1965), *Ein sanfter Tod*, Rowohlt, Reinbek bei Hamburg, S. 19.

13 위의 책, S. 76.

14 De Beauvoir, Simone(1958), *Memoiren einer Tochter aus gutem Hause*, Rowohlt, Reinbek bei Hamburg, S. 32.

15 위의 책, S. 33.

16 De Beauvoir, Simone(1965), *Ein sanfter Tod,* Rowohlt, Reinbek bei Hamburg, S. 47.

17 De Beauvoir, Simone(1958), *Memoiren einer Tochter aus gutem Hause,* Rowohlt, Reinbek bei Hamburg, S. 149.

18 De Beauvoir, Simone(2008), *Cahiers de jeunesse. 1926~1930*, Gallimard, Paris, S. 74. (저자의 번역).

19 De Beauvoir, Simone(1958), *Memoiren einer Tochter aus gutem Hause*, Rowohlt, Reinbek bei Hamburg, S. 148 f.

20 위의 책, S. 161.

21 Bair, Deirdre(1990), *Simone de Beauvoir. Eine Biographie*, Goldmann, München, S. 67을 참조할 것.

22 De Beauvoir, Simone(1958), *Memoiren einer Tochter aus gutem Hause*, Rowohlt, Reinbek bei Hamburg, S. 60 f.

23 위의 책, S. 61.

24 De Beauvoir, Simone(1999), *Eine transatlantische Liebe. Briefe an Nelson Algren. 1947~1964*, Rowohlt, Reinbek bei Hamburg, S. 433.

25 De Beauvoir, Simone(1966), *Der Lauf der Dinge,* Rowohlt, Reinbek bei Hamburg, S. 230.

26 Bair, Deirdre(1990), *Simone de Beauvoir. Eine Biographie*, Goldmann, München, S. 69.

27 De Beauvoir, Simone(1958), *Memoiren einer Tochter aus gutem Hause,* Rowohlt, Reinbek bei Hamburg, S. 107.

28 위의 책, S. 175.

29 위의 책, S. 176 f.

30 De Beauvoir, Simone(1958), *Memoiren einer Tochter aus gutem Hause*, Rowohlt, Reinbek bei Hamburg, S. 194를 참조할 것.

31 De Beauvoir, Simone(1958), *Memoiren einer Tochter aus gutem Hause*, Rowohlt, Reinbek bei Hamburg, S. 195 f.

32 위의 책, 246쪽을 참조할 것.

33 Bair, Deirdre(1990), *Simone de Beauvoir. Eine Biographie*, Goldmann, München, S. 107.

34 De Beauvoir, Simone(1958), *Memoiren einer Tochter aus gutem Hause*, Rowohlt,

Reinbek bei Hamburg, S. 227.

35 위의 책, S. 242.

36 위의 책, S. 254.

37 위의 책, S. 251.

38 위의 책, S. 250.

39 위의 책, S. 279.

40 Bair, Deirdre(1990), *Simone de Beauvoir. Eine Biographie*, Goldmann, München, S. 128.

41 De Beauvoir, Simone(2008), *Cahiers de jeunesse. 1926~1930*, Gallimard, Paris, S. 279 f(Übersetzung durch die Autorin).

42 De Beauvoir, Simone(1958), *Memoiren einer Tochter aus gutem Hause*, Rowohlt, Reinbek bei Hamburg, S. 259.

43 위의 책, S. 260.

44 위의 책, S. 326 f.

45 위의 책, S. 409.

46 위의 책, S. 445.

47 위의 책, S. 398.

48 위의 책, S. 519.

49 De Beauvoir, Simone(1965), *Ein sanfter Tod*, Rowohlt, Reinbek bei Hamburg, S. 74.

50 De Beauvoir, Simone(1958), *Memoiren einer Tochter aus gutem Hause*, Rowohlt, Reinbek bei Hamburg, S. 245 f.

51 위의 책, S. 392.

2부 ♦ 사랑

1 De Beauvoir, Simone(1961), *In den besten Jahren*, Rowohlt, Reinbek bei Hamburg, S. 24.

2 De Beauvoir, Simone(2008), *Cahiers de jeunesse. 1926~1930*, Gallimard, Paris, S. 733 f(Übersetzung durch die Autorin).

3 De Beauvoir, Simone(1958), *Memoiren einer Tochter aus gutem Hause*, Rowohlt, Reinbek bei Hamburg, S. 448.

4 De Beauvoir, Simone(2008), *Cahiers de jeunesse. 1926~1930*, Gallimard, Paris, S.

604(Übersetzung durch die Autorin).

5 De Beauvoir, Simone(1958), *Memoiren einer Tochter aus gutem Hause*, Rowohlt, Reinbek bei Hamburg, S. 467.

6 SeymourJones, Carole(2009), *A dangerous liaison. A revelatory new biography of Simone de Beauvoir and JeanPaul Sartre*, Arrow Books, London, S. 65 f를 참조할 것.

7 Monteil, Claudine(2003), *Die Schwestern Hélène und Simone de Beauvoir,* nymphenburger, München, S. 34를 참조할 것.

8 Sartre, JeanPaul(1965), *Die Wörter*, Rowohlt, Reinbek bei Hamburg, S. 60.

9 위의 책, S. 65.

10 De Beauvoir, Simone(2008), *Cahiers de jeunesse. 1926~1930*, Gallimard, Paris, S. 704(Übersetzung durch die Autorin).

11 위의 책, S. 721.(Übersetzung durch die Autorin).

12 위의 책, 같은 쪽.

13 위의 책, S. 723(Übersetzung durch die Autorin).

14 De Beauvoir, Simone(1958), *Memoiren einer Tochter aus gutem Hause*, Rowohlt, Reinbek bei Hamburg, S. 490.

15 De Beauvoir, Simone(2008), *Cahiers de jeunesse. 1926~1930*, Gallimard, Paris, S. 727(Übersetzung durch die Autorin).

16 De Beauvoir, Simone(1958), *Memoiren einer Tochter aus gutem Hause*, Rowohlt, Reinbek bei Hamburg, S. 209 f.

17 Bair, Deirdre(1990), *Simone de Beauvoir. Eine Biographie*, Goldmann, München, S. 186.

18 위의 책, S. 186.

19 De Beauvoir, Simone(2008), *Cahiers de jeunesse. 1926~1930*, Gallimard, Paris, S. 758(Übersetzung durch die Autorin).

20 De Beauvoir, Simone(1961), *In den besten Jahren*, Rowohlt, Reinbek bei Hamburg, S. 23.

21 SeymourJones, Carole(2009), *A dangerous liaison. A revelatory new biography of Simone de Beauvoir and JeanPaul Sartre,* Arrow Books, London, S. 95를 참조할 것.

22 De Beauvoir, Simone(1961), *In den besten Jahren*, Rowohlt, Reinbek bei Hamburg, S. 269.

23 위의 책, S. 142.

24 De Beauvoir, Simone(1966), *Der Lauf der Dinge*, Rowohlt, Reinbek bei Hamburg,

S. 609.

25 De Beauvoir, Simone(1961), *In den besten Jahren*, Rowohlt, Reinbek bei Hamburg, S. 222.

26 Lamblin, Bianca(1994), *Memoiren eines getäuschten Mädchens*, Rowohlt, Reinbek bei Hamburg, S. 21.

27 De Beauvoir, Simone(1997), *Briefe an Sartre*. Band 2: 1940~1963, Rowohlt, Reinbek bei Hamburg, S. 104.

28 위의 책, S. 81.

29 Rowley, Hazel(2006), *Têteàtête: The lives and loves of Simone de Beauvoir & Jean-Paul Sartre*, Vintage, London, S. 61.

30 Schwarzer, Alice(2007), *Simone de Beauvoir. Weggefährtinnen im Gespräch*, Kiepenheuer & Witsch, Köln, S. 55 f.

31 De Beauvoir, Simone(1966), *Der Lauf der Dinge*, Rowohlt, Reinbek bei Hamburg, S. 74.

32 Bair, Deirdre(1990), *Simone de Beauvoir. Eine Biographie*, Goldmann, München, S. 412.

33 Der Spiegel 27/1997, S. 159.

34 De Beauvoir, Simone(1999), *Eine transatlantische Liebe*. Briefe an Nelson Algren. 1947~1964, Rowohlt, Reinbek bei Hamburg, S. 232.

35 위의 책, S. 74.

36 위의 책, S. 557.

37 Lanzmann, Claude(2012), *Der patagonische Hase*. Erinnerungen, Rowohlt, Reinbek bei Hamburg, S. 278.

38 위의 책, S. 275.

39 http://szmagazin.sueddeutsche.de/texte/anzeigen/43840/ Ichwollteerfahrenwieman fuenf MillionenMenschen vergast(2017년 6월 26일에 마지막으로 엑세스함).

40 http://szmagazin.sueddeutsche.de/texte/anzeigen/43840/ IchwollteerfahrenwiemanfuenfMillionenMenschenvergast(2017년 6월 26일에 마지막으로 엑세스함).

41 De Beauvoir, Simone(1999), *Eine transatlantische Liebe*. Briefe an Nelson Algren. 1947~1964, Rowohlt, Reinbek bei Hamburg, S. 791.

42 SeymourJones, Carole(2009), *A dangerous liaison. A revelatory new biography of Simone de Beauvoir and JeanPaul Sartre*, Arrow Books, London, S. 407을 참조할 것.

43 De Beauvoir, Simone(1966), *Der Lauf der Dinge, Rowohlt*, Reinbek bei Hamburg, S. 161.

44 Bair, Deirdre(1990), *Simone de Beauvoir. Eine Biographie*, Goldmann, München, S. 640.

45 Schwarzer, Alice(2007), *Simone de Beauvoir. Weggefährtinnen im Gespräch*, Kiepenheuer & Witsch, Köln, S. 93.

46 Bair, Deirdre(1990), *Simone de Beauvoir. Eine Biographie*, Goldmann, München, S. 647를 참조할 것.

47 De Beauvoir, Simone(1966), *Der Lauf der Dinge*, Rowohlt, Reinbek bei Hamburg, S. 611.

3부 ♦ 사상

1 De Beauvoir, Simone(1958), *Memoiren einer Tochter aus gutem Hause*, Rowohlt, Reinbek bei Hamburg, S. 497.

2 De Beauvoir, Simone(1961), *In den besten Jahren*, Rowohlt, Reinbek bei Hamburg, S. 467.

3 위의 책, S. 469.

4 De Beauvoir, Simone(1958), *Memoiren einer Tochter aus gutem Hause*, Rowohlt, Reinbek bei Hamburg, S. 226.

5 위의 책, S. 227.

6 위의 책, S. 343.

7 위의 책, 같은 쪽.

8 위의 책, 같은 쪽.

9 위의 책, 같은 쪽.

10 위의 책, S. 497.

11 CohenSolal, Annie(1988), *Sartre. 1905~1980*, Rowohlt, Reinbek bei Hamburg, S. 137 f.

12 De Beauvoir, Simone(1961), *In den besten Jahren*, Rowohlt, Reinbek bei Hamburg, S. 41.

13 위의 책, S. 110.

14 위의 책, S. 112.

15 위의 책, S. 118.

16 위의 책, S. 118.

17 위의 책, S. 173.

18 위의 책, S. 84.

19 위의 책, S. 84.

20 De Beauvoir, Simone(1966), *Der Lauf der Dinge*, Rowohlt, Reinbek bei Hamburg, S. 12.

21 위의 책, S. 45.

22 위의 책, 같은 쪽.

23 위의 책, S. 46.

24 위의 책, S. 45.

25 위의 책, S. 143.

26 Sartre, JeanPaul(1965, 1973, 1986, 1994, 2000), *Der Existentialismus ist ein Humanismus und andere philosophische Essays 1943~1948*, Rowohlt, Reinbek bei Hamburg, S. 146.

27 De Beauvoir, Simone(1987), *Auge um Auge,* in: *Auge um Auge. Artikel zu Politik, Moral und Literatur 1945~1955*, Rowohlt, Reinbek bei Hamburg, S. 35.

28 http://www.zeit.de/1949/14/diemodederexistentialisten/ komplettansicht(2017년 6월 26일에 마지막으로 엑세스함).

29 Sartre, JeanPaul(1965, 1973, 1986, 1994, 2000), *Zum Existentialismus. Eine Klarstellung,* in: *Der Existentialismus ist ein Humanismus und andere philosophische Essays 1943~1948*, Rowohlt, Reinbek bei Hamburg, S. 116.

30 위의 책, S. 150.

31 위의 책, S. 154.

32 위의 책, S. 155.

33 De Beauvoir, Simone(1964, 1983), *Für eine Moral der Doppelsinnigkeit,* in: *Soll man de Sade verbrennen? Drei Essays zur Moral des Existenzialismus*, Rowohlt, Reinbek bei Hamburg, S. 169.

34 De Beauvoir, Simone(1964, 1983), *Pyrrhus und Cineas,* in: *Soll man de Sade verbrennen? Drei Essays zur Moral des Existenzialismus*, Rowohlt, Reinbek bei Hamburg, S. 196.

35 Sartre, JeanPaul(1965, 1973, 1986, 1994, 2000), *Der Existentialismus ist ein Humanismus,* in: *Der Existentialismus ist ein Humanismus und andere philosophische Essays 1943~1948*, Rowohlt, Reinbek bei Hamburg, S. 172.

36 De Beauvoir, Simone(1964, 1983), *Soll man de Sade verbrennen?*, in: *Soll man de Sade verbrennen? Drei Essays zur Moral des Existenzialismus*, Rowohlt, Reinbek bei Hamburg, S. 70.

37 De Beauvoir, Simone(1964, 1983), *Für eine Moral der Doppelsinnigkeit*, in: *Soll man de Sade verbrennen? Drei Essays zur Moral des Existenzialismus*, Rowohlt, Reinbek bei Hamburg, S. 145를 참조할 것.

38 Moser, Susanne(2002), *Freiheit und Anerkennung bei Simone de Beauvoir, edition diskord*, Tübingen, S. 92를 참조할 것.

39 De Beauvoir, Simone(1958), *Memoiren einer Tochter aus gutem Hause*, Rowohlt, Reinbek bei Hamburg, S. 425 f를 참조할 것.

40 De Beauvoir, Simone(1953), *Sie kam und blieb*, Rowohlt, Reinbek bei Hamburg, S. 413.

41 De Beauvoir, Simone(1961), *In den besten Jahren*, Rowohlt, Reinbek bei Hamburg, S. 467.

42 Moser, Susanne(2002), *Freiheit und Anerkennung bei Simone de Beauvoir, edition diskord*, Tübingen, S. 58.

43 위의 책, 63쪽을 참조할 것.

44 De Beauvoir, Simone(1961), *In den besten Jahren*, Rowohlt, Reinbek bei Hamburg, S. 468 f.

45 De Beauvoir, Simone(1964, 1983), *Für eine Moral der Doppelsinnigkeit*, in: *Soll man de Sade verbrennen? Drei Essays zur Moral des Existenzialismus*, Rowohlt, Reinbek bei Hamburg, S. 85.

46 위의 책, S. 87.

47 위의 책, 같은 쪽을 참조할 것.

48 위의 책, S. 127.

49 De Beauvoir, Simone(1987), *Literatur und Metaphysik*, in: *Auge um Auge. Artikel zu Politik, Moral und Literatur 1945~1955*, Rowohlt, Reinbek bei Hamburg, S. 97.

50 De Beauvoir, Simone(1953), *Sie kam und blieb*, Rowohlt, Reinbek bei Hamburg, S. 414.

51 De Beauvoir, Simone(1961), *In den besten Jahren*, Rowohlt, Reinbek bei Hamburg, S. 189.

52 위의 책, S. 189 f.

53 위의 책, S. 189.

54 Simons, Margaret A.(1999), *Beauvoir and The Second Sex. Feminism, Race and the Origins of Existentialism*, Rowman & Littlefield Publishers, Lanham / Oxford, S. 93.(Übersetzung durch die Autorin.)

55 De Beauvoir, Simone(1958), *Memoiren einer Tochter aus gutem Hause*, Rowohlt, Reinbek bei Hamburg, S. 203 f.

4부 ◆ 글쓰기

1 De Beauvoir, Simone(1974), *Alles in allem*, Rowohlt, Reinbek bei Hamburg, S. 123.

2 De Beauvoir, Simone(1958), *Memoiren einer Tochter aus gutem Hause*, Rowohlt, Reinbek bei Hamburg, S. 74.

3 위의 책, S. 129.

4 위의 책, S. 76.

5 위의 책, S. 202.

6 위의 책 같은 쪽.

7 위의 책, 같은 쪽을 참조할 것.

8 위의 책, S. 202 f.

9 위의 책, S. 201.

10 위의 책, S. 203 f.

11 위의 책, S. 266.

12 위의 책, 같은 쪽.

13 위의 책, S. 336.

14 De Beauvoir, Simone(1961), *In den besten Jahren*, Rowohlt, Reinbek bei Hamburg, S. 309.

15 위의 책, S. 292.

16 위의 책 같은 쪽을 참조할 것.

17 위의 책, S. 55.

18 위의 책, S. 160.

19 위의 책, S. 161.

20 https://www.theparisreview.org/interviews/4444/simone debeauvoirtheartof-fictionno35simonedebeauvoir를 참조할 것.

21 De Beauvoir, Simone(1974), *Alles in allem*, Rowohlt, Reinbek bei Hamburg, S. 470

를 참조할 것.

22 De Beauvoir, Simone(1999), *Eine transatlantische Liebe. Briefe an Nelson Algren.*
   1947~1964, Rowohlt, Reinbek bei Hamburg, S. 366.

23 De Beauvoir, Simone(1966), *Der Lauf der Dinge*, Rowohlt, Reinbek bei Hamburg,
   S. 52.

24 De Beauvoir, Simone(1961), *In den besten Jahren*, Rowohlt, Reinbek bei Hamburg,
   S. 89.

25 위의 책, S. 190.

26 위의 책, S. 277.

27 Bair, Deirdre(1990), *Simone de Beauvoir. Eine Biographie*, Goldmann, München, S.
   251.

28 De Beauvoir, Simone(1999), *Eine transatlantische Liebe. Briefe an Nelson Algren.*
   1947~1964, Rowohlt, Reinbek bei Hamburg, S. 205.

29 De Beauvoir, Simone(1961), *In den besten Jahren*, Rowohlt, Reinbek bei Hamburg,
   S. 268.

30 위의 책, S. 268.

31 위의 책, S. 310.

32 De Beauvoir, Simone(1953), *Sie kam und blieb*, Rowohlt, Reinbek bei Hamburg, S.
   218 f.

33 위의 책, S. 75.

34 De Beauvoir, Simone(1961), *In den besten Jahren*, Rowohlt, Reinbek bei Hamburg,
   S. 288.

35 위의 책, 207쪽을 참조할 것.

36 위의 책, S. 292.

37 위의 책, S. 292.

38 Bair, Deirdre(1990), *Simone de Beauvoir. Eine Biographie*, Goldmann, München, S.
   277.

39 De Beauvoir, Simone(1961), *In den besten Jahren*, Rowohlt, Reinbek bei Hamburg,
   S. 287.

40 위의 책, S. 161.

41 위의 책, S. 467.

42 위의 책, 같은 쪽.

43 De Beauvoir, Simone(1963), *Das Blut der anderen*, Rowohlt, Reinbek bei Ham-

burg, S. 113.

44 De Beauvoir, Simone(1961), *In den besten Jahren*, Rowohlt, Reinbek bei Hamburg, S. 465를 참조할 것.

45 위의 책, S. 517 f.

46 De Beauvoir, Simone(1966), *Der Lauf der Dinge*, Rowohlt, Reinbek bei Hamburg, S. 255.

47 위의 책, S. 256.

48 De Beauvoir, Simone(1974), *Alles in allem*, Rowohlt, Reinbek bei Hamburg, S. 35.

49 De Beauvoir, Simone(1966), *Der Lauf der Dinge*, Rowohlt, Reinbek bei Hamburg, S. 256.

50 위의 책, S. 259 f.

51 위의 책, S. 261.

52 De Beauvoir, Simone(1999), *Eine transatlantische Liebe. Briefe an Nelson Algren. 1947~1964*, Rowohlt, Reinbek bei Hamburg, S. 309.

53 위의 책, S. 122.

54 위의 책, S. 44.

55 위의 책, S. 399.

56 De Beauvoir, Simone(1999), *Eine transatlantische Liebe. Briefe an Nelson Algren. 1947~1964*, Rowohlt, Reinbek bei Hamburg, S. 733 f.

57 De Beauvoir, Simone(1966), *Der Lauf der Dinge*, Rowohlt, Reinbek bei Hamburg, S. 440.

58 위의 책, S. 265.

59 위의 책, S. 357.

60 De Beauvoir, Simone(1961), *In den besten Jahren*, Rowohlt, Reinbek bei Hamburg, S. 8.

61 De Beauvoir, Simone(1958), *Memoiren einer Tochter aus gutem Hause*, Rowohlt, Reinbek bei Hamburg, S. 14.

62 위의 책, S. 20.

63 De Beauvoir, Simone(1966), *Der Lauf der Dinge*, Rowohlt, Reinbek bei Hamburg, S. 546.

64 위의 책, S. 611.

65 De Beauvoir, Simone(1999), *Eine transatlantische Liebe. Briefe an Nelson Algren. 1947~1964*, Rowohlt, Reinbek bei Hamburg, S. 107.

66 De Beauvoir, Simone(1958), *Memoiren einer Tochter aus gutem Hause*, Rowohlt, Reinbek bei Hamburg, S. 202 f.

67 De Beauvoir, Simone(1966), *Der Lauf der Dinge*, Rowohlt, Reinbek bei Hamburg, S. 611.

68 De Beauvoir, Simone(1974), *Alles in allem*, Rowohlt, Reinbek bei Hamburg, S. 469.

69 위의 책, S. 470.

70 위의 책, S. 470.

71 위의 책, S. 470.

5부 ◆ 행동

1 De Beauvoir, Simone(1961), *In den besten Jahren*, Rowohlt, Reinbek bei Hamburg, S. 511.

2 Hervé, Florence(2003), *Absolute Simone de Beauvoir*, orangepress, Berlin, S. 189.

3 De Beauvoir, Simone(1961), *In den besten Jahren*, Rowohlt, Reinbek bei Hamburg, S. 17.

4 위의 책, S. 41.

5 위의 책, S. 235.

6 Bair, Deirdre(1990), *Simone de Beauvoir. Eine Biographie*, Goldmann, München, S. 295를 참조할 것.

7 De Beauvoir, Simone(1961), *In den besten Jahren*, Rowohlt, Reinbek bei Hamburg, S. 393.

8 Galster, Ingrid(2015), *Simone de Beauvoir und der Feminismus. Ausgewählte Aufsätze*, Argument, Hamburg, S. 122 f를 참조할 것.

9 De Beauvoir, Simone(1997), *Briefe an Sartre. Band 2: 1940~1963,* Rowohlt, Reinbek bei Hamburg, S. 145.

10 Galster, Ingrid(2015), *Simone de Beauvoir und der Feminismus. Ausgewählte Aufsätze*, Argument, Hamburg, S. 122를 참조할 것.

11 위의 책, S. 123.

12 Bair, Deirdre(1990), *Simone de Beauvoir. Eine Biographie*, Goldmann, München, S. 296.

13 De Beauvoir, Simone(1961), *In den besten Jahren*, Rowohlt, Reinbek bei Hamburg,

S. 361.

14 위의 책, S. 410.

15 위의 책, S. 411.

16 위의 책, S. 304.

17 De Beauvoir, Simone(1997), *Briefe an Sartre. Band 1: 1930~1939*, Rowohlt, Reinbek bei Hamburg, S. 209.

18 Sartre, JeanPaul(1984), *Briefe an Simone de Beauvoir und andere. Band 1. 1926~1939*, Rowohlt, Reinbek bei Hamburg, S. 370.

19 Galster, Ingrid(2015), *Simone de Beauvoir und der Feminismus. Ausgewählte Aufsätze*, Argument, Hamburg, S. 99를 참조할 것.

20 De Beauvoir, Simone(1961), *In den besten Jahren*, Rowohlt, Reinbek bei Hamburg, S. 415.

21 위의 책, 413쪽을 참조할 것.

22 Galster, Ingrid(2015), *Simone de Beauvoir und der Feminismus. Ausgewählte Aufsätze*, Argument, Hamburg, S. 106를 참조할 것.

23 위의 책, 119쪽을 참조할 것.

24 De Beauvoir, Simone(1961), *In den besten Jahren*, Rowohlt, Reinbek bei Hamburg, S. 440.

25 위의 책, S. 482.

26 SeymourJones, Carole(2009), *A dangerous liaison. A revelatory new biography of Simone de Beauvoir and JeanPaul Sartre*, Arrow Books, London, S. 323.

27 De Beauvoir, *Simone(1961), In den besten Jahren*, Rowohlt, Reinbek bei Hamburg, S. 511.

28 De Beauvoir, Simone(1966), *Der Lauf der Dinge*, Rowohlt, Reinbek bei Hamburg, S. 28.

29 위의 책, S. 54.

30 Bair, Deirdre(1990), *Simone de Beauvoir. Eine Biographie*, Goldmann, München, S. 443를 참조할 것.

31 위의 책 443쪽을 참조할 것.

32 Kruks, Sonia(2012), *Simone de Beauvoir and the politics of ambiguity*, Oxford University Press, New York, S. 33를 참조할 것.

33 위의 책, 150쪽을 참조할 것.

34 De Beauvoir, Simone(1988), *Amerika Tag und Nacht*, Rowohlt, Reinbek bei Ham-

286

burg, S. 199.

35 위의 책, S. 229.

36 De Beauvoir, Simone(1966), *Der Lauf der Dinge*, Rowohlt, Reinbek bei Hamburg, S. 438.

37 위의 책, S. 439.

38 위의 책, S. 581.

39 위의 책, S. 52.

40 Vgl. Bair, Deirdre(1990), *Simone de Beauvoir. Eine Biographie*, Goldmann, München, S. 670.

41 De Beauvoir, Simone(1974), *Alles in allem,* Rowohlt, Reinbek bei Hamburg, S. 217.

42 위의 책, S. 341.

43 위의 책, S. 343.

44 De Beauvoir, Simone(1966), *Der Lauf der Dinge*, Rowohlt, Reinbek bei Hamburg, S. 467.

45 De Beauvoir, Simone(1974), *Alles in allem*, Rowohlt, Reinbek bei Hamburg, S. 314.

46 위의 책, 297쪽을 참조할 것.

47 위의 책, S. 287.

48 위의 책, S. 356.

49 위의 책, 351쪽을 참조할 것.

50 위의 책, S. 391.

51 Lanzmann, Claude(2012), *Der patagonische Hase. Erinnerungen*, Rowohlt, Reinbek bei Hamburg, S. 343.

52 De Beauvoir, Simone(1966), *Der Lauf der Dinge*, Rowohlt, Reinbek bei Hamburg, S. 32.

53 De Beauvoir, Simone(1961), *In den besten Jahren,* Rowohlt, Reinbek bei Hamburg, S. 616.

6부 ♦ 투쟁

1 Schwarzer, Alice(2007), *Simone de Beauvoir. Weggefährtinnen im Gespräch*, Kiepenheuer & Witsch, Köln, S. 75.

2 De Beauvoir, Simone(1966), *Der Lauf der Dinge,* Rowohlt, Reinbek bei Hamburg, S. 97를 참조할 것.

3 De Beauvoir, Simone(1958), *Memoiren einer Tochter aus gutem Hause*, Rowohlt, Reinbek bei Hamburg, S. 426.

4 De Beauvoir, Simone(1966), *Der Lauf der Dinge*, Rowohlt, Reinbek bei Hamburg, S. 97 f.

5 위의 책, S. 98.

6 위의 책, S. 183.

7 De Beauvoir, Simone(1958), *Memoiren einer Tochter aus gutem Hause*, Rowohlt, Reinbek bei Hamburg, S. 427을 참조할 것.

8 위의 책, S. 427.

9 De Beauvoir, Simone(1999), *Eine transatlantische Liebe. Briefe an Nelson Algren. 1947~1964*, Rowohlt, Reinbek bei Hamburg, S. 195.

10 SeymourJones, Carole(2009), *A dangerous liaison. A revelatory new biography of Simone de Beauvoir and JeanPaul Sartre*, Arrow Books, London, S. 338를 참조할 것.

11 De Beauvoir, Simone(1988), *Amerika Tag und Nacht*, Rowohlt, Reinbek bei Hamburg, S. 53.

12 위의 책, S. 317 f.

13 De Beauvoir, Simone(1999), *Eine transatlantische Liebe. Briefe an Nelson Algren. 1947~1964*, Rowohlt, Reinbek bei Hamburg, S. 164.

14 위의 책, 428쪽을 참조할 것.

15 De Beauvoir, Simone(1966), *Der Lauf der Dinge*, Rowohlt, Reinbek bei Hamburg, S. 184.

16 위의 책, S. 184.

17 De Beauvoir, Simone(1966), *Der Lauf der Dinge*, Rowohlt, Reinbek bei Hamburg, S. 184 f를 참조할 것.

18 Bair, Deirdre(1990), *Simone de Beauvoir. Eine Biographie*, Goldmann, München, S. 509.

19 Vgl. Hervé, Florence(2003), *Absolute Simone de Beauvoir*, orangepress, Berlin, S. 73 를 참조할 것.

20 De Beauvoir, Simone(1999), *Eine transatlantische Liebe. Briefe an Nelson Algren. 1947~1964*, Rowohlt, Reinbek bei Hamburg, S. 366 f.

21 위의 책, S. 453.

22 Hervé, Florence(2003), *Absolute Simone de Beauvoir*, orangepress, Berlin, S. 73을 참조할 것.

23 Bair, Deirdre(1990), *Simone de Beauvoir. Eine Biographie*, Goldmann, München, S. 220을 참조할 것.

24 위의 책, S. 470.

25 De Beauvoir, Simone(1951), *Das andere Geschlecht*, Rowohlt, Reinbek bei Hamburg, S. 12.

26 위의 책, S. 13.

27 위의 책, S. 26.

28 위의 책, S. 25.

29 위의 책, S. 11.

30 위의 책, S. 334.

31 위의 책, S. 11.

32 위의 책, S. 103.

33 위의 책, S. 323.

34 위의 책, S. 334.

35 위의 책, S. 844.

36 위의 책, S. 895.

37 위의 책, S. 647.

38 SeymourJones, Carole(2009), *A dangerous liaison. A revelatory new biography of Simone de Beauvoir and JeanPaul Sartre*, Arrow Books, London, S. 243 f를 참조할 것.

39 De Beauvoir, Simone(1951), *Das andere Geschlecht*, Rowohlt, Reinbek bei Hamburg, S. 892.

40 위의 책, S. 841.

41 위의 책, S. 878.

42 위의 책, S. 898.

43 위의 책, S. 899.

44 위의 책, S. 892.

45 위의 책, S. 27.

46 De Beauvoir, Simone(1966), *Der Lauf der Dinge*, Rowohlt, Reinbek bei Hamburg, S. 190.

47 Simons, Margaret A.(1999), *Beauvoir and The Second Sex. Feminism, Race and the Origins of Existentialism*, Rowman & Littlefield Publishers, Lanham / Oxford, S. 70을 참조할 것.

48 De Beauvoir, Simone(1999), *Eine transatlantische Liebe. Briefe an Nelson Algren. 1947~1964*, Rowohlt, Reinbek bei Hamburg, S. 728.

49 De Beauvoir, Simone(1974), *Alles in allem*, Rowohlt, Reinbek bei Hamburg, S. 461.

50 Jeanson, Francis(1966), *Simone de Beauvoir ou l'entreprise de vivre*, Éditions du Seuil, Paris, S. 264. (저자의 번역).

51 위의 책, 258쪽을 참조할 것.

52 De Beauvoir, Simone(1974), *Alles in allem*, Rowohlt, Reinbek bei Hamburg, S. 455.

53 Hervé, Florence(2003), *Absolute Simone de Beauvoir*, orange press, Berlin, S. 9.

54 Schwarzer, Alice(2011), *Lebenslauf*, Kiepenheuer & Witsch, Köln, S. 208.

55 Schwarzer, Alice(2007), *Simone de Beauvoir. Weggefährtinnen im Gespräch*, Kiepenheuer & Witsch, Köln, S. 74.

56 De Beauvoir, Simone(1974), *Alles in allem*, Rowohlt, Reinbek bei Hamburg, S. 384.

57 Schwarzer, Alice(2007), *Simone de Beauvoir. Weggefährtinnen im Gespräch*, Kiepenheuer & Witsch, Köln, S. 75.

58 위의 책, S. 74.

59 Bair, Deirdre(1990), *Simone de Beauvoir. Eine Biographie*, Goldmann, München, S. 692 f를 참조할 것.

60 http://www.spiegel.de/panorama/gesellschaft/frauenrechtegleichberechtigung-durchjuristischenkunstgriffa593058. html(2017년 6월 26일에 마지막으로 액세스함).

61 Bair, Deirdre(1990), *Simone de Beauvoir. Eine Biographie*, Goldmann, München, S. 760 ff를 참조할 것.

62 Simons, Margaret A. / Timmermann, Marybeth(2015), *Simone de Beauvoir. Feminist Writings,* University of Illinois Press, Urbana / Chicago / Springfield, S. 157. (저자의 번역).

63 De Beauvoir, Simone(1951), *Das andere Geschlecht*, Rowohlt, Reinbek bei Hamburg, S. 753.

64 Galster, Ingrid(2015), *Simone de Beauvoir und der Feminismus. Ausgewählte Aufsä-*

tze, Argument, Hamburg, S. 140 ff.

65 De Beauvoir, Simone(1951), *Das andere Geschlecht*, Rowohlt, Reinbek bei Hamburg, S. 15.

66 De Beauvoir, Simone(1974), *Alles in allem*, Rowohlt, Reinbek bei Hamburg, S. 462.

67 De Beauvoir, Simone(1972), *Das Alter*, Rowohlt, Reinbek bei Hamburg, S. 18.

68 De Beauvoir, Simone(1974), *Alles in allem*, Rowohlt, Reinbek bei Hamburg, S. 137.

69 위의 책, S. 137.

70 Simons, Margaret A. / Timmermann, Marybeth(2015), *Simone de Beauvoir. Feminist Writings*, University of Illinois Press, Urbana / Chicago / Springfield, S. 145. (Übersetzung durch die Autorin.)

71 Jeanson, Francis(1966), *Simone de Beauvoir ou l'entreprise de vivre*, Éditions du Seuil, Paris, S. 282 f를 참조할 것.

72 De Beauvoir, Simone(1951), *Das andere Geschlecht*, Rowohlt, Reinbek bei Hamburg, S. 898을 참조할 것.

73 Jeanson, Francis(1966), *Simone de Beauvoir ou l'entreprise de vivre*, Éditions du Seuil, Paris, S. 264를 참조할 것.

74 De Beauvoir, Simone(1951), *Das andere Geschlecht*, Rowohlt, Reinbek bei Hamburg, S. 844.

75 위의 책, S. 844.

에필로그

1 De Beauvoir, Simone(2008), *Cahiers de jeunesse. 1926~1930*, Gallimard, Paris, S. 734(Übersetzung durch die Autorin).

2 위의 책, S. 637(Übersetzung durch die Autorin).

오! 시몬

: 보부아르, 멋지고 유쾌한 페미니스트의 초상

초판 1쇄 인쇄 2020년 05월 22일
초판 1쇄 발행 2020년 05월 29일

지은이 율리아 코르비크
옮긴이 장혜경
펴낸이 연준혁

편집 1본부 본부장 배민수
편집 4부서 부서장 김남철
편집 최란경
디자인 신나은

펴낸곳 (주)위즈덤하우스
출판등록 2000년 5월 23일 제13-1071호
주소 경기도 고양시 일산동구 정발산로 43-20 센트럴프라자 6층
전화 031)936-4000 팩스 031)903-3893 홈페이지 www.wisdomhouse.co.kr

값 16,000원
ISBN 979-11-90786-66-9 03990

* 인쇄·제작 및 유통상의 파본 도서는 구입하신 서점에서 바꿔드립니다.
* 이 책의 전부 또는 일부 내용을 재사용하려면 사전에 저작권자와 (주)위즈덤하우스의 동의를
   받아야 합니다.
* 이 도서의 국립중앙도서관 출판예정도서목록(CIP)은 서지정보유통지원시스템 홈페이지
   (http://seoji.nl.go.kr)와 국가자료종합목록시스템(http://kolis-net.nl.go.kr)에서 이용하실 수
   있습니다. (CIP제어번호: CIP2020019384)